Blue Paper 2018 on the Development of the Ancient South China Historical Trail

中国南粤古驿道发展蓝皮书（2018）

温 斌 李 崴 林伦伦 / 主编

南方日报出版社
NANFANG DAILY PRESS
中国·广州

图书在版编目（CIP）数据

中国南粤古驿道发展蓝皮书. 2018 / 温斌, 李崴, 林伦伦主编. —广州 : 南方日报出版社, 2018.12
ISBN 978-7-5491-1895-3

Ⅰ. ①中… Ⅱ. ①温… ②李… ③林… Ⅲ. ①古道—文化遗址—研究报告—广东—2018 Ⅳ. ①K878.44

中国版本图书馆 CIP 数据核字（2018）第 211675 号

ZHONGGUO NANYUE GUYIDAO FAZHAN LANPISHU (2018)
中国南粤古驿道发展蓝皮书（2018）

主　　编：温斌　李崴　林伦伦
出版发行：南方日报出版社
地　　址：广州市广州大道中 289 号
出 版 人：周山丹
责任编辑：陈盈璐
实习编辑：肖　颖
装帧设计：邓晓童
责任技编：王　兰
责任校对：阮昌汉
经　　销：全国新华书店
印　　刷：广州市尚铭印刷有限公司
开　　本：1092mm×787mm　1/16
印　　张：20.25
字　　数：260 千字
版　　次：2018 年 12 月第 1 版
印　　次：2018 年 12 月第 1 次印刷
定　　价：68.00 元

投稿热线：（020）83000503　读者热线：（020）83000502

《中国南粤古驿道发展蓝皮书（2018）》
主创团队

总 策 划： 赵　坤　张少康
副总策划： 郭壮狮

主　　编： 温　斌　李　崴　林伦伦

本书编委（排名不分先后）：

李永洁　朱国鸣　唐　卉　陈　别　方小聪
曹　劲　王少斌　陈南先　吴丽云　苏　蘅
冯善书　蹇登亮　苏智勇　李晓婷　张子健
李　隽

前　言

早在2013年，习近平总书记就指出，“要系统梳理传统文化资源，让收藏在禁宫里的文物、陈列在广阔大地上的遗产、书写在古籍里的文字都活起来”。

“文化自信，是更基础、更广泛、更深厚的自信。”2016年7月1日，在庆祝中国共产党成立95周年大会上，习近平总书记明确指出，“全党要坚定道路自信、理论自信、制度自信、文化自信。”文化自信成为继道路自信、理论自信和制度自信之后，中国特色社会主义的“第四个自信”。

为留住文化根脉，响应“一带一路”倡议与广东省建设文化强省战略要求，依据真实性保护、整体性保护、发展中保护的原则，开展南粤古驿道保护利用工作的美丽画卷在广东大地上徐徐展开。

党的十九大报告提出，实施乡村振兴战略，坚持农业农村优先发展。而广东省推动的南粤古驿道保护利用工作就是要促进古驿道沿线农村面貌改善和经济发展，恰与乡村振兴战略这一目标不谋而合。

经过对古驿道周边贫困村落的实地调研，广东省提出了“驿道+农村建设”“驿道+扶贫”“驿道+体育”“驿道+文化”等思路，紧密结合文化自信、乡村振兴、生态文明主题，策划了定向大赛以及文化之旅系列活动。坚持古驿道修复利用与精准扶贫相结合，未来广东还将打造多条重点线路和进行农房改造示范，力求帮助贫困村建立起“造血机能”，既为乡村振兴提供最有效的源动力，又为公众提供新的户外运动场所，同时带动沿线区域文化、旅游、体育产业的发展。

党的十九大召开后，广东省人民政府对南粤古驿道的发展做出了新的规划。2017年11月6日，经省人民政府同意，广东省住房和城乡建设厅联合广东省体育局、广东省旅游局等单位印发了《广东省南粤古驿道线路保护与利用总体规划》，对南粤古驿道线路的发展目标、空间结构、线路布局、设施配套、功能引导、实施机制等方面做出了规划安排。

为贯彻落实习总书记关于“结合实施农村人居环境整治三年行动计划和乡村振兴战略，建设好生态宜居的美丽乡村”的重要指示精神。广东省相继开展一系列南粤古驿道行动计划，以南粤古驿道线路为纽带，结合资源分布、交通组织、城镇发展和乡村振兴等要素，规划梳理出“主线 + 支线 + 发展节点”古驿道线路系统；以线性古驿道历史遗产空间的再利用为载体，将本土认同与驿道文化紧密结合，开展定向越野大赛、驿道“三师”下乡、文化创意大赛等项目；整合串联沿线历史文化资源，推出弘扬岭南优秀文化，打造“南粤古驿道”品牌，提供更多优质生态产品，促进粤东西北欠发达地区的县域经济发展、美丽乡村建设和农村人居环境改善。

在新时代催人奋进的蓝图指导下，总结中国南粤古驿道发展取得的阶段性成果，对于继续保持高质量增长的发展势头十分必要。在新形势下，中国南粤古驿道发展要更加注重政府引导，有序推动古驿道高质量发展，持续培育广东省乡村振兴新动能，继续推进生态文明建设，同时更加积极结合市场发展，积极推动古驿道重要渠道数字化，更加注重文化引领作用，提供更多生态产品，将中国南粤古驿道保护及修复活化成为可持续发展的文化品牌。

本书的编辑出版得到了广东省住房和城乡建设厅、广东省自然资源厅、广东省体育局、广东省文化和旅游厅和广东省户外运动协会等单位的大力支持；同时，得到了省市县（区）各相关部门和领导的重视和关心，特别是南方日报、《南方》杂志、南方网、南方 + 、南方日报出版社和南粤古驿道网等媒体单位的积极配合和无私帮助。谨向所有为本书出版付出辛勤劳动的相关机构和个人致以崇高敬意和衷心感谢。

由于时间匆忙，能力有限，如有疏漏，敬请批评指正。

编者

2018 年 12 月

目 录

总 论

分 论

附　录

1 总论 General Instructions

一、南粤古驿道的定义

中国南粤古驿道，是指古代广东境内用于传递文书、运输物资、人员往来的通路，包括水路和陆路、官道和民间古道。广东省迄今发现的古驿道（古道本体）233条，是历史上岭南地区对外经济往来、文化交流的通道。它们是军事之路、商旅之路，也是民族迁徙、融合之路，更是广东历史发展的重要缩影和文化脉络的延续。

中国古代道路运输包括传递信息和传递物资，通称驿传。中国有组织的官办驿传始于商、周。起初驿传仅限于传递军事文牍，后来由于政治、军事和经济文化的发展，举凡运送客使、接待官员、传输军需、运送贡品等，均属于驿传运输范围。南粤地区负山面海，处于三江交汇的滨海盆地，水网密布。先秦时期因五岭阻隔，南粤地区的内河与陆路交通皆难通达中原，却因抱守南海而与海外世界有着较为便利的联系。为了加强对南粤地区的统治，打开对外交流的窗口，南粤古驿道的开发建设就成为我国南北沟通、海内外交流的重点工程。

岭南地区水网纵横，水路交通比陆路便捷，中国南粤古驿道呈现出以水路交通为主，陆路交通为辅的交通模式，它以广州为中心，通过水陆路转换，连接周边地区及中原，可分为粤北驿道、粤东驿道、粤西驿道和海上古道。其中陆路古驿道线路长约6900公里，水路古驿道线路长约4330公里。自秦始皇开灵渠、设任嚣城，南粤古驿道历经了两千多年的兴衰起伏，不仅是古代岭南地区海上丝绸之路的重要载体，且对维护中国历史版图完整性具有重要作用，因此南粤古驿道不仅是广东省历史文化遗产的重要组成部分，也是中国历史文化遗产的璀璨明珠。

（一）南粤古驿道的历史发展脉络

翻越南岭的众多古驿道，打破了地理限制，或为两省通衢，或为兵家要道，或为通商往来，它不仅是粤地人员、货运的重要交通通道，亦是岭南联系中原和海外的重要纽带。它一头穿越南岭，北联长江流域和中原腹地，借由京杭大运河沟通整个北方地区；另一头放洋出海，经海上丝绸之路与南亚乃至北非沟通。千年来，如历代人口迁徙、禅宗南传、陶瓷外传、西学东渐、开埠通商等无数历史事件在南粤古驿道留下足迹。

1. 秦汉定格局

秦朝首次建立了统一的封建王朝并部署了全国范围的交通网，筑长城、修驰道、开灵渠，开创了高度统一的交通体制。汉承秦制，开辟了海陆丝绸之路，实现了国内与国际交通干线的衔接联通。南粤古驿道秦汉新道的开辟将岭南地区桂林、南海、象郡首次纳入中华版图，番山禺山附近依次建起的南海郡治和南越王城是南粤古驿道最重要的目的地之一。

秦汉时期奠定了南粤古驿道的线路格局。中央王朝以古驿道为路径，通过军事征服、政权设置、赋税征收等手段，将岭南地区纳入中央王朝统治体系，并以古驿道为途径，通过派遣使臣、贸易等与海外诸国进行长时间的政治、经济、文化交流。一方面，灵渠的开通首次沟通了长江与珠江两大水系，越城岭道、萌渚岭道、骑田岭道西线、骑田岭道东线以及粤东道共同奠定了中原至岭南的交通格局。另一方面，从番禺城出发下海，有航线至印支半岛、马来半岛以及印度锡兰等地进行官方和民间的海上贸易，奠定了远洋商道的格局。

2. 隋唐接海外

隋唐时期，南粤古驿道建立起沟通海内外的驿道体系，成为沟通国家海内外交流的咽喉枢纽。随着政治、经济的中兴，道路交通得到空前的发展，国家建立了“长安—洛阳”贡路辐射系统，南北大运河的开通直接导致经济重心东移。开京杭大运河，改善了五岭南北交通，促进了物资和人口流动以及中外文化交流，岭南文化被滋润和吸收了新养分。

随着海上丝绸之路的日益兴盛，南粤古驿道体系的建设有了战略性的进展——张九龄开梅关，辟大庾岭道，建立了五岭东面长江与珠江水系的连接，加强了与运河带经济重镇之间的联系，使大庾岭道成为官员赴任广东最常走的路途；李渤重修灵渠以通巨船，使越城岭道成为岭南大宗货物北运的主要出路。在驿道制度上，政府突破性地允许私人和外商开设店驿，沿驿道出现了大量前所未有的商旅城市景观。驿道不断发展延伸，进一步深入山区少数民族地区，国家大一统思想及民族融合进一步加强。

3. 宋元连市镇

宋元时期，南粤古驿道得到充分发展并形成交通网络，水陆驿道并举，带动城市街镇兴起。五代十国宋辽金时期，我国形成了“以汴京为中心，大运河为中轴，北通幽燕辽海，南下宁杭闽粤”的发达驿道体系。随着政治中心的转移，南宋的道路交通又形成以临安为中心向外辐射的布局。元朝拥有空前宽广的疆域，为更好统辖各地，元朝在实行行省制的同时在各个行省设立驿传网络，以沟通中央与地方及地方与地方之间的联系。

宋元时期，南粤古驿道的功能出现了阶段性变化。宋以前，南粤古驿道主要是以政治军事型为主导，虽然也有商品运输的记录，但数量规模还十分有限，且多为官府经营的贡品或军需物资，此时驿道的政治军事意义大于经济意义。入宋以后，随着商品经济和市民文化的发展，南粤古驿道交通功能逐步向商业经济转化，大量的民用商品经由纵横交错的驿道转输四方。南宋以来，随着经济重心的南移，这些驿道为岭南带来了发展所必需的人力和物资。

4. 明清兴贸易

明清时期，南粤古驿道完成了在宋元基础上的发展。社会经济方面，珠三角地区驿道系统和市镇体系相互带动形成区域市场，驿道的商业特性彰显；海外交流方面，由于“一口通商”的国策、外贸航线的拓展以及造船业的发展，广州成为清朝对外交流的门户和世界第四大对外通商口岸。广州设粤海关取代市舶司，形成了对外贸易的专营机构“十三行”。

近代以来，西方列强通过坚船利炮轰开中国国门，与中国签订不平等条约，通过开埠通商侵略中国。鸦片战争期间，林则徐便是由岐澳古道出发，踏上抵御外侮的征程。近代珠三角的通商口岸有香港、澳门、广州、江门、惠州、汕头等。通商口岸与南粤古驿道相结合，整个广东纳入近代资本主义世界市场体系内，无畏的粤人从古驿道出发，抵达古港，远赴重洋。

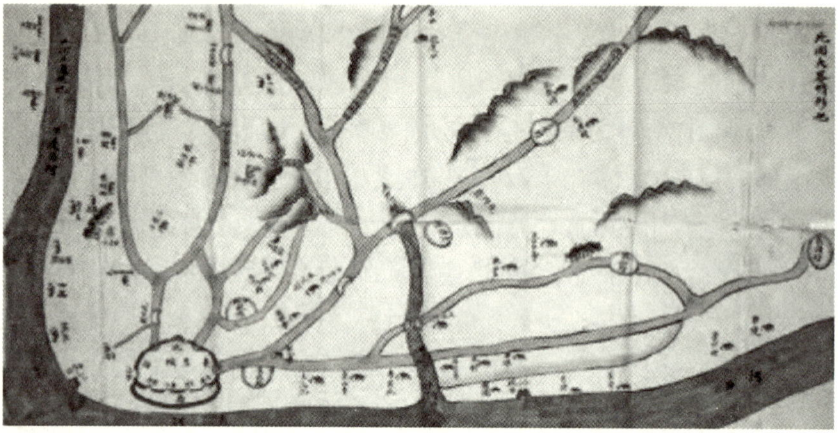

图1　明《广州府南海县之图》上的水驿与递铺

（二）南粤古驿道的分类

依据古驿道所在区域自然环境特点，可分为山地型古驿道、平原型古驿道、滨水型古驿道、村镇型古驿道和古水道五种类型。

1. 山地型古驿道

根据地势缓峻，分为平缓型和盘山型。

（1）平缓型古驿道：修建在地势较平缓的地段，部分路段修建在山谷之间。路面宽约0.6—4.0米，路基以路面两侧外边界向外各延伸约0.5—0.8米，一般至少有一侧是被植被自然覆盖的边坡。

（2）盘山型古驿道：修建在地势较陡峭的地段，路面材质多为片石、条石台阶。路面宽约0.6—1.5米，路基在远离山谷一侧以路面单侧外边向外延伸约0.5—0.8米，一般位于山谷一侧设有约1米宽排水沟。

2. 平原型古驿道

修建于平原地区，串联村镇，路面宽约1米，路基与路面齐平，两侧为农田，现多作为田埂路使用。

3. 滨水型古驿道

修建于滨临溪水的山谷，多处山地泄洪区域。路面宽约 0. 7—1. 0 米，路基靠溪水一侧以路面外边界向外延伸约 0. 2—0. 5 米，另一侧约 0. 3—1. 5 米，路面汛期可能被淹没。

4. 村镇型古驿道

村镇的主要街道和巷道，路面宽约 3. 0—4. 0 米，部分路段在路面两侧设有宽约 0. 3m 的明沟。

5. 古水道

可分为干线水道和支线水道。干线水道为串联省域层面历史上交通节点的水道，主要包括珠江水系与北江水系；支线水道为串联历史上城镇交通节点的水道。

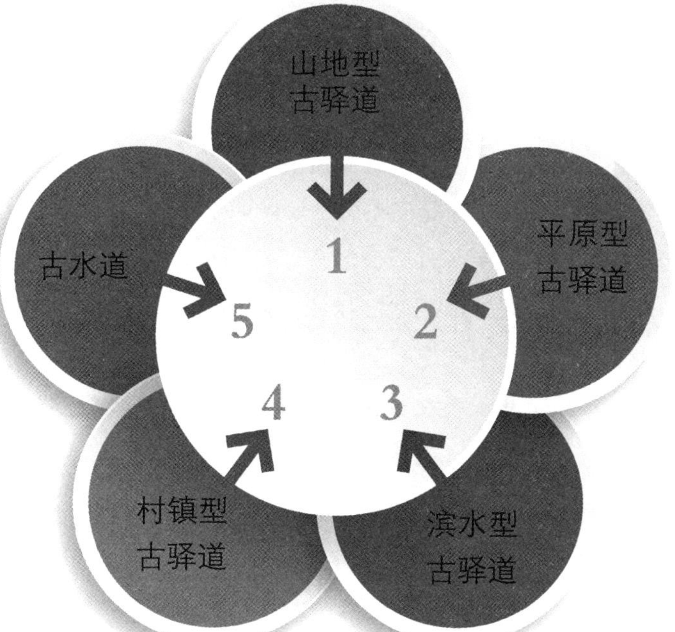

图 2　南粤古驿道的分类

南粤古驿道还包括海上古道。海上古道主要是指在广东沿海的海上移民和货运商贸路线，其与广东的内江驿道紧密联系，通过港口枢纽作为水陆路连接，形成完整的南粤古驿道系统。北宋末期，闽琼两地沿海居民开始经海路从徐闻港登陆雷州半岛；明代有部分闽商、琼人移民迁居徐闻港，同时期也有大批闽民沿海漂浮至雷州湾、徐闻港等沿海区域，此时广东沿海地区出现大量聚落。海上丝绸之路是海上货运商贸的主要载体，早在秦汉已形成，用于丝绸的输出，主要的贸易港口为番禺和徐闻。唐宋时期，广州黄埔古港兴起，成为中国对外贸易的第一大港，在明清时期更是长期处于“一口通商”的优越地位；清代潮州、汕头等港口兴起，其中樟林古港曾繁盛一时，其于韩江海口可直通韩江流域腹地。由于港口的建设和发展，沿海平原的传统村落或因商业贸易繁荣而兴起，或因海外华侨资助而发展，以宋代开基居多，明清时最为鼎盛。

（三）南粤古驿道的文化内涵

南粤古驿道历史悠久、文化深厚、资源丰富、意义重大，为不同时期岭南地区对外联系的通道，于古是迁徙移民、辎重军事、商旅赴考、邮驿公文与文化融合之路，于今是广东历史发展的重要缩影和文化脉络的延续，是一种历史人文景观。南粤古驿道展现了岭南地区内部，岭南地区与长江流域、中原地区乃至海外诸国之间持续不断的政治、经济、文化交流，是岭南纳入国家大一统，中国统一多民族国家形成发展的独特历史见证，也是岭南地区融中原文化、南越文化、楚文化、吴越文化、巴蜀文化和海外文化诸文化于一炉，最终形成岭南文化的重要物质载体和见证，更是岭南三大民系（广府、客家、潮汕）诞生、形成、发展的直接动因。

2016 年，为贯彻落实习近平总书记关于文化自信和“让陈列在广阔大地上的遗产活起来”“留住历史根脉”等重要讲话精神，响应“一带一路”倡议与创建“文化强省”战略的重要举措，广东率先在全国开展南粤古驿道保护利用工作，通过挖掘修复古驿道，串联沿线的历史遗存、历史文化城镇村以及自然景观资源等节点，紧密结合文化自信、乡村振兴、生态文明主题，力求将其打造成为展现岭南历史文化和地域风貌的华夏文明传承之路，推动广东户外体育、乡村旅游的健康之路，促进粤东西北城乡经济互动发展、实现精准扶贫的经济之路。

“南粤古驿道线路”概念应运而生，旨在以广东省古驿道历史文化遗产的保护和利用为核心，通过古道、步道、绿道、风景道、水道等多元的线性载体，串联沿线的古驿道遗存、历史文化城镇村、文化古迹以及自然景观资源等节点，挖掘和展示非物质文化遗产，为公众创造满足现代生活需求的线性文化空间。广东省开启了一系列南粤古驿道行动计划，包括南粤古驿道定向越野大赛、驿道“三师”下乡、文化创意大赛等项目，提升了全社会对驿道文化的关注，赋予了古驿道新的时代色彩。

二、中国南粤古驿道发展的新坐标新方位

南粤古驿道历史悠久、文化深厚、资源丰富，是广东省历史文化的重要组成部分。截至2018年4月，广东省现存古驿道（古道本体）共计233条，其中新发现的有135条，为不同时期岭南地区对外联系的通道。以古驿道为纽带，整合串联沿线历史文化和自然资源，将古驿道的保护利用与旅游、文化、体育、休闲、农业和扶贫等工作相结合，让陈列在南粤大地上的遗产活起来，在提升广东历史文化遗产在“一带一路”的影响力、展示岭南地域文化特色、促进县域经济健康发展、实现乡村振兴和改善农村人居环境等方面具有深远的历史意义和重要的现实意义。

（一）南粤古驿道的保护修复工作

为落实习近平总书记关于“留住历史根脉，传承中华文明”的重要指示，以及《国家“十三五”时期文化发展改革规划纲要》所提出的“加强文化遗产保护。大力强化全社会文物保护意识，加强世界文化遗产、文物保护单位、大遗址、国家考古遗址公园、重要工业遗址、历史文化名城名镇名村和非物质文化遗产等珍贵遗产资源保护，推动遗产资源合理利用”的指示，广东省南粤古驿道发展利用的系列工作有效整合多部门、多层级，建立起一套高效实干、责权明晰、统分结合的保护管理机制，充分体现道路自信、制度自信，为探索符合中国国情的文化遗产保护利用之路做出了具有启发性和借鉴意义的实践。

广东省政府先后出台《南粤古驿道保护与修复指引》和《南粤古驿道标识系统设计指引》，编制《广东省南粤古驿道线路保护与利用总体规划》，印发《关于印发南粤古驿道保护利用2017年工作要点的通知》等，明确了古驿道的分类以及保护与修复的原则，并提出利用古驿道的载体，

将历史文化保护与旅游开发、体育健身相结合，构建综合文化体育旅游线路，推动改善古驿道沿线农村人居环境、实施精准扶贫并促进县域经济发展，对展现岭南地域文化特色、促进县域经济健康发展、助力沿线精准扶贫脱贫和改善农村人居环境等具有重要指导意义。

在《关于印发南粤古驿道保护利用2017年工作要点的通知》中，广东省政府提出了南粤古驿道保护利用的五大工作要点：一是加强古驿道本体保护；二是打造“中国南粤古驿道”活动品牌；三是促进古驿道沿线及周边地区发展；四是加强古驿道学术理论研究；五是创新宣传推广形式。

党的十九大召开后，广东省政府在新形势下，对南粤古驿道的发展做出了新的规划。2017年11月6日，广东省住房和城乡建设厅联合广东省体育局、广东省旅游局等单位下发了《广东省南粤古驿道线路保护与利用总体规划》，对南粤古驿道线路的发展目标、空间结构、线路布局、设施配套、功能引导、实施机制等方面做出了规划安排。按照统筹规划、逐步推进的原则，以点带面逐步推进广东省古驿道线路的建设，在尊重历史，保护文化遗产完整性和真实性的原则之下，深入挖掘古驿道的文化特色，古为今用，挖掘文化遗产时代新价值。

2018年5月，为适应和满足南粤古驿道保护与修复需求，便于规划、设计、建设、管理和使用者准确理解保护与修复理念、原则、方法，保障古驿道的修复质量和效果，广东省住房和城乡建设厅、广东省文化厅在2016年《南粤古驿道保护与修复指引》基础上共同修改编制《南粤古驿道保护与修复指引（2018年编修）》，为广东省境内古驿道的保护与修复提供基本参考标准，同时为古驿道连接线建设提供指引。

南粤古驿道保护是指为保存南粤古驿道本体、附属设施及其环境和其他相关要素进行的全部活动，保护的目的是通过技术和管理措施真实、完整地保护其历史信息及其价值。南粤古驿道修复是指对古驿道本体和重要历史遗迹、附属设施的现状整修和重点修复。现状整修主要是规整南粤古驿道本体、附属设施歪闪、坍塌、错乱和修补残损部分，清除经评估为不当的添加物等。整修中被清除和补配部分应有详细的档案记录，补配部分应当可识别。重点修复包括恢复南粤古驿道本体、附属设施结构的稳定状态，修补损坏部分，添补主要的缺失部分等。南粤古驿道保护与修复应坚持的原则：

1. 原真性原则

原真性是指文化遗产保存原状、保存现状与历史信息的真实状况。南粤古驿道本体的保护与修复应当按照原材料、原工艺、原形制、原结构的原则进行设计和施工，其历史环境和它所反映的历史、文化、社会等相关信息应当真实可靠。保护与修复应当以现存的有价值的实物为主要依据，并必须保存重要事件和重要人物遗留的痕迹。

2. 完整性原则

南粤古驿道是呈线状、链状分布的遗产族群，是沿线所有物质、非物质遗产的集合，古驿道线路整体的价值要大于其各部分的价值之和，具有通过整体而获得文化重要性的特点。南粤古驿道的保护与修复是对其价值、价值载体及其环境等体现南粤古驿道价值各个要素的完整保护，包括古驿道本体、附属设施、赋存环境、相关的物质文化遗存和非物质文化遗存。

3. 科学性原则

保护与修复应当注重科学性和专业性，科学研究应贯穿于保护与修复工作的全过程，所有保护与修复措施要以学术研究成果为依据。重要的保护与修复工程要开展多学科合作，应邀请建筑师、工程师、规划师、考古学家、地理学家、历史学家、民族学家、宗教人士、经济学家、文物保护工作者、遗产地的管理者和本土人士等参与。

4. 安全性原则

南粤古驿道的保护与修复应以安全保障为客观前提，应建立涵盖南粤古驿道本体和附属设施保护、安全排查、灾害预警信息发布、后期维护和事后紧急救援的全流程安全保障体系，切实保障南粤古驿道本体、附属设施及游客人身安全，减少安全隐患。

5. 生态性原则

南粤古驿道的保护与修复，应有助于维护与改善沿线的自然生态环境，同时在古驿道建设的过程中坚持原生态、再利用、再循环原则，确保对原生态环境的最少干预，实现生态和谐。

6. 可持续性原则

南粤古驿道保护与修复应采用动态管理、持续利用的机制，满足文化活动、户外活动等项目的举办要求，在保护历史文化遗存、维护其周边环境的基础上，修复设计可根据使用功能，适当加入与古驿道相协调、有特定地域特征或时代特征的一些建筑元素，保持文化遗产保护传承的可持续性、现代活力和时代特征。

南粤古驿道保护利用工作，将按照省政府的部署和要求，把文化、旅游、体育融合，这是满足人民日益增长的美好生活需要，也是广东省对优秀传统文化创造性转化、创新性发展的探索实践，用古驿道串起乡村文明，讲出中国乡村好故事，实现文化自信。

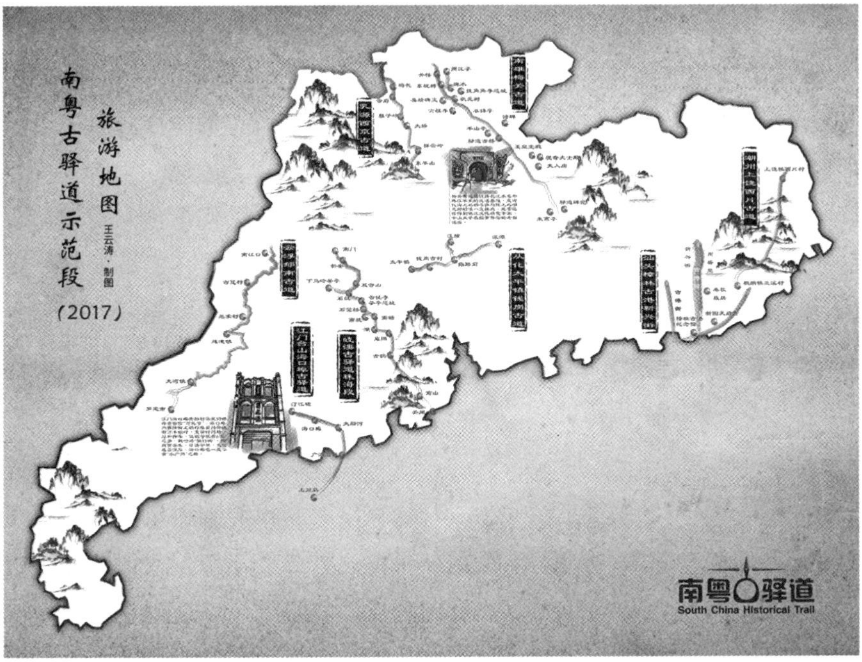

图3　南粤古驿道示范段旅游地图（2017）

（二）南粤古驿道的活化利用工作

2017 年 10 月 18 日中国共产党第十九次全国代表大会胜利召开，党的十九大是一次具有划时代意义的大会。会议不仅提出了“中国特色社会主义进入了新时代”的重大政治判断，而且对鼓励、支持传统文化的发展和乡村振兴、生态环境、自然资源保护利用等做出了许多新的重要论述，为南粤古驿道的发展确定了新坐标、指明了新方向：一是再次重申文化自信是更基础、更广泛、更深厚的自信，文化自信是最根本的自信。可以讲文化自信是处于一种基础性的地位。二是首次提出“坚定文化自信，推动社会主义文化繁荣兴盛”的观点。

同时，习近平总书记提出：没有高度的文化自信，没有文化的繁荣兴盛，就没有中华民族伟大复兴。要坚持中国特色社会主义文化发展道路，激发全民族文化创新创造活力，建设社会主义文化强国。任何一个国家和民族在发展过程中都会形成一定的优秀传统文化，这是历史的积淀，更是精神的凝聚。在我国优秀传统文化中，常体现出明显的民族性、地理性、时代性等特征，是我国丰富的文化遗产。只有具备文化自信才能真正将中华优秀传统文化不断传承发扬下去。

十九大报告指出：推动文化事业和文化产业发展，要深化文化体制改革，完善文化管理体制，加快构建把社会效益放在首位、社会效益和经济效益相统一的体制机制。完善公共文化服务体系，深入实施文化惠民工程，丰富群众性文化活动。加强文物保护利用和文化遗产保护传承。健全现代文化产业体系和市场体系，创新生产经营机制，完善文化经济政策，培育新型文化业态。

文化遗产开发利用对于产业不发达、缺乏增长极的农村地区而言，在短期内可起到较大的驱动乡村发展的作用，这种驱动作用与主导产业的带动作用类似。对于工业基础薄弱、城镇化建设较慢、产业结构单一的乡村地区而言，文化遗产开发利用是拉动乡村转型发展的契机，但操作上仍然是现实难题。城镇化进展较慢的乡村往往受到外界的冲击较小，更容易保护和传承传统文化，保留文化遗产的原真性，但文化遗产作为当地的资源禀赋和地方特色，对乡村转型所起的作用仍未被大量关注。

如果说十九大关于文化自信的相关论述，对南粤古驿道起到了坚定发展决心与信心的作用的话，那么十九大关于文化教育、乡村振兴等论述，则为南粤古驿道发展指明了方向，起到了定盘星的作用，对于我们确定发展方向、发展重点具有更加直接的指导意义。

十九大强调建设教育强国是中华民族伟大复兴的基础工程，必须把教育事业放在优先位置，深化教育改革，加快教育现代化，办好人民满意的教育。要发展素质教育，推进教育公平，推动城乡义务教育一体化发展，高度重视农村义务教育，办好学前教育、特殊教育和网络教育，普及高中阶段教育，努力让每个孩子都能享有公平而有质量的教育。健全学生资助制度，使绝大多数城乡新增劳动力接受高中阶段教育，更多接受高等教育。

实施乡村振兴倡议是贯彻新发展理念，建设现代化经济体系的重要举措。十九大报告明确指出：农业农村农民问题是关系国计民生的根本性问题，必须始终把解决好“三农”问题作为全党工作重中之重。要坚持农业农村优先发展，按照产业兴旺、生态宜居、乡风文明、治理有效、生活富裕的总要求，建立健全城乡融合发展体制机制和政策体系，加快推进农业农村现代化。

南粤古驿道的修复利用总体上属于文化教育、乡村振兴等范围，因此，对南粤古驿道的建设离不开文教和乡村这两大主题。为了推动文教事业的蓬勃发展，“推动城乡义务教育一体化发展，高度重视农村义务教育”是基本，“培养担当民族复兴大任的时代新人”为着眼点；同时，还要发挥社会主义核心价值观对国民教育、精神文明创建、精神文化产品创作生产传播的引领作用，把社会主义核心价值观融入社会发展各方面，转化为人们的情感认同和行为习惯。通过对南粤古驿道所蕴含的丰富历史文化遗产的发掘，增强民众的文化自信心和凝聚力。

广东省南粤古驿道系列保护利用工作，建立在对古驿道价值深刻理解的基础上，高点定位，理念鲜活，在“荒烟蔓草”中发现古驿道的文化价值、生态价值、体育及教育价值，在“60%省定贫困村分布在古驿道5公里以内”的不利条件中发现古驿道对乡村振兴、产业升级的带动潜力，从而设计出具有创造性的顶层战略设计统领全局，整合各方资源，尤其为遗产促进经济社会可持续发展做出了有益的探索与示范。

在广东省委、省政府的重视及坚强领导下，南粤古驿道保护利用工作创造性拓展成为涵盖文物保护、生态平衡、体育健康、文化旅游、经济发展乃至精准扶贫在内的多领域综合性项目。以古驿道保护利用工作为主线抓手，充分整合经济（包括物流运输业、种植业、加工业乃至金融及酒店业等）、文化（包括体育及旅游业）、生态等不同产业发展的资源要素，成为近年来广东省城乡发展的一股强劲动力。

总体而言，关于南粤古驿道的修复利用思路包含以下几点：

1. 华夏文明传承之路： 展现岭南历史文化和地域风貌

系统整理和挖掘具有广东传统文化内涵和地理风貌特征的驿道文化，古为今用，推陈出新，让陈列在南粤大地上的遗产活起来，成为广东省响亮的文化品牌。

2. 经济之路：促进粤东西北城乡经济互动发展，实现乡村振兴

近年来，随着城乡统筹、新型城镇化的推进，乡村发展处在产业转型升级、农村改革全面深化的重要时期，农村资源配置、产业方向和管理体制等发生重大转变，乡村转型发展成为当前和今后国家及各级政府重点关注的改革发展核心问题。结合国家实现乡村振兴的政策契机，推动古驿道线路沿线特色镇村和扶贫村的建设，促进粤东西北贫困地区和全省区域经济均衡发展。

3. 健康之路：推动广东户外体育、乡村旅游发展

为推动古驿道文化旅游的开发，广东省旅游局举办了“南粤古驿道文化之旅”，通过发布南粤古驿道宣传册、精品旅游线路等旅游资讯，授予旅行社代表“古驿道文化之旅”锦旗，组织古驿道寻宝摄影，当地特色农产品、特色美食展销以及南粤古驿道旅游资源展示等活动。此外，广东省旅游局还将加强南粤古驿道文化旅游发展规划的编制，着力完善古驿道旅游

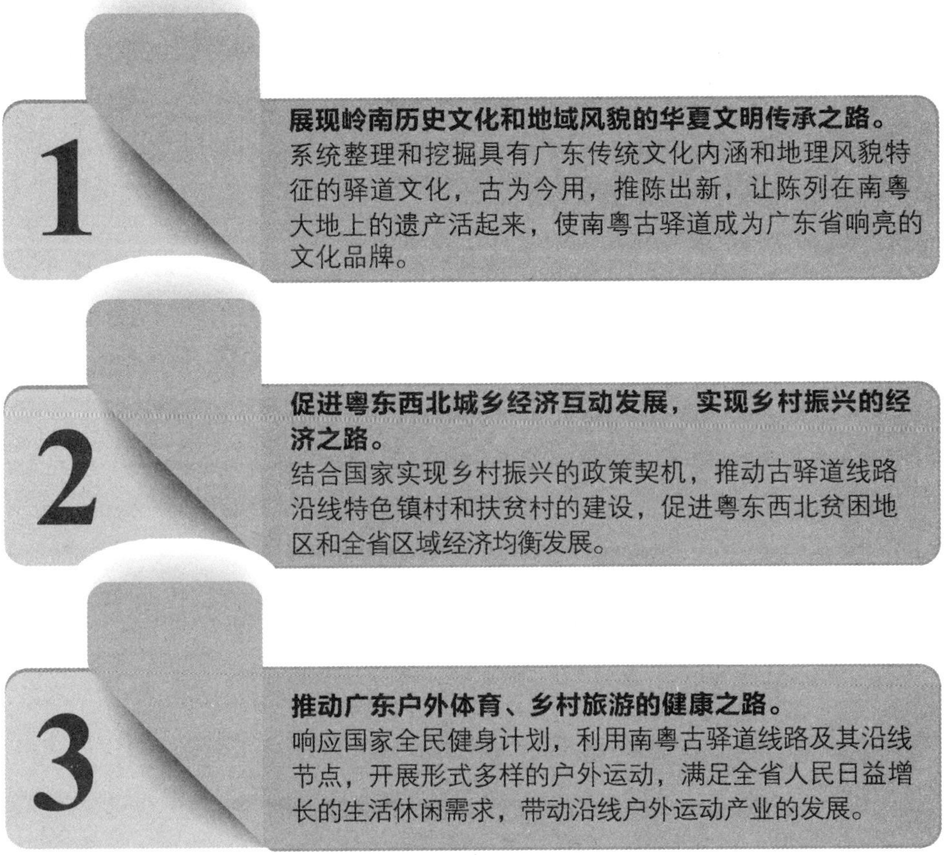

图 4　南粤古驿道的修复利用思路

公共服务设施，加强旅游标识系统建设，创新“古驿道 + 旅游”模式，助推全域旅游发展。响应国家全民健身计划，利用南粤古驿道线路及其沿线节点，开展形式多样的户外运动，满足全省人民日益增长的生活休闲需求，带动沿线户外运动产业的发展。

新时期的新规划为南粤古驿道在新时期的发展提供了新的发展方向，是指导和推动南粤古驿道保护利用工作的行动纲领，也是开展南粤古驿道线路规划建设的重要依据。以古驿道线性历史遗产空间为载体，探索其保护和活化利用方式，弘扬岭南优秀文化，为公众创造满足现代生活需求的线性文化空间，是积极响应国家“一带一路”倡议和广东省“文化强省”战略的表现，它为欠发达的小城镇和乡村地区发展注入新动能，将文化建设与乡村振兴结合在一起，加强基础文化设施建设，丰富乡村文化活动，推动文化产业发展，实现文化扶贫、文化脱贫，促进了古驿道沿线社会、经济发展，实现了驿道文化的复兴。

三、中国南粤古驿道发展的新时代新特点

党的十九大开启了中国特色社会主义新时代，习近平总书记对脱贫攻坚、乡村振兴、生态保护、健康中国、遗产保护、文化自信等提出了许多新的要求，为做好新时代各项工作提供了最高遵循。深入学习贯彻党的十九大精神，落实好习近平总书记的新要求，活化利用好南粤古驿道无疑是一项重要任务，是做好新时代广东工作的一个重要抓手。新时代下，在各级政府部门的推动和普通民众的助力下，南粤古驿道呈现出不同以往的新特点：

（一）更加积极主动地参与社会主义先进文化建设

文化是一个国家、一个民族的灵魂。文化兴国运兴，文化强民族强。没有高度的文化自信，没有文化的繁荣兴盛，就没有中华民族伟大复兴。要坚持中国特色社会主义文化发展道路，激发全民族文化创新创造活力，建设社会主义文化强国。中国特色社会主义文化，源自中华民族五千多年文明历史所孕育的中华优秀传统文化，熔铸于党领导人民在革命、建设、改革中创造的革命文化和社会主义先进文化，植根于中国特色社会主义伟大实践。

最近几年，中国南粤古驿道主动参与到主流文化建设中，以古驿道为载体，积极响应“一带一路”倡议，注重挖掘当地传统文化内涵，挖掘历史遗迹和人文故事，并“以体导游”“以体活道”“以道兴村”“以道兴粤”，向青少年进行精准推广普及，取得了很好的效果。同时举办了多种形式的宣传社会主义核心价值观、传播正能量的活动，进一步发挥古驿道在文化、教育和旅游资源整合方面的积极作用，让更多的人了解南粤古驿道以及体验古驿道的乐趣。

2017 年初，广东省住房和城乡建设厅推动南粤古驿道古曲复活工程，

创作了南粤古驿道定向大赛主题曲《奔跑在古驿道上》，申报“南粤古驿道音乐传承与整理研究”项目并在广东省社科院成功立项，同时启动了“南粤古驿道声音档案”工作，已被列入国家新闻出版广电总局“十三五”重点项目；2017 年 4 月，广东省旅游局、省住房和城乡建设厅、省文化厅、省体育局联合启动中国南粤古驿道文化之旅；2017 年 8—12 月，广东省博物馆主办的“南北通融——南粤古驿道展览”，共计开放 83 天，展览接待观众共 250,704 人次，观众到访率在同期展出的所有 8 个展览中居第二名；2017 年 9 月 1 日，由广东省住房和城乡建设厅、广东省教育厅、广东省文化厅、广东省体育局、广东省旅游局主办的“艺道游学·中国南粤古驿道少儿绘画大赛”，活动以艺术游学的形式，提高少年儿童的民族认同感，增强对中华历史文明的认知，树立民族文化自信。

（二）更加注重政府引导作用，有序推动古驿道高质量发展

2018 年 1 月 25 日，省长马兴瑞在广东省十三届人大一次会议做政府工作报告，特别提出“加大梅关古道、西京古道等南粤古驿道、古村落活化利用力度。传承发展提升农耕文明，树立文明乡风”。省级层面，由省住房和城乡建设厅牵头，负责统筹协调、与省直相关部门定期协商，指导和监督全省古驿道文化线路工作；省文化厅、文物局等负责组织各地市开展南粤古驿道沿线文化遗产的整理并制定标准指引等；省体育局负责组织和策划古驿道文化线路体育赛事、完善社区体育设施等工作。

此外，省农委办公室、省发改委、省旅游局、地质局等十多个部门主动作为，以强大的执行力和实干精神，积极调动资源，综合施策，合力攻坚，确保南粤古驿道保护利用工作有序推进。为了规范各地区各部门南粤古驿道保护利用工作，又编制了《广东省南粤古驿道线路保护与利用总体规划》《南粤古驿道保护与修复指引》《古驿道标识系统设计指引》《广东省古驿道综合调查研究》《古驿道示范段建设标准研究》《古驿道管理和维护机制研究》《古驿道房车营地规划建设指引》等为各地开展南粤古驿道

线路规划建设提供总体框架和重要指引。

在各县市层面，要求编制区域内南粤古驿道专项规划并配套政策指引，细化实施工作。要求各示范段编制示范段详细规划，严格进行古建修复工程，引导景观建筑设计。全省21个地级以上市如广州、茂名、珠海等先后也出台了地方古驿道发展实施意见。2018年广州市《政府工作报告》提出，要推进文物史迹修缮保护，推动南粤古驿道、“最广州”文化步径等线性历史文化遗产连接和活化利用，牵头做好海上丝绸之路申遗工作；珠海市《政府工作报告》提出加强淇澳岛生态保护，完善珠海古驿道建设；中山市《政府工作报告》提出要推进岐澳古道活化利用。加强乡土文化建设，发掘和保护一批处处有历史、步步有文化的传统村落。制定历史底蕴清单，挖掘和保护非物质文化遗产，保护发展咸水歌、醉龙舞、飘色等传统民俗文化等等。南粤古驿道修复活化工作被多市写入2018年政府工作报告。这些政策性文件与政府工作报告为南粤古驿道发展提供了极为有利的政策环境。

（三）持续培育广东省乡村振兴新动能

为实现“两个一百年”奋斗目标，党的十九大将乡村振兴战略写进报告，开启了我国乡村发展的崭新时代。党中央《关于实施乡村振兴战略的意见》（中央1号文件），将乡村振兴战略内含的量化思维和技术取向更加明晰化：一方面，中央1号文件对乡村振兴从农业发展质量提升、乡村绿色发展、农村文化、乡村治理新体系、民生保障、精准脱贫、制度性供给、人才、投入保障和党对“三农”工作的领导等10个方面进行了具体部署；另一方面，制定了实施乡村振兴战略的具体时间表，即“到2020年，乡村振兴取得重要进展，制度框架和政策体系基本形成；到2035年，乡村振兴取得决定性进展，农业农村现代化基本实现；到2050年，乡村全面振兴，农业强、农村美、农民富全面实现”。这就表明，实施乡村振兴战略是一个关乎全局、关乎长远的宏伟擘画和长期任务，需要我们科学谋划、合力推进、不懈奋斗。

《中共中央国务院关于实施乡村振兴战略的意见》强调“传承发展提升农村优秀传统文化”，要求“划定乡村建设的历史文化保护线，保护好文物古迹”等遗产。由于社会经济发展方式的变更，广东发现的古驿道及附属遗存大多分布在边远地区，而这些被工业化和城市化遗忘的地区，恰恰又是广东贫困乡村分布密集的地区。广东省《关于印发〈新时期相对贫困村定点扶贫工作方案〉的通知》（粤扶组〔2016〕4 号）确定了贫困村名录，通过筛选，古驿道线路两侧各 5 公里范围覆盖的贫困村数量约为 1320 个，约占全省贫困村总数（2277 个）的 60%。

南粤古驿道保护利用工作的根本出发点是助力乡村振兴，落脚点是促进农民增收，目标是到 2025 年，古驿道将带动 1320 个贫困村的建设和振兴发展，实现精准扶贫。古驿道保护利用，是沿线乡村发展的重要抓手。不少乡村旅游发展，已成为沿线村庄“发财致富之道”。大多数古驿道沿线村落环境优美，资源丰富，只要充分利用自身资源，便可取得良好的经济社会效益。按照省政府要求，南粤古驿道保护利用工作结合美丽乡村建设、旅游、体育、文化等方式，为大众提供优质的公共生态产品，以道兴村，助推乡村振兴。还组织省“三师”（规划师、建筑师、工程师）志愿者与古驿道周边 200 多个省定扶贫村进行结对帮扶，指导贫困村做好村庄建设和规划等，并为当地特色农产品设计创意包装；积极推动古驿道沿线农产品注册国家地理标志商标，提升当地农产品的知名度。

其次，“厕所革命”也是南粤古驿道发展为乡村振兴发力的重要抓手之一。2017 年 11 月，习近平总书记对“厕所革命”做出重要批示，他指出“厕所问题不是小事，是城乡文明建设的重要方面，不但景区、城市要抓，农村也要抓，要把它作为乡村振兴战略的一项具体工作来推进，努力补齐这块影响群众生活品质的短板”。因此，“厕所革命”不仅要在城市展开，更要在乡村地区深入展开。在乡村地区，“厕所革命”具有促进社会文明、培育健康的公序良俗等深刻意义。

为全面贯彻落实习总书记重要批示，提出如下设想：其一，由省旅游局结合“厕所革命”进行统筹，南粤古驿道沿线可以在合适的段落设置卫生、节能又结合地域地形条件的旅游卫生间。其二，由省旅游局统筹指导地方政府，鼓励支持民宿建设，并结合乡村厕所革命，推动人居环境改善，便于提供公共服务设施。

（四）继续推进广东省生态文明体制建设

党的十九大报告指出，建设美丽中国，为人民创造良好生产生活环境，为全球生态安全做出贡献，并强调：“必须树立和践行绿水青山就是金山银山的理念。”建设生态文明是中华民族永续发展的千年大计，坚持人与自然和谐共生是新时代坚持和发展中国特色社会主义的基本方略之一。树立和践行绿水青山就是金山银山的理念，是指引建设美丽中国的理论明灯。

习近平总书记反复强调：“要正确处理好经济发展同生态环境保护的关系，牢固树立保护生态环境就是保护生产力、改善生态环境就是发展生产力的理念，更加自觉地推动绿色发展、循环发展、低碳发展，决不能以牺牲环境为代价去换取一时的经济增长。”这一论述将生态环境保护与改善置于保护与发展生产力的突出位置，包含保护生态环境、改善生态环境、建设生态环境以及实现路径和方式等内容，既注重末端治理，又强调源头预防，既不欠新账，又要多还旧账。这一论述科学地阐述了经济发展与环境保护的关系，为生态环境的保护和改善提供了有力的理论支撑，丰富了马克思主义生产力理论，形成了极富中国特色的生态环境生产力理论。

围绕“推进生态文明体制改革、建设美丽广东”主题，加强水污染防治、自然保护区建设和南粤古驿道古村落古建筑活化利用等工作，是深入贯彻落实党的十九大精神，加快推进生态文明建设、实施乡村振兴战略、打赢脱贫攻坚战的具体行动，也是落实中央环境保护督察整改要求的重要任务。

南粤古驿道古村落古建筑活化利用，正是贯彻落实党的十九大关于实行最严格生态环境保护制度的要求，坚守住了广东的绿水青山和生态底线，既为保护生态环境贡献力量，也推动了周边贫困村脱贫，满足人民日益增长的优美生态环境和美好生活需要，是实现人与自然共生的和谐之路。

韶关从2016年下半年开始启动特色小镇的规划建设工作，到2018年，规划建设20个以上市级特色小镇，其中力争创建3—5个省级特色小镇；到2020年建成30个左右市级特色小镇，产业发展、创新发展、吸纳就业和辐射带动能力显著提高，成为韶关新的经济增长点。

例如韶关仁化县是一个拥有得天独厚的红色资源的山区小县。如今，在省市县三级部门的共同支持下，有关部门正在城口镇大力推进红军长征粤北纪念馆、城口红军长征纪念广场和红军街建设，同时仁化也在积极做好铜鼓岭战役纪念碑、谭甫仁旧居等革命遗址遗迹修缮。

红色景点周边的其他旅游资源也得到了进一步的整合。该县目前正在以丹霞湖山温泉项目建设为依托，充分挖掘恩村古村、上寨美丽乡村历史人文潜力，逐步打造“红色＋温泉”乡村旅游产业链，计划将城口镇建设成为红色教育基地和红色旅游胜地。

石塘镇则致力于加强双峰寨全国爱国主义教育基地保护管理，保护和修缮好中国历史文化名村石塘村古建筑群，大力发展石塘堆花米酒产业，继续举办南粤古驿道定向大赛石塘站比赛活动，积极传承“月姐歌”等民俗艺术，将该镇发展为红色旅游特色的酒香古镇。

结合特色小镇的规划建设工作，南粤古驿道沿线的古村落焕发了新的生命。一方面，它以改善农村人居环境为切入点，完善古驿道周边基础设施建设，原则上不征地、不拆迁、不改变原有土地使用性质；另一方面，它营造了集健身、文化、娱乐、摄影于一体的休闲旅游环境，引领绿色健康的生活方式，倡导“不留痕迹的旅程”。可以说，南粤古驿道成为优质的公共生态产品。

（五）强化互联网思维，数字化参与南粤古驿道重要渠道

网络传播对于推动从化古驿道的宣传工作起到了重要作用。多地积极建立“一微一网”（微信公众号、网站）宣传平台，每天发布及更新古驿道相关主题和信息，并在国内、省、市、网络和专业的媒体平台宣传推广，在一定程度上引发了民众的参与热潮。南粤古驿道网（http：www. nanyueguyidao. cn）的创立和建设，形成了“你中有我，我中有你”的线上地图生态圈。南粤古驿道网以服务南粤古驿道作为中心工作，并致力为相关政府部门提供有效的宣传渠道，同时积极推介南粤历史遗产、民俗文化等，为南粤文化的保护和利用提供优质的媒体平台，是具有一定层次的综合性文化服务的官方网站。

经过一年多的发展，南粤古驿道网分设《驿道活化》《驿道讲堂》《文化之旅》等栏目，以互联网思维深度挖掘传播南粤古驿道的历史文化，并开设《驿道地图》等栏目，为户外运动及休闲旅游爱好者、文化学者、乡村活化行动者及生态环保人士提供多元、快捷、全面、实用与权威的资讯。此外，广东省人民政府、广东省住房和城乡建设厅等政府官网专设南粤古驿道专页、台山市政府主办的中国南粤古驿道专题网等关注和更新了大量古驿道报道。

除了借助互联网宣传和参与南粤古驿道的各项工作，完善指引系统的建设也是近期推动互联网智能化的一大亮点。古驿道指引系统通常包括里程碑、方向指示、历史信息、露营指引等。它是驿道、徒步径重要的信息点，增加了驿道的历史信息价值和文化内涵。而将互联网应用到指引系统后，可以提供更多的信息，与导航系统、气象系统相连接，保障户外活动的安全；通过网络与农村产生虚拟通道，农产品或者乡村驿站等与消费者产生了联系。互联网智能化的指引标识将带来无限的驿道利用潜力。

（六）更加注重文化引领作用，新兴业态成为发展新动能

古驿道蕴含厚重历史文化内涵和丰富红色旅游资源，是拓展文化旅游产业发展空间、推动生态富民强市的重要载体。要充分认识活化利用古驿道的重要意义，古驿道在发展中形成展现厚重历史的文化传承之路、带动沿线群众致富奔康的绿色发展之路。省旅游局方面表示，南粤古驿道旅游受到游客热捧，韶关南雄梅关古道、云浮郁南古水道等 8 个示范段沿线及古村落接待游客数量有较大增长。

据广东省旅游局 2018 年 5 月统计数据，2017 年南粤古驿道沿线 17 家 A 级景区共接待游客 69.7 万人次，同比增长 8.1%。其中，南雄梅关古道游客达到 5.2 万人次，同比增加 24.65%，旅游收入同比增加 21.83%；乳源西京古道游客达到 2.9 万人，同比增加 25.13%，旅游收入达 1581.39 万元。古驿道旅游成为 2017 年国庆中秋长假省内旅游新热点。

由“三师”专业志愿者委员会承办的“南粤古驿道文化创意大赛”“艺道游学·南粤古驿道少儿绘画大赛”等赛事，在弘扬岭南优秀传统文化，整合沿线人文、自然等特色资源，提升当地文化自信方面做了诸多尝试，成为南粤古驿道的重要文化探索。南粤古驿道重点线路所在县（市、区）认真借鉴文创大赛、绘画大赛的经验做法，结合地方节庆、时令果蔬

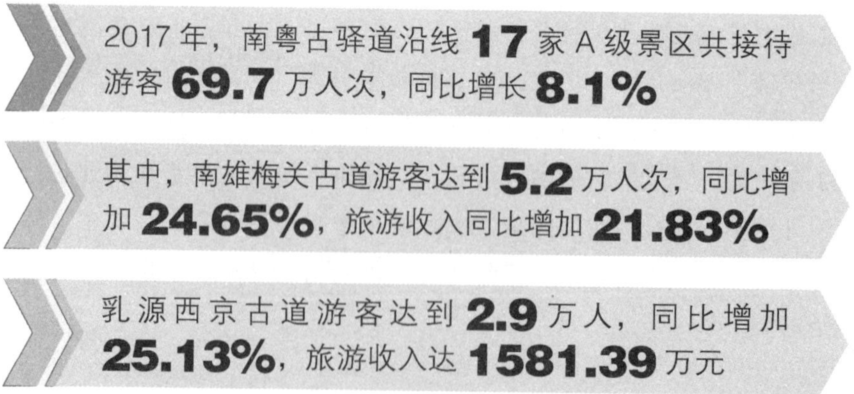

图 5　南粤古驿道旅游业数据（2018 年 5 月更新）

上市、地方特色物产等时机在古驿道本体或沿线村庄开展特色活动，如连州“洗佛节”、徐闻“波罗的海”、仁化“堆花米酒”展销、东源双江镇“西瓜节”等，用好南粤古驿道品牌，带旺乡村人气，推广当地民俗文化，促进传统文化创新性发展，增强乡村文化自信。

各级部门积极提升改善古驿道沿线古村落的村容、村貌和人居条件，使得古村落由原先的“脏乱散差”变为“干净卫生、内涵丰富、配套齐全”的新旅游精品——南粤古驿道由此褪去了厚重的历史幕布，以崭新的面貌重现往日光辉。各级部门统筹推进精准脱贫攻坚、古村落保护开发、生态环境修复等工作，大力发展生态农业、乡村旅游等绿色富民产业，使得乡村振兴战略有效落实。在各级各部门的积极引导下，古驿道周边村镇通过培育发展民宿、手工艺品、土特产品、农家菜等新兴业态，打开了市场销售渠道，提升了农产品文化价值内涵，带动了当地农民增收。

（七）中国南粤古驿道与市场运作掀起新热潮

经过近几年转型升级的探索，南粤古驿道升级发展路径越来越清晰，目标越来越明确，经营模式也日趋成熟，南粤古驿道将迎来井喷式的发展，有关南粤古驿道的各种报道频见报端。南粤古驿道蓬勃发展的态势和成果主要体现在几个方面：

（1）2017 年南粤古驿道定向大赛“一举成名”，实现了全民健身与乡村社会经济增长，为南粤古驿道蓬勃发展发挥了重要的作用。

（2）形成了一批具有全国示范带动性的“文化之旅”，如南粤古驿道文化创意大赛、艺道游学·南粤古驿道少儿绘画大赛等进入大众视野的公众活动。2017 年“南粤古驿道首届文化创意大赛”的举办挖掘再现了宝贵记忆，使散落在南粤大地的文化遗产活起来、传下去，这对带动古驿道沿线及周边地区旅游业发展，促进精准扶贫、美丽乡村、“特色小镇”和当地基础设施建设有重大的助推作用。同时，使南粤文化走入校园，得以在高校群体中传播，不仅扩大了赛事的影响力，同时拓展了青年一代的视野，使南粤文化得以传承延续。文创大赛逐渐发展成为“南粤古驿道文化之旅”的一张闪亮名牌，大放光彩。

（3）“民宿＋农耕文化＋互联网”经济迅猛发展，品牌、特色实体民宿经营势头猛增。像梅州大埔民宿，2017 年通过南粤古驿道定向大赛与当地政府扶持，迅速发展连锁经营。2017 年新开店 51 家，总量突破 100 家，达到 111 家，2018 年计划达到 200 家。

（4）形成了复合多元经营、特色经营、O2O 一体营销、驿道＋公益等一系列可圈可点的专业志愿者服务新模式。这些模式经过几轮探索、实验、沉淀，已经越来越成熟，越来越具有可复制性，也有越来越多的志愿者团体自觉加入南粤古驿道的发展浪潮。

（5）吸引人才“走回来”，回家创业与务工的人数都有明显增长。古驿道两侧各 5 公里范围内覆盖贫困村 1320 个，约占全省贫困村总数（2277 个）的 60%，古驿道曾一度成为“落后”“没有发展潜力”的代名词，但随着南粤古驿道修复活化利用工作的开展，一条条古道“活”了起来，“走出去”的村民看到了发展的机会，也看到了以道兴粤，乡村振兴的希望。

图6 南粤古驿道定向大赛（江门台山站）开幕

（6）南粤古驿道成为当地文化形象的一张重要名片。广州、深圳作为文化高地，历来重视南粤古驿道建设，韶关、汕头、清远、江门、中山也紧随其后。汕头市澄海区樟林古港驿道、韶关市乳源县西京古驿道和南雄市梅关古驿道、江门市台山市海口埠古驿道、潮州市饶平县西片古道和云浮市郁南县南江古水道等8处示范段建设颇具成效，古驿道串联起千余个人文和自然发展节点，成为展现岭南独特自然地理风貌和文化特色的史诗级文化线路。

南粤古驿道上的三个节点项目——韶关市南雄梅关古驿道保护与利用项目、汕头市西堤公园建设项目、珠海市香炉湾沙滩修复项目，入选了2017年中国人居环境范例奖。汕头市、珠海市政府将南粤古驿道作为建设“宜居奖”的重要支撑内容，把南粤古驿道纳入城市规划建设管理当中，并作为宜居指数的重要衡量因素之一。南雄梅关古驿道以南粤古驿道保护利用工作为契机，保护修复与活化利用梅关古驿道沿线物质和非物质文化遗产、历史性自然景观等资源，促进古驿道沿线地区经济发展和“精准扶贫”，提升古驿道沿线地区人居环境品质，打造了一条集文化、生态、旅游等多种功能的古驿道线性文化遗产网络。

四、中国南粤古驿道的新发现新发展

20世纪初以来，世界范围内日益重视对文化遗产的保护和利用，世界遗产委员会进而提出了线性文化遗产新概念。线性文化遗产是指在拥有特殊文化资源集合的线形或带状区域内物质和非物质的文化遗产族群，往往出于人类的特定目的而形成一条重要的纽带，将一些原本不关联的城镇、村庄等串联起来，构成链状的文化遗存状态，真实再现历史上人类活动的移动，物质和非物质文化的交流互动，并赋予作为重要文化遗产载体的人文意义和人文内涵。线性文化遗产与文化线路和文化廊道相似，都是反映自然与人文景观的整体性和延续性，体现人类在各个历史时期社会、经济与文化发展动态特征的跨区域的遗产。

（一）南粤古驿道文化线路空间结构

古驿道沿线历史遗存丰富、种类繁多，包括驿道本体、驿站、驿亭、古关、指路石、古桥、碑刻、标语、古遗址、古墓葬、古码头、古建筑、近现代重要史迹、古镇和古村落等实物遗存，共906处，其中仅古码头就达133处（隋唐时期5处，宋元时期5处，其余均为明清时期）。根据广东省住房和城乡建设厅、广东省文物局2018年4月公布的统计数据，广东现存古道本体共计233条，长710.44公里。

从年代上看，秦汉时期古道遗存共32条，总长139.94公里；隋唐时期古道遗存共7条，总长30.204公里；宋元时期古道遗存共7条，总长5.329公里；明清时期古道遗存共187条，总长534.967公里。

从地区分布上看，古驿道集中分布在粤北山区、珠三角的惠州市、粤东的汕尾市和粤西的云浮市。其中，粤北地区（韶关、河源、梅州、清远市）总长523.5公里，每市现存古驿道总长都在100公里以上，占全省总长度的70%，依次是珠三角地区总长107公里，粤东地区56.2公里，粤西

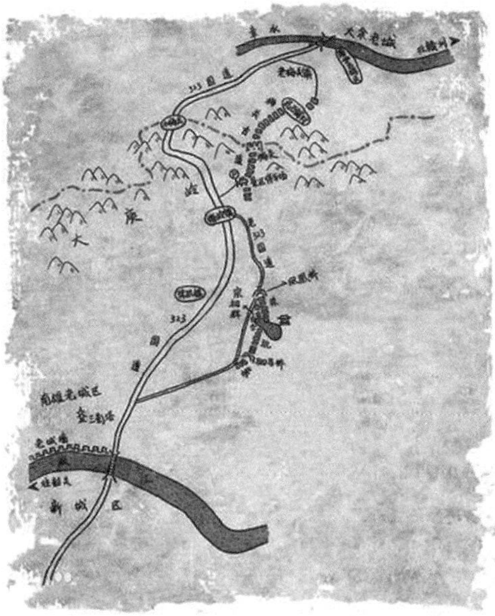

图7 梅关古道

地区25.6公里。珠三角地区，广州市保存古道本体13条，其中新发现10条，现存总长度14.76公里，年代主要为唐、元、清，沿线文物古迹119处，古码头遗址7处；深圳市城市化发展迅猛，古驿道遗迹已难寻踪迹，仅存叠福古道500米；佛山市保存古道本体2条，分别为顺德区北滘镇都宁村的都宁古道和南海区西樵镇的柏山村古道，残长均约100米，古码头遗址10处。

目前，广东省规划梳理出的“主线+支线+发展节点”古驿道线路系统由14条古驿道主线、56条古驿道支线构成，贯穿全省21个地级市、103个区县，长度约11,230公里，其中，陆路线路长约6900公里，水路古驿道线路长约4330公里。共规划1200多处发展节点，其中人文节点959处，包括233条古本体，388处历史文化城镇村，369处其他文物古迹；自然节点248处，包括风景名胜区、森林公园、自然保护区、湿地公园以及旅游景区等。南粤古驿道线路按空间结构可划分为6条线路：

图 8　南粤古驿道空间结构规划图

1. 粤北秦汉古驿道线路

粤北秦汉古驿道线路是秦汉时期开辟的岭南与中原沟通的重要通道，也是广东省最早的古驿道之一，以古村、古道、古关、古洞、古陂为主要特色，突出反映军事文化、邮驿文化、民系迁徙文化、宦游文化、瑶族文化的秦汉南拓之路。

2. 北江—珠江口古驿道线路

北江—珠江口古驿道线路是岭南地区自唐代以来最重要的古驿道线路，分为北江段和珠江口段。北江段是以海丝文化、中原文化、广府文化、少数民族文化为特色的古瓷贸易之路和中原南迁之路。珠江口段是以广府文化、近代革命文化和侨乡文化为特色的南迁出洋之路。

3. 东江—韩江古驿道线路

东江—韩江古驿道线路是唐代之后粤、赣、闽三省商贸和文化交流的主要通道，分为东江段和韩江段。东江段是以广府文化、客家文化、宦游文化、红色文化等为特色的客家迁徙之路。韩江段是以客家文化、潮汕文化、侨批文化、海洋贸易文化等为特色的潮客贸易之路、粤闽赣盐运之路。

4. 西江古驿道线路

西江古驿道线路以古城、古村、古渡、古人类遗址为主要特色，是突出反映广信文化、端砚文化、海丝文化、古人类文化、石刻文化等文化内涵的广府发源之路。

图 9　西京古道关隘

5. 潮惠古驿道线路

潮惠古驿道线路以古港、古庵、所城、卫城为主要特色，是突出反映海防文化、海洋贸易文化、潮汕文化等文化内涵的海防文化体验之路。

6. 肇雷古驿道线路

肇雷古驿道线路以海洋贸易文化、雷州原生文化、南江文化、六祖禅宗文化、宦游文化等为特色的海丝起源之路。

6 条南粤古驿道线路包含 14 条主线，56 条支线，贯穿全省 21 个地级以上市，103 个区县，串联 1200 处人文及自然发展节点，全长约 11, 230 公里，其中陆路古驿道线路长约6900公里，水路古驿道线路长约4330公里。路径载体由古道、步道、绿道、风景道和水道五部分组成，走向大致沿历史线位规划布局。

表1　南粤古驿道按空间结构划分为6条支线路

线路名称	资源特征	文化内涵	发展主题及方向
粤北秦汉古驿道线路	· 驿道历史最悠久，保存完整的古驿道段落众多 · 山地险峻，地理风貌优美 · 少数民族聚集地 · 古村、古道、古关、古洞及古陂（水利设施）众多	科考文化、古代军事文化、宦游文化、邮驿文化、瑶族文化	秦汉南拓之路
北江—珠江口古驿道线路	· 水陆联运的古驿道线路 · 丹霞地貌 · 古村、古码头、古墟市数量众多	海丝文化、中原文化、广府文化、少数民族文化、近代革命文化和侨乡文化	古瓷贸易之路 中原南迁之路 南迁出洋之路
东江—韩江古驿道线路	· 现存古港口、庙宇数量众多 · 非物质文化遗产数量多	广府文化、潮汕文化、客家文化、宦游文化、红色文化侨批文化、海洋贸易文化	客家迁徙之路 潮客贸易之路 粤闽赣盐运之路
西江古驿道线路	· 森林公园、风景名胜区等众多，风景秀丽 · 古城、古村、历史遗迹众多	广信文化、端砚文化、海丝文化、古人类文化、石刻文化	广府发源之路
潮惠古驿道线路	· 现存海防卫所众多 · 滨海资源丰富，景观优美 · 庵、古庙等资源众多	海防文化、海洋贸易文化、潮汕文化	海防文化之路
肇雷古驿道线路	· 中国大陆最南端半岛 · 古海港等历史遗迹丰富	海洋贸易文化、雷州原生文化、南江文化、六祖禅宗文化、宦游文化	海丝起源之路

（二）南粤古驿道文化线路发展节点

南粤古驿道线路共规划1200多处发展节点，其中人文节点959处，包括233条古道本体，388处历史文化城镇村，369处其他文物古迹；自然节点248处，包括风景名胜区、森林公园、自然保护区、湿地公园以及旅游景区等。

1. 古驿道遗存

是指与古（驿）道直接相关的历史文化遗存，包括古驿道、古驿铺、古驿亭、古关隘、指路石、古碑刻、古码头、古渡口、古栈道和其他古驿道遗迹等。

古驿道遗存是南粤古驿道线路的核心资源，应以保护其原真性为主。通过评估，确定古驿道遗存的等级，并制定各级别的保护措施和要求。对于较重要的古驿道线路，要整体公布为各级文物保护单位，并划定保护范围进行保护；对于古驿道相关的历史文化遗存，应做好遗存标志竖立和范围划定，对于未纳入文物保护范畴的遗存，应做好预防保护工作。为充分展示和利用古驿道遗存资源，可适当发展古道观光、考古科研、徒步穿越等活动。

2. 历史文化城镇村

指古驿道沿线保存文物丰富且具有历史价值或纪念意义，能反映一定历史时期古驿道文化内涵的村镇，包括历史文化名城名镇名村、传统村落、传统风貌古城古镇古村等。

古驿道沿线的历史文化城镇村应做好各级名镇、名村、传统村落的认定工作，并做好保护规划，尽量纳入各级镇村保护体系。针对范围内的文物保护单位、历史建筑、传统风貌建筑等物质文化遗产，应划定保护范围，做好保护工作；针对非物质文化遗产，应建立档案，并提供展示空间载体，做好传承工作。在开发利用方面，适宜发展古镇古村游览、特色民俗与传统手工技艺展示、定向运动等活动。

3. 其他文物古迹

指人类各种活动遗留下来的古代建构筑物、古遗址、古墓、古塔、石刻、古人类遗址等。针对其他文化古迹，应划定保护范围，提出保护要求。通过古驿道线路进行串联和整合，形成有机整体，适宜开展古迹游览、考古科研等活动。

4. 自然节点

指沿线以自然风光为主的风景名胜区、森林公园、自然保护区、湿地公园、旅游景区等，适宜开展户外运动、体育休闲、科普考察、生态观光等活动。

2018 年，广东省还将打造 11 段南粤古驿道重点线路：韶关南雄梅关古道—乌迳古道约 46 公里、韶关西京古道约 95 公里，广州从化古道约 45 公里，清远连州丰阳—东陂古驿道约 56 公里、清远连州秦汉古驿道约 47 公里，河源粤赣古道约 61 公里，梅州大埔三河坝—潮州饶平麒麟岭古道约 67 公里、梅州兴宁—平远古道约 83 公里，珠海中山岐澳古道约 67 公里，汕尾海丰羊蹄岭—惠州惠东高谭古道约 90 公里，惠州罗浮山古道约 19 公里。

目前，各重点线路的修复利用工作正在有序开展。珠海市重点挖掘和凸显香山古驿道的地方特色，构建了山、海、城三种形式复合的驿道网络，目前已开始施工，修复了长南迳古道 5.5 公里，把古驿道、唐家湾历史文化名镇、珠海情侣路、珠海大剧院等串联成旅游参观线路。河源东源县积极组织镇、村开展古驿道清理工作，每公里给予 6000—10,000 元补助，目前完成南粤古驿道路线调查约 120 公里，勘测清理古驿道 71 公里。韶关南雄市以“千年南迁古道、多彩活力绿廊”为形象定位，已建成珠玑古巷游客服务中心、景区停车场、大雄禅寺至聪辈村滨水绿道、全长约 1.3 公里的体育廊道等。惠州惠东县将高潭古驿道的保护利用紧紧扣住高潭红色旅游这一主题，将古驿道与红军路结合起来，积极推介重走“红军路”旅游项目。梅州兴宁市注重梳理研究毛泽东的《寻乌调查》，挖掘沿线历史资源和红色基因，结合乡村振兴、精准扶贫和农村人居环境改善等重要工作，旨在打造独具特色的“寻乌调查”红色之旅，带动古驿道沿线以及周边地

2018 年，广东省将打造 **11** 段南粤古驿道重点线路

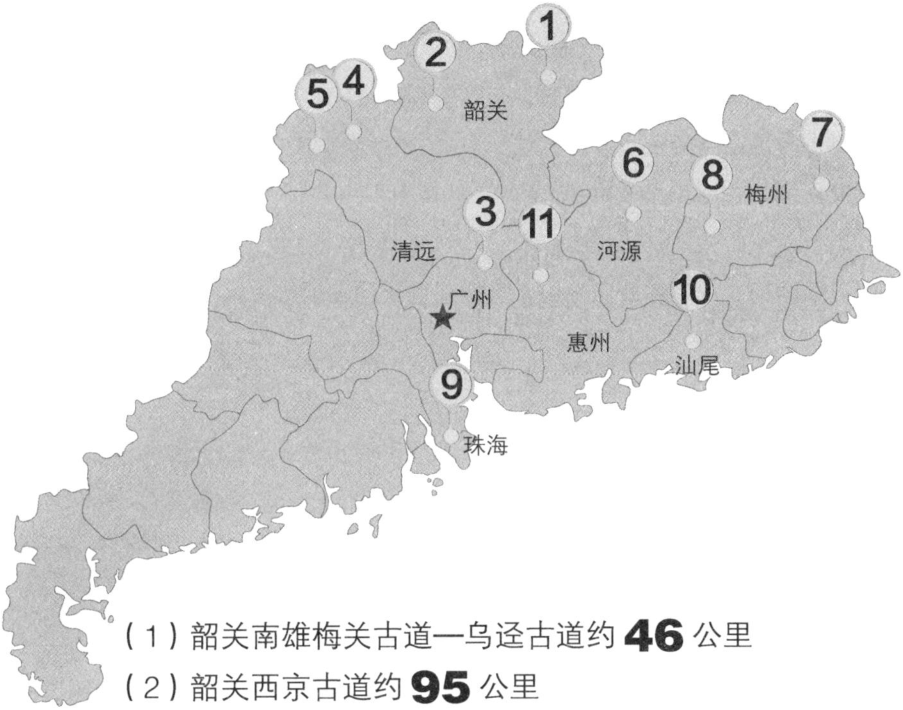

（1）韶关南雄梅关古道—乌迳古道约 **46** 公里

（2）韶关西京古道约 **95** 公里

（3）广州从化古道约 **45** 公里

（4）清远连州丰阳—东陂古驿道约 **56** 公里

（5）清远连州秦汉古驿道约 **47** 公里

（6）河源粤赣古道约 **71** 公里

（7）梅州大埔三河坝—潮州饶平麒麟岭古道约 **67** 公里

（8）梅州兴宁—平远古道约 **83** 公里

（9）珠海中山岐澳古道约 **67** 公里

（10）汕尾海丰羊蹄岭—惠州惠东高谭古道约 **90** 公里

（11）惠州罗浮山古道约 **19** 公里

图 10　2018 年南粤古驿道重点线路图

区发展。潮州饶平县修复缺损驿道本体3.74公里，并以古驿道为载体，举办“茂芝会议”90周年学术研讨会、古驿道风光摄影大赛、千人徒步重走红军路等大型活动。

在线路重点发展区域方面，全省规划24处最具代表性的特色区域作为南粤古驿道线路的重点发展区域，包括18处重点人文发展区和6处重点自然发展区，主要发展文化旅游、生态观光、户外运动、都市休闲等功能。根据目前掌握的统计快报数来看，中国南粤古驿道数量规模各项指标仍在朝着继续扩大规模的方向发展，呈快速增长的发展势头。

五、中国南粤古驿道发展中存在的主要问题

南粤古驿道是古代岭南灿烂文化和物质文明的代表之一。在2016—2017年的建设工作中，已梳理出包括古道、绿道、步道、风景道及水道在内的文化线路路径载体，建立起南粤古驿道标识系统，并聚集起体育、农业、文化、旅游、生态等不同产业发展的资源要素，8条各具特色的古驿道示范段初具规模，保护修复工作取得显著成效，形成了良好的引领效应，尤其为遗产促进经济社会可持续发展做出了有益的探索与示范。而另一方面，文化线路型遗产点多、面广，周边可达性差，且其保护利用涉及文物、城乡建设、生态环境、文化旅游等多个领域，协调统筹整体工作难度大，也使得南粤古驿道在发展中存在诸多亟待解决的问题。

（一）南粤古驿道站点发展不均衡、重视程度不一

古驿道在配套和服务设施等方面还须完善提升，其文化性和知识性等科普宣传教育还不足，特别对岭南传统文化、乡土文化的利用比较欠缺，特色产业与相关资源要素的结合不够紧密。

古驿道的历史是一部过去的繁华史，但社会经济发展方式的变更，现代与古代交通网络的错位，造成粤东西北古驿道沿线地区经济发展动力衰退，经济社会发展水平与珠三角地区存在较大差距。只有结合古驿道的保护，建立健全古驿道管理和维护的长效机制，以古驿道、特色古镇、古村为引领，重点挖掘沿线古镇、古村的文化特色，通过文化复兴推动镇村发展，才能推动全省特别是粤东西北地区的经济区域均衡。

（二）运营专业性亟待提高

随着南粤古驿道品牌的进一步提升，南粤古驿道旅游态势兴旺，纳入统计的南粤古驿道景区在接待游客量和收入上都比往年同期大幅上升，乡村旅游持续兴盛，但随之出现的不专业经营问题在制约其长效发展。

各村镇存在基础设施和公共服务落后的共性问题，在基础设施、产业支撑、商业配套、社会服务等方面普遍滞后，如在公厕、停车设施及休闲娱乐场所等方面建设不足，游客配套不足。

（三）户外运动扎堆现象出现

“南粤古驿道定向大赛”自2016年首次成功举办以来，作为南粤古驿道开发中“名片式”的活动，将定向运动的户外体验性和古驿道、传统村落的文化性结合起来，充分提高了定向运动的文化性和趣味性，并有效地向运动参与者和社会大众宣传推广了广东历史文化，同时掀起了“南粤古驿道 + 户外运动”的潮流。

2017年南粤古驿道发展迎来建设热潮。随着南粤古驿道定向大赛等活动影响力持续扩大，大量同类的体育赛事在广东各地古驿道沿线相继举办，形成了风起云涌的态势。但同时出现了同类户外运动齐聚一个驿道，难免会有扎堆的现象，以及“脸谱化、模式化”等问题。另外，赛事配套设施，如交通、食宿、公共设施等明显跟省级赛事不匹配，这些都是影响赛事可持续发展的主要因素。

2018年3月，文化部、国家旅游局合并为文化和旅游部。此举有望统筹文化事业、文化产业发展和旅游资源开发，推动文化事业、文化产业和旅游业融合发展，形成“文化旅游”的合力，让户外运动在具有体育竞技属性的同时，又具有文化内涵，让文化旅游产业可持续、高质量发展。

（四）期待创新的对内宣传推广形式

南粤古驿道的活化利用不是一句空话，除了加强对古驿道的本体保护以外，还需要创新形式加强对古驿道的宣传推广，让市民更加了解南粤古驿道的重要性和历史文化内涵，增强对岭南文化的了解，提升广东文化自信，非常重要。

如何打破传统宣传推广的“套路”，创新形式充分调动社会公众对南粤古驿道的关注热情，如何通过打造“中国南粤古驿道”活动品牌给古驿道沿线周边的村落和相关产业集聚人气，都是值得探究的课题。

（五）面向世界的宣传推广亟待发力

“南粤古驿道定向大赛”的本质是“定向越野运动”，是一种新兴的野外活动方式，起源于欧洲，是运动员利用地图和指北针到访地图上所指示的各个点标，以最短时间到达所有点标者为胜。

“南粤古驿道定向大赛”的定位是世界级的定向运动赛事，吸引超过10个国家和地区的多名全球冠军运动员在南粤古驿道沿途各站的户外赛场进行运动竞技。南粤古驿道以“定向大赛”为着力点，面向世界进行宣传推广，实在是难能可贵的创意策划，但目前从对外宣传的角度来看，如何通过包装宣传策略，有针对性地面向海外受众整体推介南粤古驿道，吸引海外华侨和国外一些对中国传统文化感兴趣的游客来游览，充分吸纳外部资源，还是一个需要重点思考的问题。

六、推动中国南粤古驿道高质量发展的对策建议

近十几年来，国内外有关专家对这些承载着厚重历史文化的古道路的保护与利用给予了关注。1994 年，世界遗产委员会第一次明确地提出了“文化线路”的概念。1998 年，国际古迹遗址理事会（ICOMOS）系统探讨了文化线路的内涵、价值和保护策略等问题。2005 年，国际古迹遗址理事会第 15 届大会将文化线路列为四大专题之一。2008 年通过了《关于文化线路的国际古迹遗址理事会宪章》，对文化线路进行了更加详尽的定义，制定了文化线路的基本研究原则和方法，提出了文化线路评估、保护、利用和管理的基本机制。

南粤古驿道是覆盖广东全省的一种文化线路。从中国的历史看，它不是一种简单的线性遗产系列。如果看看国家历史文化地图，可以理解中国的许多文化遗产系列并不是一种简单的线性或者带状分布，包括大运河和丝绸之路都是根植于所在地区城乡系统，对中国历史城市、城镇与乡村的生成与发展产生了巨大而持久的影响。同理，对于南粤古驿道历史与空间特征的理解，应当在目前文化线路概念的基础上进一步拓展思路，在文化遗产保护过程中，要重视相关遗产的历史叠加性，从宏观层面的线性遗产向中观层面面状、微观层面网状加以拓展。在发展中要立足长远，开展沿线的资源和遗产普查研究评估；先易后难，选取有代表性的古驿道进行示范段建设；突出重点亮点，把特色产品输送出去，旅游人群引入进来，发挥线性遗产巨大的延展和扩散作用；结合美丽乡村和新农村示范片的建设，完善产业互补衔接；同时政府主导，政策支持落实，加强多方参与。由此，才能整合形成文化廊道，激活遗产潜力，促进古道古村保护和发展，提升南粤古驿道内涵。

（一）开展全面调研和保护修复工作

按照党中央和国家机构改革的总体安排，组建自然资源部，新的管理架构即将完成。政府部门可以通过对中国南粤古驿道的大调研，摸清中国南粤古驿道的现状，找准存在的问题，有针对性地开展古驿道的保护修复工作，建设相关配套设施。

对南粤古驿道的调研不应仅局限于每条驿道，应把驿道本身作为一个点，延伸到其他相关方面，包括驿站、村庄、河流、水系、南岭、中原、海上丝绸之路等等。通过规划找出村庄和驿道之间的联系，进而发现文化传承的路径。只有将南粤古驿道的相关性研究做实，才能对这一文化线路的发展提供建设意义。此外，还应进行南粤古驿道的扩展研究，包括与岭北及中原地区、与海上丝绸之路之间的多方面探索，为“一带一路”倡议和文化遗产的合理利用做出新的努力。以南粤古驿道保护利用作为一个切入点、总抓手来带动乡村振兴，依托南粤古驿道的保护利用，将文化遗产保护利用、全民健身、乡村振兴紧密联系在一起。

由此，确定古驿道修复保护方案，制定南粤古驿道重点线路活化利用工作方案，明确各重点线路修复和发展工作目标、组织形式、责任主体、部门分工、进度安排、资金分配、保障措施等内容；扎实开展步道、茶亭、驿站、路碑、残桥、古码头、候船亭等古驿道本体的保护修复，对重要的古亭、古桥要先由专家组开展修复工程设计、施工图设计，再进行工程实施；及时总结梳理古驿道修复与活化利用工作经验予以推广，并在此基础上形成古驿道保护修复标准。

（二）深度多元开发利用南粤古驿道

通过大量的史料研究和实地勘察，掌握南粤古驿道发展的历史沿革、现状保存情况和分布特征，结合对地方志和文献典籍的研读，发掘驿铺、遗存线路、历史记载线路位置等信息，确定历史上古驿道线路的走向，深度多元开发利用南粤古驿道。

1. 持续培育南粤古驿道文化之旅品牌形象

进一步发掘梳理古驿道沿线历史资源、相关历史人物故事，推出历史人物专题报道，讲述“广东好故事”。有针对性地组织古驿道主题节庆和文化旅游活动，重点打造红色旅游、“瓷器之旅”主题旅游、“古酒之旅”主题旅游及古驿道研学游等主题活动。

2. 继续办好南粤古驿道定向越野大赛

通过规范定向大赛命名和比赛机制，建立定向大赛积分排位制度，提高赛事吸引力和影响力。利用好新媒体平台，明确官方指定媒体的职责，提高赛事拍摄水准。发挥好省户外运动协会等社会组织的作用，广泛宣传、团结、发动更多户外运动爱好者参与。

3. 做好市场开发工作，策划开发南粤古驿道主题旅游产品

对南粤古驿道上的重要节点进行包装策划，针对已有一定基础的古驿道线路、活动或赛事，适时推出配套旅游线路。建立南粤古驿道文化之旅标识系统，对与主题相关的历史建筑、博物馆、遗址等，标示历史人文信息，开发相应的文创产品。

4. 推进古驿道科普教育基地建设，将古驿道打造成为寓教于乐的科普教育基地

建设可供普及地质地貌地理、生态环境保护等科学知识的教育场所和展示地域特色、历史文化的标识系统，增加青少年对南粤文化之美的认可度和自豪感。

（三）加强南粤古驿道的基础设施建设，鼓励多样化发展

南粤古驿道的部分线路依托当地经济，基础设施较为完善，但其整体发展水平仍较低，古驿道沿线村镇的基础设施建设较为滞后。基础配套设施的完善应按照古为今用、传统与现代融合的原则，由政府牵头主导、科学管控，吸引多种资金投入，多方参与协同，共建共管。要坚持“省级指

导、地方主体推进，住建牵头、部门联动”的原则，继续发挥“政府倡导、专业志愿者支撑、部门无私合作和资源共享、社会大众参与”的做法。由住房和城乡建设部门牵头，文化、文物、体育、环保、交通、旅游、地方市办、国土等二十几个部门共同参与，由专业机构开展前期价值评定、调查评估、学术研究，还有当地村民参与，形成政府主导、各部门参与、专业机构和社会各界支持的组织架构体系。

政府发挥主导作用，保证全盘规划发展总体目标的实现，对缺乏直接经济效益的文化遗产的调查研究、传承和发展给予支持；通过政府支持建设基础设施和公共配套设施，并管控文化以及旅游等准公共物品所辖资源的相对垄断性、过度消费以及市场失灵的应对措施。

2018 年 3 月，文化和旅游部的组建，可避免多头管理，从而更好地把文化和旅游结合起来去谋划，有望可以改善户外运动扎堆现象，可以更加便利地使文化和旅游在政府管理层面有机地进行合作。所以在机构整合后，可以使旅游朝着更加有品质、更加有文化内涵的道路上走。据世界旅游城市联合会专家委员会副主任，北京市旅游学会副会长，北京交通大学旅游系主任、教授、博导张辉的观点：“随着中国旅游的发展，我们的传统文化，包括古镇的建设、非物质文化遗产的挖掘、中华文化遗产的挖掘等等，都是对传统文化的恢复，借助于旅游这个通道，更加丰富了文化发展的空间。”

（四）不断加强对内宣传推广的力度

根据许瑞生副省长在 2018 年 7 月对南粤古驿道下一步工作做出的具体指示，其一，南粤古驿道展厅要成为古驿道的宣传阵地和展示窗口，要努力打造成精品的专业展厅；省旅游局、省体育局要将与古驿道相关的旅游信息、体育赛事活动信息等或整理成册，或编辑成宣传单页，及时分享到南粤古驿道展厅，让更多市民能在展厅获得最全面、最新的古驿道活动信息。其二，省住房和城乡建设厅要与省旅游局加强联系，紧密合作，以南粤古驿道为抓手，大力带动乡村旅游发展。省旅游局要加大力度推介古驿道相关旅游产品，开发古驿道旅游线路，并在今年9月的广东国际旅游产业博览会上做好南粤古驿道旅游的推广工作。其三，南粤古驿道文创产品展示要注重流动性强、覆盖面广、灵活多样。其中特别提到南粤古驿道网要继续加大宣传，及时更新和发布古驿道信息。要使其成为南粤古驿道的权威信息发布平台，提供最专业、最迅速、最全面的古驿道资讯。省住房和城乡建设厅和各地市要加快推进今年11条重点线路保护修复的进度。省旅游局要提前介入，策划好国庆前完成的18个古驿道精华段的旅游线路，尽早提出旅游公共服务设施需求，打造成为乡村精品旅游线路。

1. 吸引中央、省级知名媒体的持续高度关注

要加强与中央媒体的沟通协调，加大南粤古驿道在央媒的曝光度，通过新闻媒体报道和公益广告的双重效应，提升南粤古驿道社会知名度和影响力。高度重视宣传报道的时效性，开展赛事活动要做好和媒体的衔接协调。

2. 完善“一微一网”(微信公众号、网站)宣传平台，提高“南粤古驿道网”和微信公众号的社会影响力

加强“南粤古驿道网”建设，及时共享发布相关信息。进一步梳理网站栏目内容，最大程度地发挥实用性和文化价值优势。加强与其他与古驿道活动相关的新媒体的链接，增加预告广东省体育赛事报道、广东省各类博物馆展期、广东省文化演出、地方志介绍等内容。

3. 增强古驿道“电子地图”和“电子解说”功能

进一步完善电子地图的路线指引和纠错更新功能，保证古驿道和周边遗址在地图上的准确性，即时为广大户外运动爱好者提供良好的路线指引和相应的历史文化知识。

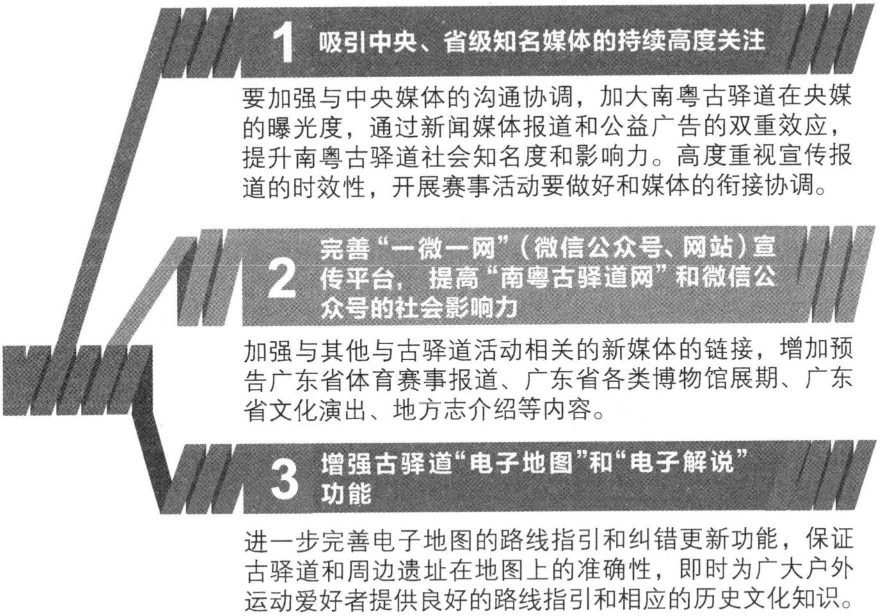

图 11　加强对内宣传推广南粤古驿道的三大措施

（五）做好对外宣传推介，吸引世界眼球

中国南粤古驿道的开发和推广，是国家战略性方针之一，中国南粤古驿道要加大在基础设施方面的投入，使南粤文化遗产的保护与自然环境保护更紧密地结合，更充分体现真实性和完整性对于文化遗产的意义，更充分展示人类文明进程和文化多样性。在实现“精准扶贫”和改善农村人居环境等的同时，要提升广东历史文化遗产在“一带一路”的影响力，展示岭南地域文化特色，将古驿道所蕴含的广东文化推向世界。主动向国际知名媒体展示南粤古驿道的自然风光和文化面貌，为 2020 年中国南粤古驿道申报世界文化遗产做好舆论铺垫。

参考文献

[1] 唐曦文，梅欣，叶青等. 探寻南粤文明复兴之路：《广东省南粤古驿道线路保护与利用总体规划》简介［J］. 南方建筑，2017（6）.

[2] 吴晓松. 南粤古驿道驱动乡村转型发展研究：以西京古道韶关乳源—乐昌段为例［J］. 南方建筑，2017（6）.

[3] 李云虎. 井陉古驿道保护研究［D］. 石家庄：河北师范大学，2012.

[4] 朱雪梅. 基于文化线路的南粤古道、古村、绿道联动发展研究［J］. 城市发展研究，2018（2）.

[5] 吴磊. 南粤古驿道定向运动赛事现状调查及对策分析［J］. 体育世界，2017（4）.

[6] 广东省住房和城乡建设厅.《南粤古驿道重点线路选取与保护利用工作计划的报告》. 2017.

2 分论 Sub-pendact

南粤古驿道红色寻踪

——基于《寻乌调查》的历史地理分析①

许瑞生②

（广东省人民政府　广州 510031）

摘　要：基于毛泽东同志所作的《寻乌调查》，利用历史地图资料，结合当前遥感影像数据、道路地名信息及相关历史资料等，运用GIS技术对历史资料进行还原处理，从交通区位、经济地理与区域文化等方面，对20世纪30年代寻乌与南粤的区域历史地理关系进行研究：（1）还原并佐证了《寻乌调查》描述的区域交通系统，梳理出寻乌与南粤区域水陆交通网络及交通运输的基本特征，寻乌典型的边区区位与自然地理等条件，成就了其联系南粤的交通枢纽功能。（2）寻乌与南粤的区域经济地理关系具有典型的“盐上米下”特征；寻乌在区域贸易流通中承担着中转站的功能，但边区市集发展程度较低，寻乌的社会经济深受以梅县为腹地的南粤地区发展的影响。（3）南粤革命力量对中央苏区具有不可磨灭的历史贡献，红色文化底蕴非常深厚。理解寻乌与南粤的区域历史地理关系，既对当前的区域发展规划与政策制定具有较强的指导作用，也为当前的南粤古驿道活化和开发提供了一条“寻乌调查红色之旅”路线。

关键词：南粤古驿道；《寻乌调查》；历史地理；交通系统；区域贸易；红色文化

“古驿道”，是古代用于传递文书、运输物资、人员往来的通路，包括水路和陆路，官道和民间古道，是见证中华文明发展、再现中国古代历史

---

① 许瑞生. 南粤古驿道红色寻踪：基于《寻乌调查》的历史地理分析[J]. 热带地理，2018(38)：151－165.

② 作者简介：许瑞生（1962—），男，广东汕头人。中山大学人文地理专业博士，高级工程师，主要研究区域发展与文化遗产保护。E－mail：ruishengcn@hotmail.com。

风貌的文化之路，具有重要的历史文化和遗产保护价值。“南粤”是广东省的古称。“南粤古驿道”指广东境内的古驿道，是历史上岭南地区对外经济往来、文化交流的通道，也是广东历史发展的重要缩影和文化脉络的延续。2016年，为贯彻落实习近平主席关于文化自信和“让陈列在广阔大地上的遗产活起来”“留住历史根脉，传承中华文明”等重要讲话精神，广东率先在全国开展南粤古驿道保护利用工作，打造展现岭南历史文化和地域风貌的华夏文明传承之路。经过一年多的实践，南粤古驿道活化利用已成为促进广东城乡经济互动、推动乡村旅游发展的新型动力，不仅为在全国范围内推行古驿道活化利用和保护提供了重要示范，而且为国家实施乡村振兴和精准扶贫战略提供了新的有效的政策工具。因此，如何活化利用古驿道，提高其综合利用效益成为古驿道和乡村旅游研究的重要问题。

目前，关于古驿道的活化利用注重挖掘当地传统文化内容、历史遗迹和人文故事，通过与地域特色历史文化主题相结合，如与瓷道、科考之道、家族迁徙之路、西学东渐文化之旅等历史文化资源进行结合，开展特定的文化主题徒步活动和体育休闲运动，满足了现代都市人在户外运动、野外探险、亲近自然、文化体验等方面的精神需求。

为进一步丰富古驿道综合旅游开发功能，本文提出古驿道与红色旅游相结合的活化利用方向。红色旅游是指以中国共产党领导人民在革命和战争时期形成的纪念地、标志物为载体，以其所承载的革命历史、事迹和精神为内涵，满足旅游者缅怀红色经典、参观游览的旅游产品。中国共产党领导的漫长的革命过程留下了丰富的革命历史遗址和文化资源，挖掘这些红色文化遗产，探寻其与古驿道的结合之道，可以探索和开发出一条“红色、古色、绿色”多种资源融合的旅游线路。古驿道一般位于远离现代城市的乡村地区，而红色旅游资源在毛泽东主席“农村包围城市”的战略指导下也大部分分布在欠发达地区的乡村地域，这使得两者的结合具有天然的地理基础。

红色旅游自2004年开展以来，在党中央的关心与支持下发展迅速，对政治、社会和经济的影响显著。挖掘古驿道的红色文化，将使游客在享受中华历史文明之旅的同时，重温革命历史，感受革命精神，增强历史责任感，使游客将个体生命与国家和民族命运紧密相联，有助于加深游客对中国共产党的认知和认同，使古驿道具有历史、文化、生态、政治的多元价值，提升其旅游吸引力，对促进乡村旅游发展、实现乡村振兴具有重要作用。古驿道和红色旅游结合也将有利于古驿道活化利用，借助全国红色旅游发展政策获得更多的政治和政策支持。

在此背景下，本文拟从历史地理的视角，探寻南粤古驿道红色旅游文化资源的基础，主要利用毛泽东同志在1930年5月所作的《寻乌调查》报告，借助GIS技术，通过分析寻乌与南粤的交通、信息（邮政）和经贸联系，挖掘和再现南粤古驿道的红色文化遗产，揭示古驿道和红色旅游结合的史实基础，以期为未来规划和建设南粤古驿道红色之旅提供依据，为开展古驿道红色文化遗产分析提供方法借鉴。

一、研究区域、数据与方法

(一) 研究区域

本文的研究区域为20世纪30年代以寻乌为代表的粤、赣、闽边区，大致包括现在3省交界地带的14个县（县级市），具体为广东省的和平县、龙川县、兴宁市、平远县、梅县、蕉岭县、南雄市，江西省的寻乌县、安远县、定南县、龙南县、全南县、信丰县，福建省的武平县（图1）。

该区域在历史上部分属于平远地区，地理位置具有典型的边区特征。毛泽东认为3个交界省份各县的情况相差不大，因此可主要以寻乌为代表进行调查。寻乌与南粤地理上唇齿相依，民俗、文化与语言相通。在公元前214年秦设置龙川县时，寻乌是龙川县的一部分，位于以广州为中心的南越国的版图里。寻乌在明万历年间设县，其区划在历史上频繁调整，管辖范围在民国时期部分属江西的安远县管辖，设置石桥堡，其地域为澄江、三水、仁丰、县城等区；部分属广东平远县管辖，其地域是双桥、南八、兼三等区。

（二）数据来源与研究方法

本文的历史文献资料来源于毛泽东同志在1930年5月所做的《寻乌调查》报告。当时，红四军攻克寻乌县城，毛泽东利用红军在安远、寻乌、平远分兵发动群众的机会，在寻乌开展了20多天的社会调查，对寻乌的政治区划、地理交通、商业活动、土地关系、土地斗争的状况，进行了全面而详尽的考察，这是当时最大规模的一次调查，后来整理成《寻乌调查》，共5章39节，8万多字。《寻乌调查》既是革命文献，也是区域历史地理研究的方法指南。虽然《寻乌调查》的调查区域不在南粤，但通过分析，发现南粤与寻乌之间具有丰富紧密的社会经济联系，而这种联系在历史意义上构成了南粤古驿道的红色文化遗产。

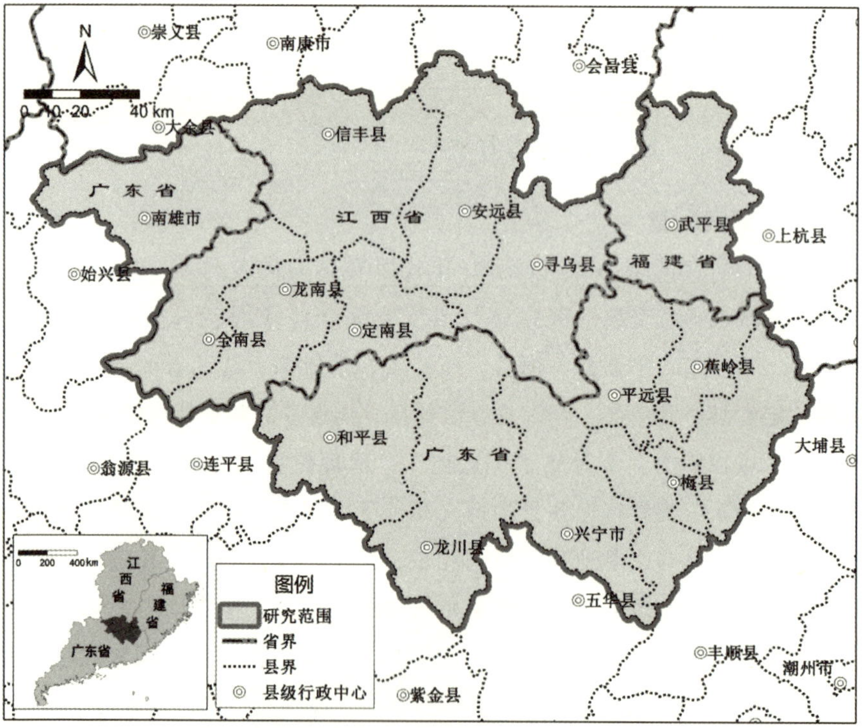

图1 研究范围

历史地图数据主要有《广东全省公路路线图》（1937 年）、《广东邮务区舆图》（1925 年）、《最新广东省明细大全图》（1931 年）。其中，《广东全省公路路线图》由 1937 年 11 月广东省建设厅公路处工务科编制制作，为石印本，彩色，比例尺为1∶1000000，尺寸为59.3 厘米×100 厘米，现收藏于国家图书馆。该图详细绘制了全省的公路路线，特别用红色标注有路面通车路线和土路通车路线；聚居地分县城和圩市镇村 2 种类型。它属于最早的广东公路规划图之一。非常可贵的是，该图既有 20 世纪广东省的道路现状，也有正在施工的道路，又包括有规划的道路，广东省的公路规划突破行政区域，将周边省（湖南、江西、福建省）的交通联系综合考虑。《广东邮务区舆图》于 1925 年由国民党政府财政部印制局制作，为彩色，比例尺是 1∶675000，尺寸是 98 厘米×134 厘米，现收藏于国家图书馆。图中详细绘出了河流和邮路，各段邮路注有里程，邮路沿线地名注记详细，重要地名中英文并注，附有图例，邮局等级分类、路线以及海运线路，可以印证《寻乌调查》中的邮政现状。《最新广东省明细大全图》制作于 1931 年，正好是毛泽东进行寻乌调查时期，地名和实际历史地理场景比较接近。

其他数据包括遥感影像数据和历史图片、照片等。其中，遥感影像数据源于研究区域分辨率 4.40 米的遥感影像。

研究方法主要基于历史地图和《寻乌调查》等历史文献，应用 GIS 技术，结合整理历史数据并还原为当代地理坐标数据，绘制成图。另外，采用质性研究的方法，将历史图片、历史文献与实地调研、访谈相结合，形成相互佐证的观点。

二、20 世纪 30 年代寻乌与南粤的历史地理关系

(一) 交通联系

交通运输是贸易活动的关键。寻乌与南粤的区域交通系统有着紧密联系，主要表现在区域贸易辐射范围的有效性上。利用《寻乌调查》和同时

期的历史地图相结合，可以对当时的区域交通系统进行准确的还原。《寻乌调查》详细阐述了陆路交通的路程长度和方向，确定了南粤梅州地区与寻乌的交通关系，其中以寻乌的石排下为中心描述了陆路：

“一条经过吉潭（三十里①）、澄江（六十里）、盘古、通筠门岭（一百一十里），为兴国、于都、会昌通广东的大路。一条经过县城（三十里）、三标（六十里）、太阳关、通安远城（一百四十里），为信丰、安远通梅县的大路。一条经过车头（二十里）、留车（三十五里）、荒塘肚（六十里）到兴宁之罗浮（九十五里）、罗岗（一百五十里），往兴宁、五华，为寻乌下惠州的大路。”

以上提到的3条主要线路，目的地均是梅州、惠州、南雄等广东境内的城市，均为“大路”。其中，筠门岭是沟通长江流域与粤东地区的重要通道，也是民国时期连接红都瑞金与寻乌及南粤东部地区的重要跨越分水岭的通道（驿道）②。寻乌是从长江流域越过筠门岭之后进入珠江流域的第一站。除以上3条大路外，《寻乌调查》中还提到许多作为交通要道的小路：

“另有几条小路：一条从澄江通安远挖补界之罗塘（三十里），再由罗塘往下坝，北往门岭。一条从吉潭经小田、船肚、书园往平远（六十里）。一条从县城经大炉下、滋溪、剑溪、赖地往武平（一百八十里）。一条经上坪通安远南乡之胡山（六十里），再由胡山北往安远城，西往太平（三十六里）、鹅公圩（六十里）。一条从县城到新圩（六十里），再由新圩经公平圩、两广亭（四十五里）、往定南之鹅公圩（八十里），再南经鹅公圩，西往定南城，西经鹤子圩往信丰。由新圩经菖蒲（二十里）往龙川城（二百四十里）。由菖蒲通兴宁城（一百八十里）。”

通过对20世纪30年代历史地图进行GIS校准处理，与遥感影像结合，可对《寻乌调查》中提到的道路系统进行还原，得到同期粤赣两地区历史

---

① 1里=500米。

② 梁国昭. 五岭与古代交通［J］. 历史自然地理研究，1995（2）：19-26.

古道交通网络（图2）。

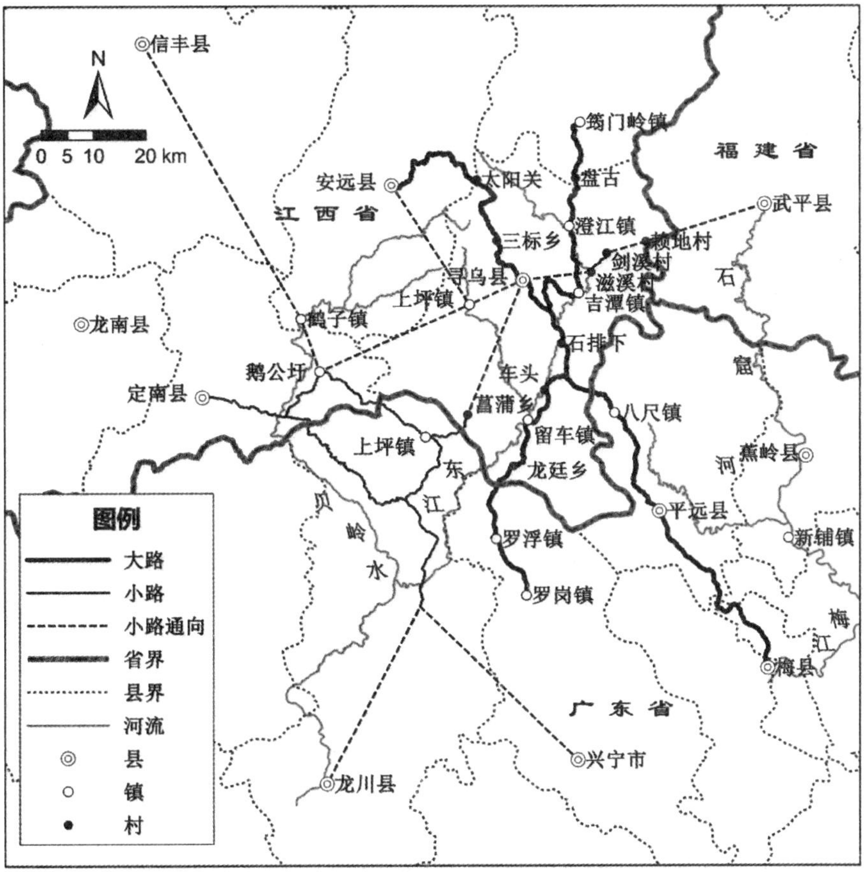

图2　20世纪30年代寻乌及其周边地区交通系统

从图2可以看出，《寻乌调查》中对陆路分级清晰。寻乌通向广东的大路、小路与水路，构成较为复杂的交通网。其中通往梅州、罗岗的，均为大路；通往兴宁、龙川的，为小路；寻乌往西至定南县转南下的小路，依然回到寻乌的菖蒲，菖蒲古称“篁乡堡”，现在仍为江西最靠近广东龙川上坪镇边界的乡。人力运输是当时小路常见的交通运输方式，大路则更多依靠骡马。《寻乌调查》中关于交通运输的描述体现了传统驿道的特点：

“陆路交通运输工具大多数是活人肩胛，其次是骡马。县城通梅县大路骡马很多，县城通门岭、县城通吉潭两条路也有，此外没有。运输的骡马骡多马少，但普遍一概叫马子，用马子驮的货物以盐豆为大宗。”

水路也是当时交通系统的重要组成部分。寻乌水在汇集了九连山脉的半迳水等水系流经河田渡后，与定南水系混合汇入老隆东江主干流。河田渡村现在还使用此名称，为龙川与兴宁交界的村。寻乌水与小路结合是粤赣边区较普通的交通路线，如《寻乌调查》中写道“寻乌水从桂岭山盘古隘一带山地发源，经澄江、吉潭、石排，下车头、留车，流入龙川，下惠州，故寻乌水乃是东江上游。船可通过澄江”（图2）。在东面的石窟溪水较丰，成就了新铺形成水运码头，《寻乌调查》中述及新铺属于蕉岭地界，离梅县15公里，并特别指出从寻乌至大拓通新铺的通道，新铺是水路连接松口的码头之一。寻乌与安远、武平、平远形成基本几何距离均等的关系，但从可达性比较，通往南粤的平远更为便利。《寻乌调查》还对水陆交通转换的成本进行了估算，“龙川客子出本钱，本地木商作辅助”，因为龙川有水路通寻乌，伐木绑扎后顺流而下，利用自然的水流为动力节约运输成本。

20世纪30年代寻乌与江西省内、福建的联系不及与南粤方便，《寻乌调查》中这样描述当时的交通运输状况：“县城通梅县大路骡马很多，县城通门岭、县城通吉潭两条路也有，此外没有。”寻乌边区与南粤的梅县腹地主要通过寻乌—平远—梅县和寻乌—平远—石正墟—兴宁的通车路线连接，其中石正墟至兴宁的道路为有路面通车路线，但寻乌—留车—罗浮通兴宁的道路，部分土路不具通车能力，是规划线路。寻乌至福建武平也没有通车路线。另一方面，为九连山所隔，寻乌至澄江的北上土路有通车能力，但至江西省内的安远、定南等县的土路不具通车能力。

寻乌边区的通车状况与南粤地区差异巨大，形成鲜明的对比。20世纪20—30年代是交通多元化的时期，在广州，汽车运输占有一定比重。1920年，广州市政公所颁布的《广州市政公所修正车辆交通章程》将车辆分为手车、马车、货车、手摇车、汽车和其他有轮车。20世纪20—30年代，广东进入半机动化交通时代，而在寻乌的大小路上，基本没有机动车。这一点在1937年制作的《广东全省公路路线图》（图3）中可以看出。利用高分辨率遥感影像数据，通过匹配《寻乌调查》与图3中的道路地名等信息，对寻乌—梅县—武平区域的交通路线进行局部还原，可更清晰地展现该区域的历史交通状况（图4）。从图3、图4可以看出，寻乌南下广东的相邻地区交通状况都很好，如梅县至松口等是土路通车路线，梅县至兴宁、五

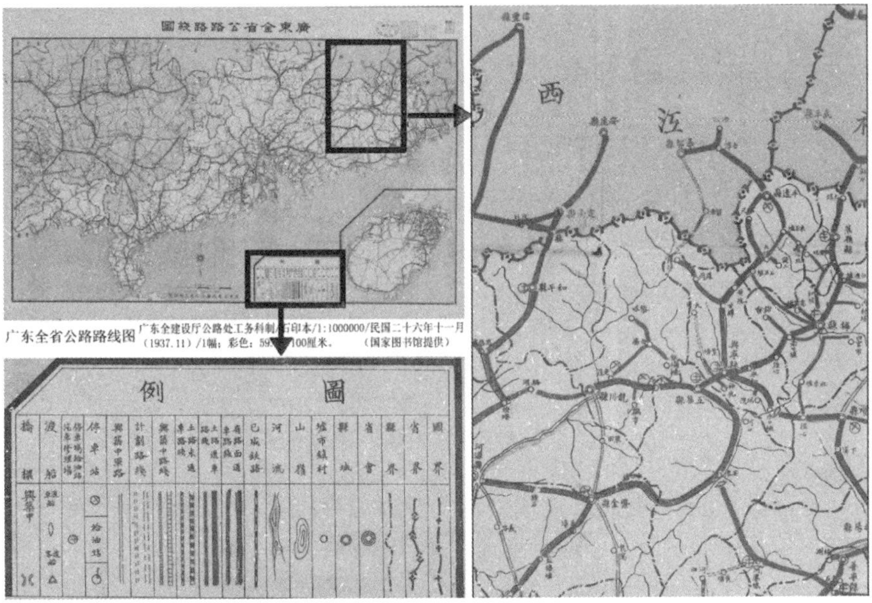

图3　《广东全省公路路线图》及其局部

华、龙川等主要是有路面通车路线。信丰县与南雄之间通过土路连接乌迳，再直接连接有路面的公路。河源至紫金、五华、龙川也形成了有路面通车的路线。粤汉铁路周边的城镇道路较好，从曲江、始兴、南雄至乌迳镇为有路面通车线路，至信丰为土路。

(二) 邮政联系

20世纪20—30年代中国邮政体系正处于变革发展中，现代通信信息联络方式已开始在粤赣闽边区建立，寻乌是边区的一个邮政中心，与广东平

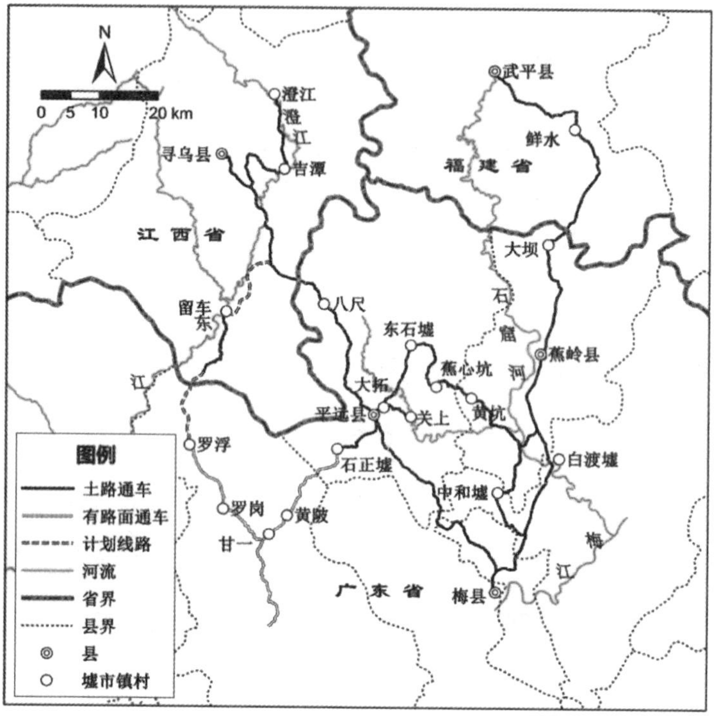

图4　区域交通状况与规划路线的局部还原

远直接联系。《寻乌调查》指出：“过去电报局设在吉潭，民国十一年移到县城。电线由吉潭通寻乌城，通筠门岭，通平远。”

1925年制作的《广东邮务区舆图》（图5），可以展现当时的邮政通讯情况。由图5可见，电话线路在粤赣地区建设相当不足，反而河源县的较多，这里三江汇聚，水运在交通尚不发达的历史阶段，幅射作用明显。图5反映了20世纪20—30年代经济活动与邮政的分布关系，广东经济较发达，通信也较发达。

同样，通过数据资料匹配，根据图5，利用GIS技术可还原该区域的邮务路线（图6）。由图6可见，寻乌为三等邮局，但在与南粤的联系上仍处于边区的中心地位。另一方面，寻乌边区的邮政联系也明显落后，如在寻乌的澄江镇仅设三等邮局，而南粤的梅州、兴宁、蕉岭（镇平）、连平、

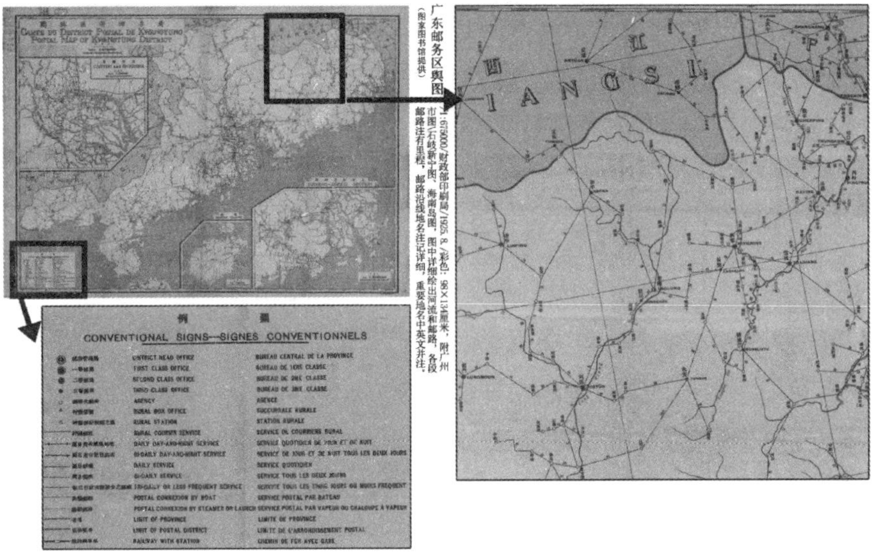

图5　《广东邮务区舆图》及其局部

始兴、南雄等都是二等邮局。图5、图6与《寻乌调查》中提到的寻乌的邮政通讯情况吻合：“县城是三等邮局。一路走吉潭，澄江通门岭。一路走牛斗关通八尺，再由八尺通梅县；另一路八尺分一路通平远。”平远的“八尺”在交通贸易、邮政转换等方面对寻乌意义重大，因八尺是向南和向东通向广东的门户和交通重镇。

在《广东邮务区舆图》中，以华里为计量单位。通过图例，可以了解邮政系统的等级分类，共7类，分别是邮务管理局、一等邮局、二等邮局、三等邮局、邮寄代办所、村镇信柜、村镇邮差所经之处。邮递的时间快慢也有5种，分别为：逐日昼夜兼程邮班、逐日邮班、间日邮班、每三日或次数较少之邮班。《广东邮务区舆图》上明确表现了寻乌为三等邮局，《寻乌调查》也提到“县城是三等邮局”，毛泽东提到1922年电报局从吉潭移至寻乌，图6上吉潭仅为邮寄代办所，同时牛斗光、八尺、大柘、平远等均为邮寄代办所，兴宁、嘉应、镇平、松口等为三等邮局。毛泽东同志又讲到邮班问题，是“旧历一、三、五、七、九走八尺”，《广东邮务区舆

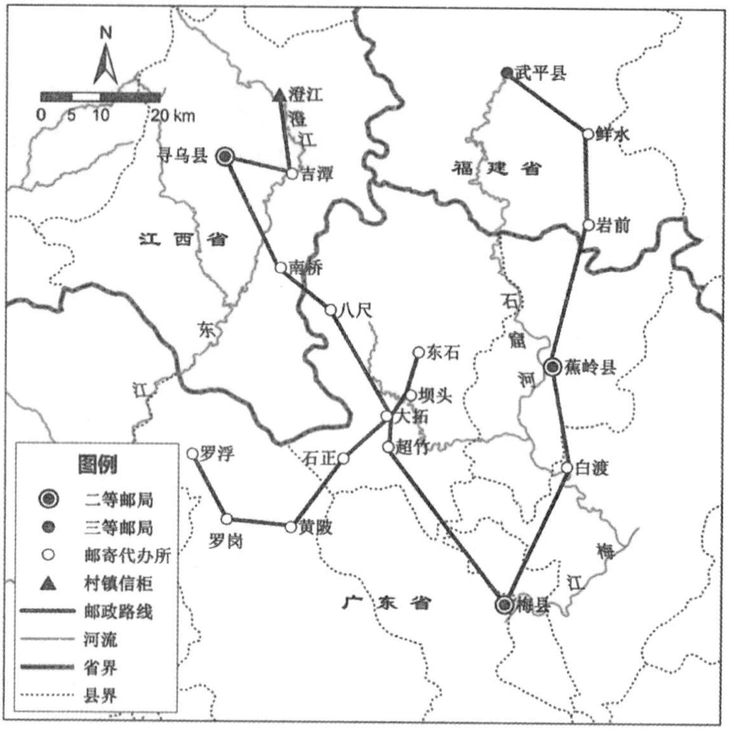

图6 区域邮政路线图的局部还原

图》上显示是逐日邮班。《寻乌调查》中写道，寻乌往梅县二百四十里、往兴宁二百四十里，此图印证调查报告颇为准确，寻乌至牛斗光45华里，牛斗光至八尺25华里，八尺至大柘60华里，大柘至梅县100华里，共二百三十华里；从大柘至石正25华里，石正至黄陂40华里，黄陂至罗岗30华里，罗岗至兴宁90华里，共305华里，大柘往兴宁有小路近路，因此具体数据有些出入。

（三）经贸联系

寻乌与南粤形成了生产和消费的流通圈，在特定的交通条件下，互为服务辐射半径。九连山是粤赣之间的山脉，东江水源地之一，寻乌被九连山所隔，与赣的联系不如与粤方便。《寻乌调查》中大篇幅描述与寻乌相关的贸易线路以及货物的来源地和发散批发地，梅县、五华、平远、兴宁、蕉岭、龙川和南雄等是报告中常提到的广东地点，更远的包括广东的惠州、潮州和广州。《寻乌调查》中概括性地指出了当时货物流动的特征是“盐上米下”。寻乌与瑞金、兴国、于吉等江西境内的货物交易集中在米、豆和茶油，寻乌作为中转站具有交通转运的市场功能。江西通过寻乌的交通系统输出到广东的大部分是农副产品，如《寻乌调查》中提到：“这一条路上的生意，大宗是鸡，次是牛，又次是猪。”寻乌设置了牛市场，广东梅县、平远、蕉岭的人是买主。《寻乌调查》中分析了信丰到梅县的生意，其中对猪的贸易线路叙述详细：“信丰来的最多，安远次之，走两条路来，一条从安远城，经寻乌城，走牛斗光、八尺去梅县。”

《寻乌调查》记载的以寻乌为中转站的贸易流通过程可利用 GIS 技术进行还原（图 7）。农副产品从寻乌的西面和北面通过寻乌，目的地是梅县腹地，其中生鸡是大宗：“鸡贩子由唐江一带一直挑到梅县城或新铺（由寻乌走大柘去铁铺下船，直往松口，不经梅县）发卖。”《寻乌调查》还详细分析了梅县鸡行卖给松口鸡行和直接走路挑贩至松口售卖的价差是 3 毛钱（而寻乌价差是 4 毛）。这一方面说明松口商业贸易中心意义不亚于梅县，因潮汕的消费市场大；另一方面说明运输成本是重要的价格影响因素，农民为了获得微薄利润，在没有机动化运输的条件下，靠苦干维持生活。

广东梅县通过寻乌向江西输送的更多的是日用品和海货，以寻乌为中转地的货物腹地功能通过驿道，辐射至瑞金、石城、安远、信丰广大地区，据《寻乌调查》：“布匹（梅县去得少，兴宁去得多，均买了洋纱自己造的。兴宁织造很发达。兴宁一般生意也比梅县大）、洋纱（外国货）”，调查报告中提到的其他，指的是洋货、盐、洋油和海味。调查报告中还分析了寻乌经济腹地市场的差异，以及罗福嶂木从寻乌运到汕头市场和东江市场的价格差异，汕头市场价远高于东江地区。

人口分布是地域经济活动的重要因素。根据 20 世纪 30 年代广东与中央苏区关联度高的城市城乡人口情况，当时兴宁 42. 9547 万，梅县 50. 5296 万，五华 20. 8995 万，平远 9. 519 万，蕉岭 10. 37221 万，大埔 30. 4595 万。

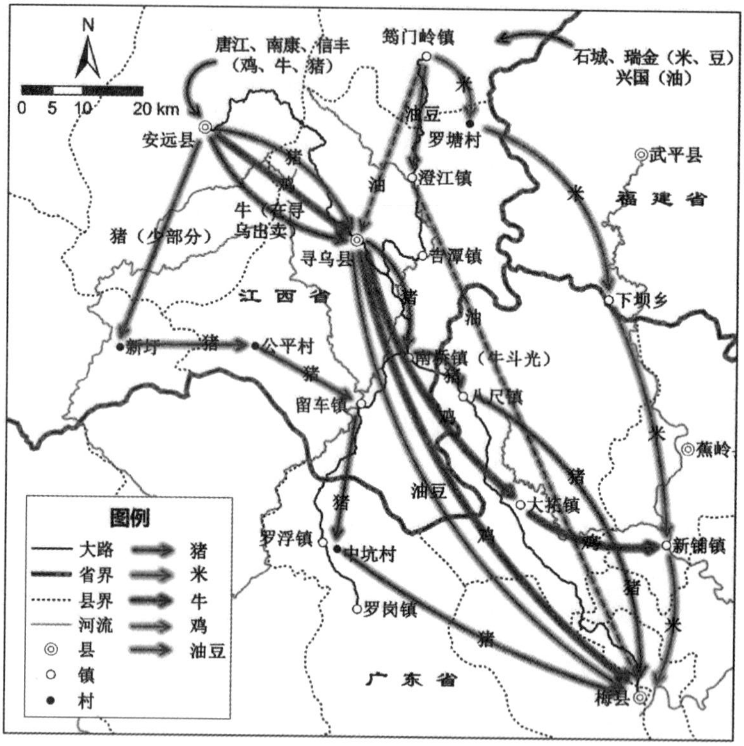

图注：实线表示以陆运为主，虚线表示以水运为主

图7　寻乌贸易流通图示

而调查报告记录此时寻乌县城仅有2700人，全县12万人。广东与寻乌相邻的县城经济基础更好，这从当时的房屋建筑数可以看出，根据日本轰炸广东之前的统计数据，各县的建筑房屋数为：龙川38591、大埔35,220、兴宁42,832、梅县60,583、五华39,025、平远15,637、蕉岭11,753、和平23,136、南雄38,580。这反映了与苏区相邻的广东各县城乡经济建设水平较高。因人口和经济活动的影响，加上往北交通和市场受限制，寻乌对外贸易方向必然是向广东的梅州、潮汕流动。

结合20世纪30年代的广东历史地图，可对《寻乌调查》编写时南粤与寻乌的区域经济地理关系进行直观的解读。从制作于1931年的《最新广东省明细大全图》（图 8）分析，接近梅县才出现道路，图中没有出现牛斗光的地名，但在从邮务历史地图（图 5）中可以找到，这正好印证了《寻乌调查》中的：“梅县至门岭不通车，货大部分是肩挑，盐通通用马子驮。”

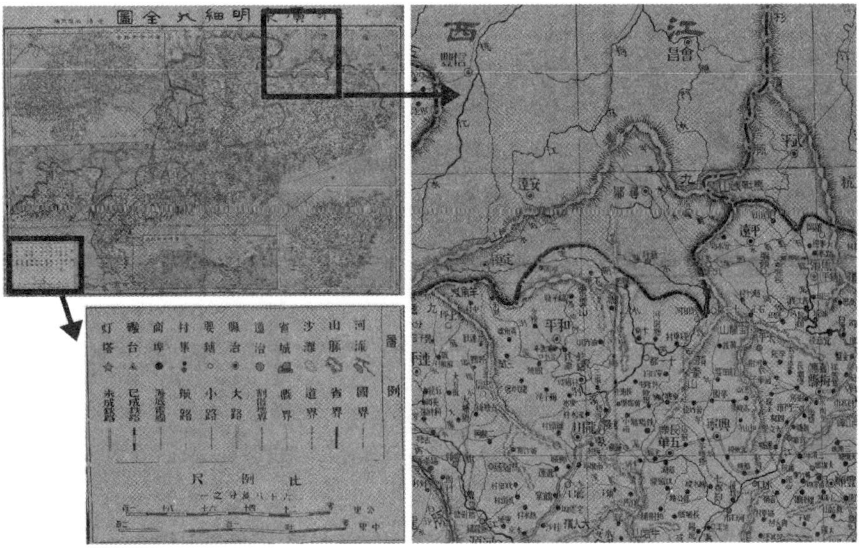

图 8　《最新广东省明细大全图》（1931 年）及其局部

《最新广东省明细大全图》还详细记载了寻乌周边地区的村庄和集市分布情况。在寻乌西面有安远、定南和信丰等县，从信丰至南雄村集有石塘、春坑和南大坊，要镇是平田；寻乌与八尺、超竹村、石正的乡道基本是直线联接，寻乌为县治，八尺是要镇，另外 2 个是村集。从图 8 中还可以看出，和平、龙川、五华、兴宁和梅县集市村庄分布均匀，从老隆、小庙、铁场圩、东塘、苦竹径等至梅县东西方向，乡村基本沿乡道等距离分布。寻乌至广东界线内基本上没有集市村庄，仅有一个新圩村为集市村庄。

《寻乌调查》调研的货物品种非常仔细，如盐，分成潮盐、惠盐；酒，以糯米做的黄酒为主，分“双酒”“单酒”，单酒十铜板一壶，口渴了贫民买了当茶喝，双酒十八铜板一壶，请客才吃；还有香烟的品牌、对商家背景的了解等。“通过对寻乌47家商店和94家手工业店铺经营商品来源、种类、销售和竞争以及彼此盛衰荣枯情况的调查，较清晰地了解了各阶层的政治态度。”

在寻乌市场，报告分析几位手工业者的原籍及谋生过程，来自梅州地区的占很大比例。对寻乌手工业者进行的统计描述，调查人数共297人，加上60%的农民，全城农民和手工业者占总人口的70%。裁缝、打洋铁、修钟表的手工业者来自梅县、兴宁。“百和堂”是第一家药材店，主人池某是潮州人。报告还记载到，当地商人以来自龙川、梅县旧循州地区的为多，如平远籍的韩祥林在此经营“潮楚”；韩祥盛来自八尺，本钱是700元，经营了潮盐行十几年；经营杂货店和水货店的也多为梅州地区的人。

广东兴宁发达的制造业也影响到寻乌，寻乌市场从布匹到鞋子等都有来自兴宁的产品。兴宁人经营的杂货店主要为义成、潘月利、王润祥、潘登记、祥兴、永源、金志成共7家，主要经营布匹。寻乌的杂货店多卖“洋货”，包括纸烟。烟有三处来源，其中一处是来自梅县，一处来自兴宁。调查报告中特别研究了兴宁人陈志成、罗义成开的杂货店，他们都是小本起家。调查报告中提到寻乌民众所穿的鞋主要来自广东：“去年夏季，南半县抗租得了胜利，冬季又分了田，农村中30岁以下的青年人，7/10以上都穿起胶底鞋来（其鞋底是从广州运到兴宁，兴宁做成鞋子，每双十毛左右)”，除鞋之外，还包括“新式衣”“薄毛羽的夹褂子裤”和“广州装”是当地需求量较大的商品。

在服务业方面，寻乌也受到广东较大的影响，新式的理发工具来自梅县，甚至服装、新潮发型等的流行也与广东有关，《寻乌调查》中提道：“文装亦名西装，花旗装就是美国装，它的来源是从南洋传到梅县，由梅县传到寻乌。”这与当时大量年轻人前往广东受教育有关。当时广东的教育水平高、影响力大，所以江西许多年轻人来广东接受教育。这在报告中也得到了体现。参加毛泽东同志组织的寻乌调查会基本是本地人，其中最重要的人物古柏在梅州接受教育，另有下排村人钟步赢，毕业于梅县师范，毛泽东在1931年2月2日写的说明中提到的11人中就有他。调查报告提到3个年轻共产党员：刘维锷（毕业于广东平远中学）、邝才诚（曾就读于广州黄埔军校）、刘维炉（在广州中山大学读了两个学期）。他们对当地的社会文化起着主导作用，给当地带来广东的生活消费方式。

三、南粤古驿道的红色文化

（一）寻乌属赣粤革命根据地之一

20世纪20年代红色力量直接推动寻乌区划的变化。1928年，共产党在寻乌组织农民暴动，宣布成立寻乌革命委员会，属赣粤革命根据地之一。1931年合并，蕉岭、平远和寻乌称为蕉平寻县，在1933—1934年中央苏维埃鼎盛时称为苏维埃粤赣省，其时中央苏区共有江西、福建、闽赣和粤赣4省级苏维埃，粤赣省名称使用到1934年红军撤离为止，中央苏区的范围在粤赣之间常变化。1931年1月7日定都瑞金，1934年10月第五次"围剿"后开始放弃中央苏区。最高峰时，中央苏区范围40余万平方公里，人口3000万。1933年8月16日，为对付粤桂国民党军队，并发展出入口贸易，专门设立粤赣省，于都、会昌、西江、寻乌、安远、门岭包含在内。红军撤离后，3年赣粤边游击战争大体分布在广东省的南雄、仁化，江西南部与粤交界处的信丰、南康、彰县、大余、上犹、崇义、龙南、全南、定南等11个县或部分地区。正因如此，《寻乌调查》中的内容与南粤的地理人文和历史密不可分。

（二）南粤红色力量对中央苏区的贡献

广东中央苏区是在土地革命战争时期，中国共产党开创较早、范围较大、坚持时间较长的革命根据地。它创建于大革命失败后，正式形成于1930年5月，1935年夏沦陷，经历了长达8年多极为艰辛、曲折复杂的英勇斗争历程。广东中央苏区的存在和发展，有力地支持和策应了中央革命根据地的斗争，为中央苏区的巩固和发展做出了重要贡献，主要表现在：（1）南粤红色力量充分发挥了中央苏区南方屏障的作用，配合中央苏区斗争，袭击敌人后方，最大限度地牵制了广东军阀进攻中央苏区，有力地支援了中央苏区的反“围剿”战争。（2）为中央苏区输送了一批优秀干部，如担任特委组织部长（后任宣传部长）的李明光、秘书长肖向荣、妇委书记李坚真、工委书记方方等均来自广东中央苏区，他们为保卫和建设中央苏区做出了积极贡献。（3）饶和埔诏苏区、五兴龙苏区、蕉平寻苏区的党组织除了指挥地方红军和游击队经常配合中央苏区红军作战外，还发动当地青年响应“扩红”号召，为中央苏区红军主力部队提供了兵源方面的支持。（4）为中央苏区输送食盐和紧缺物资。据统计，整个土地革命战争时期，龙川几乎每天有百十担食盐分四路运往赣南，为中央苏区运送食盐达数千吨；1930 年冬，南雄县委和县苏维埃政府及游击队，依靠当地群众开辟了一条直达中央苏区的食盐运输线，帮助中央苏区解决了食盐的困难。

（三）南粤古驿道红色文化资源

南粤古驿道红色文化，是指在革命年代由中国共产党领导南粤古驿道途经地区人民形成的特殊文化类型。在内容和形式上具有特定的物质载体和丰富的精神指向，具体包括物质“红色文化”和非物质“红色文化”。主要体现为革命年代的“人、物、事、魂”，具体可分为 2 个方面：（1）红色文化的物化形态——红色资源，集中体现为革命年代的“人、事、物”；（2）红色文化的精神形态——红色精神，集中体现为在这些物化形态的红色资源上所承载的精神形态。

1. 红色英雄

南粤古驿道红色英雄包括土地革命、新民主主义革命和解放战争时期，粤籍和在粤工作的革命战士（表 1），他们为红色革命做出了重要贡献，如红四军参谋长朱云卿（图 9），六大主席团成员阮啸仙（图 10），东江苏区革命根据地的创始人罗屏汉、张谨瑜夫妇（图 11），四军第九次党代会代表李任予（图 12）。

表1 南粤古驿道红色文化资源

红色英雄	红色事迹	红色遗物	扩红精神
朱云卿、阮啸仙、罗屏汉、张谨瑜、李任予、李乐天、彭显伦、叶修林、邓逸凡、伍晋南、李坚真等	梅关战役、梅关会师、水口战役、北山事件、红色五岭、南雄战斗、南雄工人运动、油山会师、陈毅油山举起游击大旗、扩红运动等	陈毅诗词《梅岭三章》与《赣南游击词》、“北山事件”遗址、中共广东省委党训班旧址（里岗岭围楼）、李洁之将军府、叶剑英故居、马克思路和列宁路、平远红军墙、红四军司令部旧址、红军长征第一站南雄乌迳、抗战时期中共广东省委机关旧址（南雄瑶坑村）、红军战壕和钟鼓岩国共谈判旧址、梅南九龙嶂革命斗争遗址、丘逢甲故居、谢晋元故居等	扩红精神、九连精神等

南粤梅籍英烈朱云卿（图9）遗像现挂在古田会议旧址“廖氏宗祠”的墙上。朱云卿烈士19岁到印尼打工，后来又报考黄埔军校三期，1925年加入中国共产党，1926年在广州农民运动讲学所成为毛泽东的学生，参加毛泽东领导的秋收起义，1929年6月任红四军参谋长，是朱、毛军事思想的执行者，于1931年牺牲。

图9 朱云卿烈士肖像（拍于井冈山革命历史博物馆）

在中华苏维埃共和国中央政府序列表中，粤籍革命者在列的包括国家政治保卫局局长邓发和中央审计委员会主任阮啸仙，信丰是阮啸仙突围时壮烈牺牲的地方。阮啸仙是从河源东源义合乡下屯山里古道走出来的农民运动领袖、中国人民审计制度创始人，他是以粤代表的身份列为六大主席团的成员（图10）。1935年赣粤边突围时，他在信丰的古道被击中而牺牲。

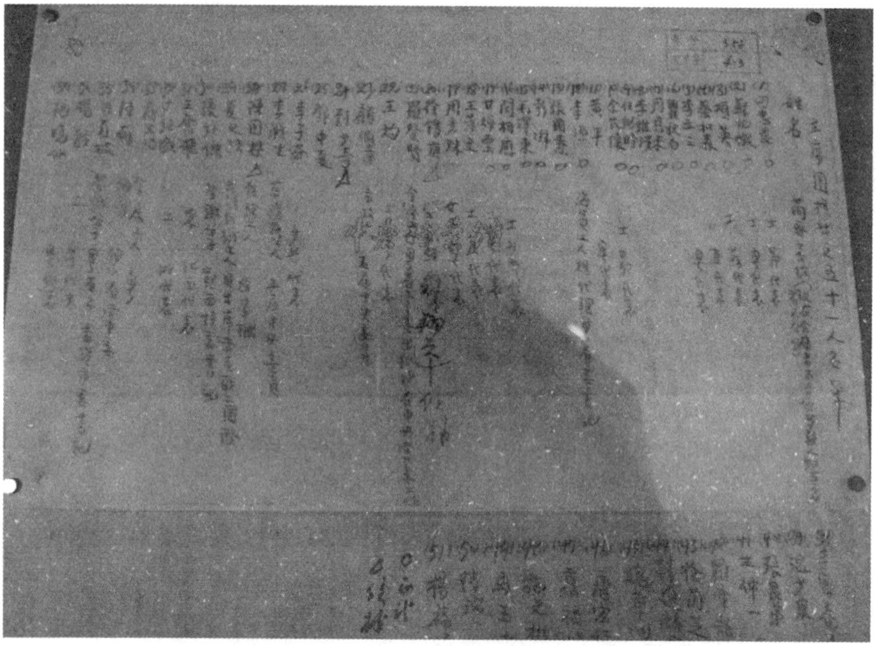

图10　六大主席团名单*

*注：1. 主席团名单中，苏兆征（2）、杨殷（36）、阮啸仙（37）、陈郁（34）、冯白驹（35）为粤代表及知识分子代表，彭湃（14）、黄平（11）、周秀珠（19）等为粤党代表，毛泽东编号15，未到会。

2. 括号内的数字为名单中相应的编号。

3. 拍于莫斯科六大纪念馆。

罗屏汉出生于兴宁县大坪镇白云村，东江苏区革命根据地的创始人，1926年参加共产党，曾任粤赣边区军政委员会主席。红军开始长征后，他留守闽粤边区带领游击队继续活动，牵制国民党部队，在平远八尺、仁居对陈济棠部队进行袭扰，1935 年 7 月在突围中牺牲，年仅 28 岁。现其出生地改为南屏村，以之纪念他。罗屏汉的爱人张谨瑜出生于兴宁永和镇大成村，也在 1935 年 5 月为掩护战友与敌人血战到底，饮弹自尽，年仅 26 岁。

图 11　罗屏汉（a）和张谨瑜故居（b）

图 12　李任予
（古田会议旧址悬挂的照片）

毛泽东主席在《寻乌调查》完成之前，在 1929 年 11 月 29 日召开了红四军第九次党代会，选举出 11 位前委委员，排在毛泽东、朱德、陈毅之后就是粤籍红军英雄李任予。他出生于 1903 年新丰县丰城镇城东车田围，就读于韶关开明中学，毕业于广东工业专科学校，在苏兆征的引导下加入中国共产党。李任予于 1929 年担任中央闽西特委主席，1929—1930 年为红四军政治部主任，1931 年受中央委派赴河北发动城市斗争，1932 年 11 月 27 日在河北被叛徒出卖，宁死不屈，29 岁被害（图 12）。

2. 红色事迹

革命期间在南粤地区发生许多著名的战斗、战役，这些事件在中国革命史上占有重要地位，如梅关会师、陈毅油山游击、水口战役等事迹（表 1）。

梅关会师。1948 年 9 月 23 日，北江第二支队在司令员张华、副司令员叶昌的率领下，由江西大余县城直达南雄北部境内的梅岭。支队主力团奉命在梅关前列队安营，迎接南下解放军。当天下午，从南康出发的中国人民解放军第二野战军第四兵团第十五军四十五师先头部队进入广东南雄县境内，通过“南粤雄关”关楼，同北江第二支队胜利会师。这一振奋人心的消息，给中共南雄县地方组织和广大军民以极大的鼓舞。他们以巨大的热情积极做好支前工作，配合南下解放军解放南雄。9 月 24 日，南下解放军在北江第二支队的配合下，向南雄县城国民党守敌发起进攻，当日解放南雄。

陈毅举起油山游击大旗。1935—1937 年，陈毅、项英、陈丕显等带领 1000 多名红军将士从中央苏区突围，在梅岭、油山一带坚持 3 年游击战，并进行了艰苦卓绝的斗争，将几十万国民党军吸引在中央苏区及其邻近苏区周围，钳制和消耗了国民党军队的大量兵力，有力地掩护和策应了主力红军和中央领导机关的战略转移，同时为中国革命保存了一批骨干力量，锻炼出一支坚不可摧的革命武装。在南方八省保存了革命的战略支点，在广大地区撒下了革命火种。

水口战役。水口战役是中国革命战争史上有名的战役，也是第二次国内革命战争时期一场罕见的恶仗，此役共歼灭国民党粤军近三千人。粤军遭此打击，全部退出了赣南根据地，以后很长时间未敢轻举妄动，使中央苏区的南翼得以安宁。中央红军长征时，国民党粤军慑于红军在水口战役中的英勇顽强，同时也为了保存自己的实力，与中央红军签订了秘密协议，使中央红军顺利地突破了国民党军队的第一道封锁线。

3. 红色遗物

红色遗物是革命志士或烈士所用之物，也包括他们生活或战斗过的革命旧址和遗址以及文学作品等（表 1），如陈毅诗词《梅岭三章》、马克思路和列宁路、抗战时期中共广东省委机关旧址（南雄瑶坑村）等。

陈毅诗词《梅岭三章》。《梅岭三章》是陈毅在梅岭被国民党四十六师围困时创作的七言律诗组诗作品。陈毅虽然处在危难之际，但献身革命的决心和对革命必胜的信心却矢志不移。他的革命乐观主义精神，成为中华民族的宝贵精神财富，激励着一代又一代华夏后人为中华民族的伟大复兴艰苦奋斗，勇往直前，成为爱国主义教育和革命传统教育的生动教材。《梅岭三章》诗碑现建于大余县梅关乡梅山村黄坑北侧山坡上。广东省南雄梅关古驿道的中段旁也立有一块《梅岭三章》手迹诗碑。

马克思路与列宁路。1931 年，中共蕉平寻县委《本月工作计划》决定“将留车桥改为列宁桥，由石正到�门岭之路改为列宁路，由中坑〔行〕至安远之路改为马克思路，在路旁须建筑凉亭及路树等（两旁），由县政府督促附近之乡苏执行之”。马克思路、列宁路是贯通粤赣闽 3 省边县苏区交通运输网的 2 条秘密主干道。

抗战时期中共广东省委机关旧址（南雄瑶坑村）。1938 年 4 月 18—21 日，成立以张文彬为书记，薛尚实、梁广、尹林平、张月霞等为常务委员的中共广东省委。日军侵占上海、南京后，又于 1938 年 10 月 21 日占领广州。1938 年 10 月 18 日，省委决定将多数干部撤离广州，分散到各地，开展党和群众的工作，将省委机关迁往韶关。1939 年 8 月，省委机关由韶关迁往南雄，选择瑶坑村作为中共广东省委机关的秘密驻地。地下党又在瑶坑办了夜校、妇女识字班，还组织起“妇女会”，宣传抗日救亡。省委机关在瑶坑活动了几个月，1940 年 7 月迁往始兴红围。省委迁出瑶坑后，仍然保留交通站，直到 1946 年 8 月才撤离。瑶坑省委机关旧址是共产党在革命战争年代领导人民群众克服重重困难，战胜敌人，夺取革命胜利的重要见证。它在传承革命历史，缅怀革命先辈中发挥重要作用，是学习革命传统、培养爱国情感的重要场所。

4. 红色精神

南粤古驿道红色精神主要指在中国共产党领导下，南粤人民所表现的淳朴、刚强，具有反压迫、反侵略、英勇战斗的光荣传统，具体有“理想、坚定、团结、清廉、奉献”的九连精神、“每个劳动妇女英勇地踏上生产战线，如像红军战士上火线一样英勇”的扩红精神等（表 1）。

九连精神。民国三十四年（1945 年）夏，曾源（曾镜湖）率东纵三支队挺进九连地区，震惊国民党省政当局。民国三十五年（1946 年）冬，吴毅、王彪和林镜秋举起连和人民自卫总队（九连游击队）的旗帜，积极开展武装斗争，巩固和发展了九连革命根据地，在艰苦凶险的斗争环境中培育了“理想、坚定、团结、清廉、奉献”的九连精神，于 1949 年 5 月解放了和平，接着又配合中国人民解放军两广纵队解放惠州、广州。和平人民为抗外侮、求解放所做出的牺牲和贡献，将永载史册。

扩红精神。1934 年 2 月，粤籍革命战士李坚真在中华苏维埃第二次全国代表大会上当选为中央妇女部部长。当时，正值中央苏区第五次反“围剿”战争时期，根据地的中心工作是反“围剿”，妇女工作也围绕其展开。为了做好“扩红”工作，李坚真把红军家属积极分子组织起来，成立了突击队和宣传队。她们以现身说法的形式，挨村挨户地做好宣传鼓动工作，大大激发了妇女送夫、送子当红军、保卫苏维埃政权的热情。短短几个月的时间，扩大红军好几万。由于长期的反“围剿”战争的消耗，红军不断地扩大，部队所需的粮食和军用品不断增加，而根据地的财力物力都很困难。为了保证红军的供给，李坚真一方面动员工人农民增加生产，另一方面动员苏区群众节省每一个铜板、每一斤粮食支援红军。

四、结论与启示

(一) 结论

基于《寻乌调查》，系统地梳理了历史资料和数据，利用 GIS 技术对其进行还原，科学、精确地分析了寻乌与南粤的区域历史地理关系，清晰地呈现和印证了历史资料中所描绘的历史景观和发展规律，得出的结论主要有：

寻乌与南粤的交通区位关系成就了其社会经济生活、人文地理关系的密切联系。以寻乌为中心，形成了若干条水陆结合的粤赣交通运输干道。其中，�门岭是沟通长江流域与粤东地区的重要通道，寻乌是从长江流域越过筠门岭之后进入珠江流域的第一站；而寻乌水乃东江源头，寻乌水与小路结合是粤赣边区交通路线的重要补充。以寻乌为枢纽的边区交通成为其联系南粤的关键，但区域交通网络发达程度存在显著的南北差异。区域交通系统的特点、状况和联系，生动呈现了边区“半机动化”运输的历史场景，为南粤古驿道的活化与开发注入了丰富的内涵。

寻乌与南粤“盐上米下”经济地理关系的形成，离不开寻乌作为边区贸易中转站功能的发挥。区域贸易流通与市集发展的密切联系，在区域发展的不平衡中得以维持而又不断更新。区域商贸往来是区域社会、文化交流的物质载体，也是南粤古驿道开发的重要内容和切实目标。

边区与南粤的区域文化关系主要体现在深厚的红色文化底蕴上。寻乌作为赣粤革命根据地之一，尤其是3年赣粤边游击战争，将其与南粤的乌迳及梅县等地的红色文化紧密联系起来，而区域文化之间的相互影响也在民俗、建筑、英烈事迹和政治制度等方面得以传承和发扬。

（二）启示

《寻乌调查》是对20世纪30年代寻乌的地理位置、历史沿革、自然风貌、水陆交通、土特产品、商业往来等方面的详细记录，呈现了当时南粤地区，特别是梅州、河源等地区的社会、经济、军事、人物故事等风貌，为南粤古驿道活化利用提供了重要的史料参考。抓住《寻乌调查》中生动描述的社会经济的方方面面，一条“寻乌调查红色之旅”的南粤古驿道文化线路逐渐清晰。

《寻乌调查》所反映的区域贸易关系为南粤古驿道注入了丰富的历史文化内涵。梅州现存古驿道中，西河镇茶业古道、中行镇盐米古驿道，就很好地反映了当年边区贸易的流向及特点。2018年，广东省将平远至兴宁古道、粤赣古道纳入活化利用的重点计划，但具体如何活化利用，认真研究《寻乌调查》，可以挖掘很多历史文化的线索。如，《寻乌调查》中述及“寻乌水从桂岭山盘古隘一带山地发源，经澄江、吉潭、石排，下车头、留车，流入龙川，下惠州，故寻乌水乃是东江上游。”河源可追根溯源，找到寻乌水的流向，与“东江之源”的概念相结合，形成新的旅游亮点。

《寻乌调查》为南粤古驿道的规划与活化提供历史景观上的真实写照，

对南粤古驿道保护利用工作而言，是方法指南，更是直接可利用于古驿道红色之旅的独一无二的素材。梅州、河源等地可通过梳理和研究《寻乌调查》的内容，抓住报告中生动描述的社会经济的方方面面，挖掘相关历史遗存和关键节点，结合乡村振兴、精准扶贫、农村人居环境改善、发展乡村旅游和休闲运动等，形成独具特色的南粤古驿道“寻乌调查”红色之旅，为当地提供优质的生态产品，推动原中央苏区实现乡村振兴。

在南粤古驿道保护利用工作中，要学习毛主席在《寻乌调查》中深入、唯实的调查方法，以完整性、真实性、生态性、安全性、可持续性等为原则，打造“寻乌调查”红色之旅，要充分利用历史地图等支撑依据，要有充实的历史依据并实事求是；以扎实发掘革命史实史迹和民风民俗文化传统为主，不搞大拆大建，保持遗址遗迹原真性。

总而言之，《寻乌调查》是南粤古驿道最伟大的解说词。重新学习《寻乌调查》，理解寻乌与南粤区域历史地理关系，有利于深化我们对该区域发展规律和特点的认识，也可为当前有关区域发展规划和政策制定提供坚实的理论支撑和实践指导。

参考文献

[1] 蔡红梅，龙迎伟. 论“红色文化”与未成年人思想道德教育［J］. 湖南科技大学学报：社会科学版，2006（2）.

[2] 广东档案馆. 广东党组织重要文件选编：中册［M］. 广州：广东省档案馆，2011.

[3] 广东省住房和城乡建设厅. 南粤古驿道保护修复与活化利用［J］. 南方建筑，2017（6）.

[4] 黄静波，李纯. 湘粤赣边界区域红色旅游协同发展模式［J］. 经济地理，2015（12）.

[5] 李水弟，傅小清，杨艳春. 历史与现实：红色文化的传承价值探析［J］. 江西社会科学，2008（6）.

[6] 石莉. 打造奢香古驿道文化线路 [J]. 贵州社会科学，2014（7）.
[7] 谭曙辉，陈宁英，张河清. 红色旅游研究现状与展望 [J]. 城市发展研究，2008（3）.
[8] 唐曦文，梅欣，叶青. 探寻南粤文明复兴之路：《广东省南粤古驿道线路保护与利用总体规划》简介 [J]. 南方建筑，2017（6）.
[9] 魏法谱. 广东中央苏区与中央苏区关系探析 [J]. 教研信息，2016（12）.
[10] 吴晓松，王珏晗，吴虑. 南粤古驿道驱动乡村转型发展研究：以西京古道韶关乳源—乐昌段为例 [J]. 南方建筑，2017（6）.
[11] 徐克帅. 红色旅游和社会记忆 [J]. 旅游学刊，2016（3）.
[12] 许瑞生. 线性遗产空间的再利用：以中国大运河京津冀段和南粤古驿道为例 [J]. 中国文化遗产，2016（5）.
[13] 杨洪，袁开国，邹家红. “第一军规”诞生地——湖南桂东红色旅游开发研究 [J]. 热带地理，2011（1）.
[14] 张广瑞. 全球视野下的“红色旅游” [J]. 旅游科学，2008（5）.
[15] 张中华. 日本侵略广东档案史料选编 [M]. 北京：中国档案出版社，2005.
[16] 朱雪梅. 自然与人文交织　石塘和丹霞互映：基于文化线路的南粤古驿道与古村联动发展研究 [J]. 南方建筑，2017（6）.
[17] 左冰. 红色旅游与政党认同：基于井冈山景区的实证研究 [J]. 旅游学刊，2014（9）.

以“中国古驿道”为载体，助力振兴乡村、精准扶贫、提供优质生态产品和提升文化自信

（2018年全国政协提案）

一、我国现存珍贵的线性文化遗产及其保护状况

(一) 我国线性文化遗产概况

中华大地幅员辽阔、历史悠久，千百年来劳动人民辛勤建设，留下了众多珍贵的线性文化遗产，包括古驿道、长城、京杭大运河等。这些线性遗产在历史上不但促进了不同地区和民族文化交流和社会经济发展，对维护国家统一也具有重要的历史意义，成为代表中国的国家记忆象征之一。

古驿道是线性文化遗产的主体，是古代至近代政治、军事、文化、商业、民族、人口等等的交融与发展之路。例如以马帮为主要交通工具的茶马古道，既推动发展了汉藏边贸经济，也促进了人口迁移流动和族群间文化交融互动；古蜀道在沟通四川盆地和中原地区之间的经济文化联系方面发挥过重要作用；川盐古道起于唐宋，通过食盐的运输对鄂、渝、湘、黔交会地区产生巨大影响力；潇贺古道历史上曾是中原沟通岭南的主要通道。古驿道是中国古代丝绸、茶叶、瓷器、玉器等物品与亚非欧国家进行商贸活动的重要连接通道，是“一带一路”的历史文化遗产，也是近代中国工农红军进行游击战争、长征以及抗日战争的主要活动线路，记录着红色足迹。

以京杭大运河为代表的水路古驿道也是线性文化遗产的重要组成部分，具有水利灌溉、交通运输、聚落滋养与人口流动、文化培育与交流、生态支持等多方面功能。京杭大运河是世界上开凿最早、距离最长的人工运河，

北起北京，南至杭州，全长1794公里，自开凿至今经历了2400多年的历史，是我国联系南北的重要水运交通干线，在古代政治、经济、文化和军事等方面具有重要意义，并承载了厚重的文化内涵，是连接华夏文明的重要纽带。

目前，我国对于线性文化遗产的研究才刚刚起步，广袤大地上仍有许多珍贵遗产被破坏、被淹没；对线性遗产的保护措施和技术手段仍不充分、不成熟，线性文化遗产分级保护和分类修复体系尚未建立。同时，由于线性遗产保护涉及文物历史、城乡建设、生态环境、文化旅游等多个领域，部门职能交错、分工复杂，目前尚缺乏统筹谋划，未能形成有效的线性文化遗产保护政策机制。

(二) 古驿道线性遗迹传统文化的“富裕”与乡村经济的“贫困”

中国古驿道在汽车时代到来的100多年时间内，迅速被草丛淹没，昔日以车马为工具年代因贸易而繁荣起来的村庄迅速衰败。在中国历史上许多以驿站聚落发展起来的显赫墟镇，因现代交通改变其区位条件而陷入经济贫困。以广东为例，省定2277条贫困村中，有约60%分布在古驿道5公里以内的范围。由于处于发展滞后状态，没有过度的城市化和工业化，沿驿道保留下来的村落历史建筑文化遗存历史价值高，非物质文化遗产丰富，各类文化遗产原真性高。

(三) 南粤古驿道的创造性保护和创新性利用

广东省于2010年在全国率先开展现代线性游憩空间——广东绿道的建设，构建了完整、连续、可达的省级绿道—城市绿道网络。近两年来，广东将南粤古驿道作为广东绿道的升级，开展南粤古驿道和绿道互联互通，围绕乡村振兴和文化自信，积极探索以道兴村、以道兴粤，结合现代人需求实现历史文化遗产功能转型升级，让陈列在广阔大地上的遗产活起来。两年来，全省累计发掘诸如西京古道、岐澳古道、梅州岃古驿道、大柘盐米古道、樟林古港、台山海口埠等古驿道总长近500公里，修复了近300公里，并配套建设沿线标识系统和基础设施，为活化利用奠定了基础。2016—2017年，以南粤古驿道以及沿线古村落为载体，广东共举办了18场

“南粤古驿道定向大赛”，成为国际定联高度关注的品牌赛事，许多国际定向越野知名选手因此而见识了“南粤古驿道”的魅力。

创新利用古驿道文化元素，打造多元文化主题线路，打响南粤古驿道文化之旅的品牌。两年来，成功举办了以古驿道为主题的大学生微纪录片大赛、摄影大赛、文化创意大赛、“驿道游学”少儿绘画大赛等活动；组织创作古驿道主题曲，并活化了一批古谱、古乐、民歌，编制出版了古驿道保护利用系列丛书；在省博物馆举办了“南北通融——南粤古驿道展览”，将南粤古驿道纳入了中小学研学产品，提升了当地群众特别是青少年的文化自信和认同感；尤其是2017年底根据毛泽东同志著作《寻乌调查》中描述的贸易路线，依托梅州平远古驿道启动打造“南粤古驿道寻乌调查红色之旅”主题线路，挖掘红色文化内涵，引起了各界高度关注。此外，南粤古驿道已逐步成为旅游目的地。

两年来借助古驿道活化利用开展的系列工作助力精准扶贫，带来了人气、财气，更重要的是激活了村民的心气，恢复了古村生机，挽救了一批即将消失的传统技艺，更为村民展现了家乡的历史底蕴和文化，唤起了乡村青少年对家乡的热爱和自豪感，改变了村民思想上的固有认识，吸引了部分村民回村从事文旅产业。借助古驿道活化利用，推动建设广东户外体育、乡村旅游的健康之路，促进粤东西北城乡经济互动发展，为人民群众提供优质生态产品。

二、若干活化利用“中国古驿道”网络的建议

以中国古驿道等为代表的线性文化遗产历史上承载着维护国家统一、促进文化交流和城乡发展的重要作用，保护和活化利用线性文化遗产对提升文化自信、促进乡村振兴、助力为老百姓提供更加优质的生态产品具有重要意义，建议开展以下几项工作：

（一）以原中央苏区县和西部贫困地区为试点

目前，精准扶贫和振兴原中央苏区县是社会共识，在中央苏区粤、赣、

闽三省交界之处，历史上古驿道在贸易运输、军事攻防等方面对中央苏区的建立起了生命线的作用，毛泽东同志的《寻乌调查》就是在半机动化年代对寻乌与南粤的贸易关系沿古驿道线路进行的；中国西部贫困地区是传统丝绸之路驿道经过的地区。以这两个地区为试点，通过乡村旅游、精准扶贫，弘扬传统和红色文化，将地质灾害防治、危房改造、生态林相改善、防洪系统与古驿道修缮相结合。

(二) 组织开展全国线性文化遗产普查和抢救性修缮

建议由国家有关部门牵头，部署各地开展线性文化遗产全面普查工作，以田野调查为手段，以地方志、村史为主要参阅资料，以实地体验为主要方式，全面摸查我国线性文化遗产遗存（包括陆路和水路驿道）的数量、分布、保存状况及沿线的历史文化和自然资源，对重要的历史遗存要进行抢救性修缮。同时，掌握遗产周边古镇古村、贫困村、旅游资源、地下文物分布等基本情况，充分了解线性文化遗产丰富的历史内涵，为开展遗产保护利用工作提供坚实的支撑。

(三) 建立全国线性文化遗产保护体系

（1）建立保护体系。在国家层面明确主管部门负责协调统筹，国家、省、市、县等不同层面建立跨部门的线性文化遗产保护利用工作机制，明确部门职责分工，明确线性文化遗产保护的内容、标准、技术指南，设计统一标识系统，调动社会力量，设立专项资金，建立起全国统一的线性文化遗产保护利用体系，并尽快形成“中国古驿道”的统一品牌。

（2）创新展示方式。充分利用线性遗产的特征，探索研究多种展示方式，因地制宜地打造“历史展示线 + 休闲体验线”的线性文化遗产游憩新模式。如可通过建设步行径实现对秦长城、土长城的参观，串起周边贫困村和畜牧风光村落，成为新游径；对于汽车时代改变了古代交通体系，可以适当进行古驿道再现，并增加标识解说以及骑行、徒步设施建设，走近历史空间；对于现状堤路结合的古水道，可以通过防洪堤亲水性改善、古驿头的保护利用，丰富游览体验。

(四) 开展多种类型活化利用

（1）策划不同类型线性文化遗产主题线路，拓展线性文化遗产文化内涵。依托线性文化遗产体系，提炼不同主题、不同类型的文化遗产主题线路，讲述驿道好故事，大力发展休闲旅游，满足不同类型游客需求。通过历史遗存真实载体和沿线生态格局，串联沿线生态景观和历史文化资源，积极活化利用古村落古建筑，发展民宿、遗产酒店等，促进沿线地区经济和文化协调发展。

（2）依托研学、文创、体育、旅游等活动，传承发扬线性文化遗产内涵。积极策划线性文化遗产相关文化创意、体育和旅游活动，与旅游产业开发制造相结合，打造彰显文化自信，符合“一带一路”特色的线性文化遗产精品项目。依托文化遗产发展全民健身，紧密结合自行车、马拉松、徒步等现代户外体育运动，组织开展融合中华传统文化的群众喜闻乐见的体育赛事，建设科普教育基地，引导广大群众走进古驿道、感受古驿道。深入发掘古驿道背后的文化内涵和故事，发现传统手工艺匠人，抢救和整理相关文字、照片和影像，传承发扬宝贵的非物质文化遗产，引导青少年参与其中，延续历史文脉。

(五) 部门联动、 政策叠加

统筹国家发改委、住房和城乡建设、农业、国土资源、交通运输、环境保护、文化、旅游、林业等有关部门资源，积极整合农业农村相关政策和资金，向驿道重点线路、重点贫困村沿线地区倾斜，发挥叠加效应形成工作合力，助力精准扶贫，助推“美丽乡村”建设，以道兴村，形成乡村振兴的新举措。

提案人：许瑞生

2018 年 2 月 28 日

国家部委对许瑞生委员政协提案的答复

在今年全国政协会议上，全国政协委员许瑞生提交了名为《关于以“中国古驿道”为载体，助力振兴乡村、精准扶贫、提供优质生态产品和提升文化自信》的提案，国家文物局、国务院扶贫办、文化和旅游部于8月23日对该提案答复如下：

“中国古驿道”是我国文化遗产的重要组成部分，蕴含着丰富的历史文化信息，是开展乡村旅游、实施脱贫攻坚的重要载体。近年来，全域旅游蓬勃发展，越来越多的地区依托“中国古驿道”，整合文化遗产和旅游资源，发挥了古驿道在助力振兴乡村、精准扶贫方面的积极作用。

国家高度重视文化遗产保护和合理利用，支持和引导相关地区通过发展乡村旅游实现精准扶贫、精准脱贫。2017年6月，中央召开了深度贫困地区脱贫攻坚座谈会。近年来，国务院扶贫办会同原国家旅游局，深入实施乡村旅游扶贫工程，把“景区带村、能人带户”作为推动旅游扶贫的基本路径，重点推进民宿旅游扶贫，旅游扶贫工作取得了积极进展。2017年12月，国务院扶贫办会同原国家旅游局公布了318川藏线等线路为中国“西部行”十大自驾游精品旅游线路。我局积极配合中宣部等部门开展重要线性文化遗产——长城、大运河和长征国家文化公园试点工作，并将其列入2018年重点工作。同时，结合建军90周年和抗战全面爆发80周年，深入推进革命文物保护，引入“长征文化线路”概念，对长征沿线文物点现状和保存状况进行了系统梳理，2017年底编制完成《长征文化线路总体规划》。2014—2016年，我局与财政部积极推进赣南等原中央苏区革命遗址保护利用工程，共有750个项目获得文物保护专项补助资金10.5亿元，有效改善了文物的保存状况。

您提出的活化利用“中国古驿道”的提议，对实现精准扶贫、提升文化自信具有积极作用。下一步我局将加强与有关部门合作，共同推进古驿道保护，重点做好以下工作：

一是开展科学研究，提升保护级别。强化对古驿道沿线文化遗产、保护技术、管理体制和方式等问题的研究，为更好地保护古驿道奠定基础。指导地方人民政府组织专项考古调查、科学勘察与资料梳理，全面摸清古驿道的历史演变、路径、相关遗存分布，确定资产构成清单，并将具有价值的文物点公布为各级文物保护单位。价值特别突出的，我局将在第八批国保单位申报遴选中予以重点关注。

二是编制保护规划，实施整体保护。在调查摸清遗产情况的基础上，统筹编制古驿道保护规划纲要，以省域为单元开展古驿道的专项保护规划编制工作。通过编制规划，统筹考虑遗产保护、管理、展示、利用，明确保护管理措施和要求。制订分期实施目标和工作步骤，为开展工作提供了有效的指导。我局将积极提供技术支持，加大古驿道沿线重要文化遗产的保护力度，消除文物险情，确保文物安全。

三是加强文旅融合，开展合理利用。依托“中国古驿道”及其沿线丰富的文化遗产和旅游资源，引导开发一批形式多样、特色鲜明的乡村旅游产品，积极发展文化观光游、文化体验游、文化休闲游等乡村旅游活动。继续将符合条件的文化旅游、乡村旅游项目优先纳入全国优秀旅游项目目录。与国家农发行、国务院扶贫办联合支持旅游扶贫重点项目，加大优惠贷款力度。科学开发“中国古驿道”及其沿线旅游资源，打造境内外知名的文化和旅游品牌，提高衍生产品和配套服务质量，支持符合条件的旅游景区创建5A景区。把保护、发展历史文化遗产与开展红色旅游相结合。深入挖掘“中国古驿道”及其沿线的红色文物等资源，拓展红色旅游内容，不断增强红色文化的旅游吸引力。

感谢您对文物事业的关注和支持！

葱葱南粤　驿道传情

——梅关古道梅岭驿站创作及思考

陈　雄①

从古到今，过去现在，及至将来，一切都是历史长河的片段。

2010 年，广东省在全国率先开展绿道的建设，以现代线性游憩空间的方式，构建了完整、连续、可达的省级绿道网络。

2014 年，“三师下乡”活动在中山市三乡镇拉开序幕，规划师、建筑师、工程师以志愿者的服务精神，在业余时间贡献专业才智，提升乡村建筑的质量和品位，建设美丽宜居村庄，延续“美丽乡愁”。

2016 年，南粤古驿道作为广东绿道的升级，与绿道互联互通，围绕乡村振兴和文化自信，积极探索以道兴村、以道兴粤，结合现代人需求实现历史文化遗产功能转型升级，让陈列在广阔大地上的遗产活起来。

2018 年，副省长许瑞生在全国政协提案：《以“中国古驿道”为载体，助力振兴乡村、精准扶贫、提供优质生态产品和提升文化自信》。古驿道是线性文化遗产的主体，是古代至近代政治、军事、文化、商业、民族、人口等等的交融与发展之路。古驿道的活化利用成为乡村振兴国家战略的一部分。

于是，我们看到了一条发展脉络清晰展开：广东绿道—三师下乡—南粤古驿道—乡村振兴—文化建设。

---

① 作者简介：陈雄，广东省建筑设计研究院副院长、总建筑师，全国工程勘察设计大师。

一、初识南粤古驿道

去年年底，我参加了南粤古驿道文化创意大赛作品年度大奖的专家评审。评选出平面视觉类、特色器具类、传统工艺传承、建筑与环境艺术、新媒体传播类、陶艺类等六类创意设计共计60项作品，获奖作品都与当地传统文化紧密相连，如广州站以保护粤语文化、粤剧传承为主题的作品不少，连州站作品则紧扣瑶族元素，潮州站作品着重刻画潮州“中国瓷都”。

今年年初，我们院参与协办的中国南粤古驿道“艺道游学·少儿绘画大赛”全省总决赛，在南粤名山罗浮山脚下的博罗县龙华镇旭日古村举行。这里集明、清、民国建筑文化于一村，400多年的历史，气势恢宏，底蕴深厚。而罗浮山还有东江纵队的光荣历史。来自全省各地的少年儿童，自由畅想，尽情发挥。龙华大鼓、太极拳、舞蹈等节目表演精彩纷呈。令人深深感受南粤古驿道的文化传承意义！

6月5日—6日，我们院牵头的南粤古驿道重点线路工作第八督导组，冒雨赴兴宁市、平远县开展梅州兴宁—平远古道重点线路第一次督导，到兴宁十二肩岭古道、平远八尺梅州岃古道进行实地考察。

通过一系列活动的举办，挖掘再现了宝贵记忆，使散落在南粤大地的文化遗产活起来、传下去。通过“古驿道+文化”“古驿道+旅游”等交叉融合，将埋藏在地下、记载在书上、陈列在地上的历史场景活化展现出来，把古驿道打造成为集文化传承、红色教育、旅游休闲的综合路线。促进精准扶贫、“美丽乡村”、“特色小镇”和当地基础设施建设。

二、梅岭驿站创作

今年，省住建厅计划以打造全省11条南粤古驿道重点线路和南粤古驿道文化之旅为着力点，进一步推动古驿道的修复与活化利用。我们接受委托选址并设计一座“大师驿站”。

南雄拥有广东省内最丰富的古驿道资源。梅关古道开凿于唐开元四年

（公元716年），是古代官道“京广驿道”中唯一的陆路，在历史上承担了重要的交通作用，被誉为古代“海上丝绸之路”的陆路地标。当年欧洲传教士穿越南岭走的就是梅关古道，对于急着北上的欧洲人，当然选择梅关古道更便捷地抵达京都，古驿道走向与京都位置密切相关。如今的梅关古驿道知名度较高，可以打造成南粤古驿道精品线路，助力乡村振兴发展，成为优质公共生态产品。我们希望在这个地区做大师驿站的想法得到了省住建厅和南雄当地政府的支持。

（一）驿站选址整合旅游资源

设计团队经过多次现场勘查，比选了梅关古道附近的几个地方，包括里东村、中站等，最终选址于韶关南雄市梅岭古村。正对梅关景区停车场牌坊，在梅关景区停车场与梅岭古村古驿道本体的交叉口，新建一个驿站，名为“梅岭驿站”。游人停车后经过梅岭驿站循古驿道上山，沿途的梅岭古村落有司马第、下马碑廊等古迹，最后到达梅关景区入口小广场，与现有旅游主线路接通，使梅关古道的旅游资源更加丰富厚实。

（二）反复研究兼顾多方需求

具体的位置却是反复斟酌修改，起初考虑在现有民房后面的小树林，不用拆建；再次去现场感觉位置太过隐蔽而改为拆除现有民房商铺，驿站规划商铺返还给原村民经营；第三次去现场落实方案时，最终确定在现有民房之前的景区停车场兴建，选择不拆迁民房而减少扰民。未来这里可能成为梅关古道景区的主要入口，我们特意考虑了把驿站扩建为游客服务中心的可能性，兼顾当地村民、游客、景区管理方三方需求。

（三）驿站设计体现传统与现代结合

方案以节约成本、低碳节能、文化传承为纲要，立足于当地乡土建筑语境，结合基地现场环境，采用单元式钢木结构，结合当地传统的青砖、灰瓦、原木等建筑材料，以现代的营造方式，建造一座具有民居聚落形态特色的现代建筑。它承担了古驿道管理宣传、综合服务、交通换乘等功能，设有小商铺、小型展厅、驿站办公室等实体空间，为游人休憩与古驿道宣传提供了开放式场地，也是古村落当地居民聚集的场所。旨在设计一座满足驿站功能需求、提升当地环境品质、弘扬南粤古驿道文化的新驿站。

三、关于南粤古驿道建设的思考

(一) 建设标准应因地制宜

遗存修缮要坚持原真性原则，修旧如旧；新建设施要实用，须因地制宜，结合周边地形地貌展开设计，还应平衡好功能与造价的关系，避免在山上建设造价过高的建筑，避免全程使用石材铺路。

(二) 突出特色避免同质化

结合各地的历史文化环境及古遗存特色，依托研学、文创、体育、旅游等多元化活动，传承和发扬各地线性文化遗产内涵，打造“历史展示线+休闲体验线”的线性文化遗产游憩新模式。

(三) 衔接现代交通与古驿道

古驿道的保护和利用离不开重新规划建设便捷的交通体系，需要策划以高速公路、轨道交通为骨架的快捷交通方式，与南粤古驿道景区的便捷交通连接。

(四) 与新农村建设协同用力

南粤古驿道的创造性保护和创新性利用，与保护古村落、助力乡村振兴，都需要各个职能部门多种资源多学科的协同，避免农村空心化，有助于三农问题的有效解决。

城市化进程中汉语方言及其文化的保护和传承

——以潮汕方言区为例

林伦伦[1]

（广东技术师范学院　广州 510665）

摘　要：广东是个汉语方言及其文化内容十分丰富的省份，汉语七大方言居其三（粤、客、闽）。粤语人口占全省人口60%以上，是强势方言。在农村城市化进程中，经济欠发达地区的粤东西北地区不但经济、社会欠发达，当地的方言文化也严重弱化。这种方言及其文化的逐渐弱化引起了专业人士和大众的高度关注，他们结合各自方言文化的特点，自觉不自觉地对方言文化进行保护和。总结粤东闽语区对方言化所做的保护和抢救工作经验，以期在城市化进程中对汉语方言及其文化做出有效的保护与传承措施。

关键词：城市化进程；潮汕方言；方言文化；保护；传承

一、广东三大方言的现状

广东省是个方言文化丰富发达的省份，粤客闽三大方言都有，粤方言和客方言都是大本营，潮汕方言也是闽方言的重要一支。这三大方言不但在本土有众多的人口，在本土以外的海内外也有着广泛的分布，成为境外、海外华侨华人的主要语言，其方言文化也在境外海外得到了良好的传承和发展。这三大方言在广东省本土的人口，1994 年李新魁教授出版《广东的方言》时的数据是：全省人口总数 6600 万人，其中粤方言人口 3800 万，

[1] 作者简介：林伦伦（1957—），广东汕头人。广东技术师范学院二级教授，国家语言资源保护工程核心专家组成员，广东省语保工程首席专家，广东省人民政府参事室参事，广东省语委语言文字工作咨询专家委员会主任。

客方言人口1200万，潮汕方言人口1000万，还有600万人是操其他口音的。[①] 按这个数字换算成比例，那就是：粤方言占57.6%、客方言是18.2%、闽方言是15.2%，其他口音约占9%。中商情报网2016年上半年公布的广东省2015年人口数字是1.08亿，按上面的比例计算，2015年广东省本土粤方言人口现在约是6220万，客方言人口约是1966万，闽方言人口大约是1642万。[②] 粤方言是广东省绝对强势的方言，有“省城话”“广府话”的别称。在广东省内分布广泛，珠三角地区甚至到粤西的湛江、茂名，粤北的肇庆、韶关，粤东的惠州现在成为了粤方言区。如果加上境外的香港、澳门（790万）和海外的华侨华人粤语区，如加拿大的温哥华、多伦多，美国的旧金山和纽约，澳大利亚的悉尼、墨尔本，新西兰的奥克兰，法国的巴黎十三区等等，大概还有1500万—2000万的粤语人口，加起来，粤语的总人口大概是8000万—9000万。其实，还有不少居住在珠三角的客家人和潮汕人，甚至外省人都是粤客、粤潮，或者粤普双语（方言）者。所以讲粤语的总人口在1亿以上是有根据的。

客家方言是广东省内的第二大方言。客家方言在广东省内主要流行于兴梅地区、东江流域，以及在粤北、粤东分别与广府、潮汕方言区交错之处。客家方言流传广泛，比较分散，广东境内纯粹使用客家方言的县市有15个，非纯粹客方言的县市约50个。广东的客家人接近2000万，但全世界的客家人多达5000万。

广东闽方言是闽南方言在广东省内的一大分支，分粤东、粤西两大块。流行于粤东地区的闽方言，过去称“潮州话”，现在一般称作“潮汕方言”，简称为“潮语”。潮汕方言使用人数约1600万，加上华侨华人和港澳同胞，使用潮语人数达3000万。粤西闽语主要分布在雷州半岛，使用的是属于闽方言的“雷州话”，以海康话为代表。使用雷州话的约有330万人。

---

① 李新魁.广东的方言［M].广州：广东人民出版社，1994：25-26，264-265，448-450.

② 中商产业研究院中商情报网：http：//www.askci.com/news/finance/20160819/

二、粤东闽方言及其文化的弱化现象

普通话作为现代中华民族共同语，在国家政策性的大力推广下加之改革开放以来外省籍人口大量涌入广东居住，促使普通话成为一些新兴城市如经济特区深圳等地居民的主要使用语言。粤语的“东征”“西讨”和“北伐”，使客、闽方言文化的地盘越来越小。[①] 粤东地区的自然人口虽然增长了，但这些人口的方言能力、方言忠诚度都明显降低，以方言作为载体的方言文化形式，如地方戏曲、曲艺、山歌、歌谣等却已经到了需要保护和抢救的濒危地步。

首先，是运用方言的能力明显下降。有乡亲经常问我：现在能用标准潮汕话完整表述的年轻人越来越少了，许多青少年习惯用“潮汕话＋普通话＋英语（或者粤语）”的“杂交”方式来交流。潮汕话词语一说不出来，普通话的词语就自然而然出来补救，或者用普通话的读音折合成“普式潮语”。

方言运用能力降低的这种现象首先是由于掌握方言词汇的量越来越少。汕头大学陈凡凡、韩山师范学院杜奋都曾经对汕头话和潮州话的词语变化做了对比的统计研究，证明其变化之大和发展之快。[②] 旧的词语说不出来，就用跟普通话相同词义的词语，这是语用过程再自然不过的现象。

第二种弱化现象是方言的书面语交际和文学功能的退化。笔者这代人，可以用方言来朗读课文、报纸、古典诗词，语文老师教读古诗文的时候多数是用方言作为教学语言的。甚至，还有不少作家专门用方言创作文学作品。所以，方言小说、民歌民谣、潮州歌册曾经大行其道。但今天不行了，潮州歌册能看懂的人很少，能唱的就是非物质文化遗产的传承人了。今天的青少年也鲜能用方言诵读古典诗词了。

韩山师范学院的林朝虹教授曾针对潮汕青年人对潮汕方言歌谣的熟知

---

① 林伦伦. 论强势方言对推普的负面影响［J］. 语言文字应用，1998（3）：13－19.

② 陈凡凡. 汕头方言词汇改革开放以来的变化［J］. 汕头大学学报，2017（8）；杜奋. 从翁辉东《潮汕方言》看70年来潮州话词语的变化［J］. 韩山师范学院学报，2013（5）：17－24.

情况进行了三次调查，情况如下表：①

表 1　潮籍学生对潮汕方言歌谣的认知情况

时间	地点	对象	人数	出示经典歌谣	熟知情况
2011 年 9 月	潮州师范分院	韩山师范学院潮州师范分院中文大专二年级学生	104	1. 歌谣序曲《畲歌畲嘻嘻》 2.《雨落落》	9% 的学生知道是潮汕歌谣；没有学生会背诵
2014 年 12 月 4 日	韩山师范学院	韩师中文系本科三年级选修“潮州俗文学研究”学生	80	1.《雨落落》 2.《天顶飞雁鹅》 3.《天顶一粒星》	有 1 位学生能勉强背出《雨落落》
2015 年 9 月 24 日	陶瓷学院	中文专业大专三年级学生	95	1.《雨落落》 2.《天顶飞雁鹅》 3.《潮州八景好风流》	没有学生会背诵其中的任何一首

运用方言的能力严重弱化，也就影响了对方言文化各种艺术形式的欣赏和兴趣了。用潮汕方言作为表演语言的潮剧，已经沦为老百姓所说的“老爷戏”，就是当地游神赛会“拜老爷”（拜神）的时候请来潮剧团演出酬神。为了拯救潮剧，广东省专门成立了潮剧发展基金会，支持专门的艺术团体坚守阵地、演出潮剧。汕头市广东潮剧院有个“周五有戏”的半公益性演出，每周五晚上在广东潮剧院的排练厅小剧院坚持演出一场，观众平均年龄大概都得 60 岁以上。我在潮州市生活了 7 年多的时间，在市里的正规剧院中演出的潮剧场次是个位数。我曾经在一本书里这样哀叹道：

语言（方言）是一种文化载体，民间文学的写作语言就是方言。没有

① 林朝虹，林伦伦. 潮汕民间文学多模态传承体系的构建及其传播路径［J］. 文化遗产，2016（1）：98.

潮汕话，就不会有潮剧、潮曲；没有潮汕话，就不会有潮州民谣、潮州歌册；没有潮汕话，就不会有潮汕民间故事；没有潮汕话，就不会有潮语相声、小品；没有潮汕话，陈三、五娘、苏六娘、桃花、渡伯、李老三将离我们而去……①

三、对方言文化所做的保护和抢救工作案例

鉴于以上的方言及其所承载的文化严重弱化的现状，我们意识到再不站出来做些保护和抢救工作，等这些非物质文化遗产都“灰飞烟灭”再来悼念就迟了。幸运的是我们恰逢中华民族复兴的大时代，以习近平同志为核心的党中央十分重视中华优秀传统文化的保护和传承工作。习近平总书记曾多次强调中华传统文化的历史影响和重要意义，并赋予其新的时代内涵。国家教育部《完善中华优秀传统文化教育指导纲要》指出：“加强中华优秀传统文化教育，是深化中国特色社会主义教育和中国梦宣传教育的重要组成部分”，“是培育和践行社会主义核心价值观，落实立德树人根本任务的重要基础”，并指出要“把中华优秀传统文化教育系统融入课程和教材体系”。②

于是，我们趁热打铁，联合了一帮志同道合的同人做了不少工作，其中有两项我们认为是较为成功的。

(一) 潮语歌谣的收集整理、开发传承

潮汕地区三个地级市甚至各区县都有自己的方言歌谣流传，前人在“中国民间文学三套集成”中有所收集，但其中内容大同小异，雷同重复的不少，但漏收的也不少。我们花了几年的功夫在原来文本的基础上做了重新调查搜集和集合整理工作，编著成为《全本潮汕方言歌谣评注》，并

① 林伦伦.潮汕方言：潮人的精神家园［M］.广州：暨南大学出版社，2012：3. 陈三、五娘等是潮剧著名戏曲里曾经家喻户晓的人物。

② 中华人民共和国教育部官网：http：//www. moe. edu. cn/publicfiles/business/htmlfiles/moe/s7061/201404/166543. html

从其中选取了50首作为幼儿园有声读物，100首作为小学有声读物，受到了广大教师、家长和学生的欢迎。

有了这个基础以后，我们又联合广电界、IT界和动漫界的同人，做了歌谣教学的多模态传承实验。①

1. 千首歌谣音档资料库的建设

《全本》出版后，尽管出版社一印再印，以应坊间需求，然而不少中青年朋友反映，书中歌谣不知道怎么读。如不进行音档资料库的建设，我们整理的歌谣将会成为沉睡于书本中的文字，活不起来。

为此，我们对《全本》中千首歌谣进行朗读录音，并将所有音档资料上传至团队建设的“潮汕方言歌谣”网站（www. csfygy. com），供人们免费点读点听。

2. Q版漫画作品的创作

借助漫画艺术，创作方言歌谣漫画作品。在读图时代，仅仅以文字单一模态出现难以满足阅读者的需求，不利于传承。这种以“萌”为主的动漫风格，与当今年轻一代的审美情趣相吻合。

3. 手机微信作品的流播

微时代下，手机微信具有强大的传播功能，2014年制作了10期歌谣微信作品，每周在公众微信平台推出一期。手机微信作品的传播如能与各种节日结合，应景推出，点赞率和转发频次会飙升，传播范围会更广。

4. 明信片等衍生品的传播

明信片符合微时代“微”“轻”的特点，满足了现代人寻求体验的情感需要，具有收藏价值和学习卡片功能，所谓“千年非遗，一卡传承”。

5. 歌谣音乐作品的创作

借助音乐艺术，创作方言歌谣音乐作品。潮汕方言歌谣原本是谣不是歌，而潮汕方言有8个声调，加上大量的连读变调以及每首歌谣都是韵文，

---

① 更详细的做法请参阅林朝虹，林伦伦. 潮汕民间文学多模态传承体系的构建及其传播路径［J］. 文化遗产，2016（1）：100－103.

使歌谣声律变化丰富、抑扬顿挫、朗朗上口，具有很强的韵律感和音乐性。借助更具有感染力和艺术性的音乐形式，会使传统歌谣得以更好地传承。

(二) 方言文化教材的编写和教学实验

潮汕方言是汉语中最古老的方言之一。[①] 方言文化历史悠久、内容丰富，既与中华优秀传统文化一脉相承，又具有独特的地方特色，是一种优秀的地域性色彩浓厚的方言族群文化。然而，我们又看到，现在的少年儿童受现代科技和时尚文化的影响十分严重，对传统文化的了解和认识反而不足，缺乏文化自信，有的甚至认为方言是很“老土”的事情，羞于说方言，更不要说其他的文化内容了。所以需要“从娃娃抓起”，运用少年儿童喜闻乐见的多种方式方法，对他们进行优秀传统文化教育，培养其对自己家乡乡土文化的热爱和自信。其中最有效的一种做法就是编写教材，进学校，进课堂，融入思想。

基于这个共同的理念，以北京大学中文系陈平原教授领衔的几位潮汕籍的著名学者和汕头、潮州、揭阳三市的大中小学教师联合起来，编写了《潮汕文化读本》地方文化课程，推进潮汕优秀传统文化进课堂。

1. 读本的基调是文学性和知识性

《潮汕文化读本》的定位是“读本 + 课程”。全套 5 册，既可以用作教材，又是课外文化读物配有音像视频的出版物。

文学性是读本的基调，它决定了编写组在选择课文时更注重可读性和趣味性。小学一、二年级是潮汕方言歌谣，三、四年级是潮汕民间故事，五、六年级是诗词；初中是散文；高中是散文化的小论文。可读性和趣味性是读本所追求的目标，首先要使学生对读本有兴趣，能引起学生的阅读和学习意愿。

知识性也是读本的主要基调，读本以文学性的歌谣、故事、诗词和散文为体裁，但这些歌谣、故事、诗词和散文必须有反映潮汕文化的内容，

---

① 高本汉. 中国音韵学研究［M］. 赵元任，罗常培，李方桂. 译. 北京：商务印书馆，1940：143.

从地理自然到民俗风情，从名人名胜到历史古今。编写组强调保证读本所反映出来的方言文化知识是正确无误的，并尽量避开有争议的话题。

读本的三位主编，陈平原教授是现代文学、文化史、教育史的专家，林伦伦是潮汕方言与文化的专家，黄挺教授是区域历史和地方文献的专家。这个三人主编小组强有力地保证了编写意图的实现。

2. 读本的教学路径是渐进性和互动性

为了体现不同年龄学生对文化知识学习的循序渐进，读本强调从小学、初中、高中的课文体裁和内容上从易到难：小学一、二年级是潮汕方言歌谣，三、四年级是潮汕民间故事，五、六年级是诗词；初中是散文；高中是散文化的小论文。小学三册都配有潮汕方言的音像视频辅助教学资料，并在课文之外的学习设计中逐步体现知识点的扩充、简单的田野调查、课外阅读资料的导读和问题的讨论，充分体现了互动性与参与性。

3. 读本吸引人的手段和方法是生动性和形象性

读本的受众基本上是少年儿童，对乡土文化本来缺乏了解，必须有一些吸引人的方法和手段来让孩子们感兴趣，有了兴趣才谈得上喜欢学习和了解。所以《读本》基本上采用了多模态的方法来吸引学生的兴趣，尤其是小学的三册读本。一是配上学生们喜欢的动漫插图；二是附带音像视频光盘：第一册配有方言朗读歌谣的录音资料和配上音乐的演唱视频资料，第二册配有方言讲故事的音像视频，第三册配有方言朗诵诗词的音像视频。总之，就是尽可能采用现代化的手段来刺激学生的兴奋点，增强学生们对传统文化的兴趣，使他们有兴趣学、学得有兴趣。

四、余论

我们认为，随着世界一体化的发展，使用人口较少的汉语方言群体的方言功能逐渐弱化乃至于消亡，这是城市化进程中社会发展的必然结果。虽然“无可奈何花落去”，但我们今天做语言资源保护工程，千方百计保护、保存方言及其所承载的文化内容，是想尽可能继承其中的优秀传统文化，作为今天创造符合时代精神的新文化的重要成分，从而有利于方言区城市在城市化进程中建设得更加有特色，更加美好，而不是把方言区还原为以前一样的具有“集体无意识排外”弊病的、封闭保守的区域。

参考文献

[1] 李新魁. 广东的方言［M］. 广州：广东人民出版社，1994.

[2] 陈平原，林伦伦，黄挺. 潮汕文化三人谈［M］. 广州：广东教育出版社，2016.

[3] 林伦伦. 潮汕方言：潮人的精神家园［M］. 广州：暨南大学出版社，2012.

[4] 林伦伦. 论强势方言对推普的负面影响［J］. 语言文字应用，1998（3）.

[5] 林朝虹，林伦伦. 潮汕民间文学多模态传承体系的构建及其传播路径［J］. 文化遗产，2016（1）.

[6] 陈凡凡. 汕头方言词汇改革开放以来的变化［J］. 汕头大学学报，2017（12）.

[7] 杜奋. 从翁辉东《潮汕方言》看 70 年来潮州话词语的变化［J］. 韩山师范学院学报，2013（5）.

寻找维护国家统一的岭南先贤之足迹

——李济深将军与西江古驿道

李 崴[①]

（广东省人民政府参事 全国政协十一、十二届常委）

摘 要：南粤古驿道文化遗产和由驿道线路产生的历史事件、重要历史人物和经济文化往来，都是中国国家历史记忆的重要组成部分。南北通融文化遗产，实际上就是国家统一的重要见证，而在这条古驿道上南征北战，维护国家统一的先贤们，值得后辈崇敬。纵横两广，浴血奋战在西江古驿道上的李济深将军就是近代岭南群英之佼佼者，南粤大英雄。

关键词：南粤古驿道；西江古驿道；李济深；岭南先贤

古代驿道总是与军事系统联系在一起。秦始皇统一中国，驿道就是武力和政治确保统一的基础交通条件和纽带。中国大一统的秦汉时期，古驿道更是为南北通融创造了交通条件。

西江古驿道是南粤古驿道的重要组成线路。它包括一条主线和五条支线，总长约988公里，其中陆路长约493公里，水路长约495公里。线路从湖南永州经灵渠南下，经漓江达广西梧州进入西江，顺西江而下，途经肇庆市的封开县、德庆县、高要区、端州区、四会市、广宁县、怀集县等7个区县，最后到达佛山三水思贤窖，向东可经东平水道到达广州。主线为西江古驿道，长约192公里；支线包括肇庆古驿道、贺江古驿道、怀封古驿道、绥江古驿道、怀四古驿道等，长约796公里。

---

① 作者简介：李崴，广东省人民政府参事。广西苍梧人，出生于广州。现任中国侨联常委、中国宋庆龄基金会理事。其祖父李济深为已故国家副主席、民革中央主席。

当年，汉武帝修筑从长安出发的古驿道，穿越地域广阔的苍梧郡，经灵渠直达合浦的海上丝绸之路，开始了中外经济文化大交流。处于漓水与郁水（西江）交汇处的梧州，则成为重要的交通枢纽。正是当年汉代苍梧郡的这个所在地，由于接受中原文化熏陶及岭南历史文化的深厚积淀，成为开发最早的大片富庶地区。苍梧之渊山水胜景，人文渊薮。这里既有舜帝南巡的圣贤之气、龙母“利泽天下”的神灵之气、秀水状元村的书香之气、黄姚古镇的仙境之气，也有历史文化名人赵光、士燮、牟子、袁崇焕、李秀成、陈玉成、李济深、梁羽生等名士、武将之气。

图1 灵渠

“秦堤”，这是一块由李济深将军亲笔题写，至今仍耸立在广西桂林灵渠边上的石碑。灵渠是长江水系和珠江水系“湘漓分派”的地理标志，更是西江古驿道的重要拐点。这里记载了中国第一次大一统的秦代修建灵渠、打通中华南北水系交通的“三将军”勋绩。“三将军”指的是秦代刘、张、李三石匠，义智勇为、前赴后继、卒于岭南，为打通南北通道、中华统一筑堤有功，被敕封为镇国将军。三公的合葬墓如今就在灵渠边上，世代为人称颂。

正是这条灵渠，加上后来凿建的京杭大运河，使得华夏大地上可以由陆路、水路从南海之滨直达京都诸城。“一骑红尘妃子笑，无人知是荔枝来”“江南北国脉相牵，隋代千年水潆涟。寄语飞南归北雁，大河头尾是家川”。国家统一，南北通融，百业兴旺，民族屹立于世界之林。

图2 李济深将军亲笔题写的“秦堤”

沧海桑田，多难兴邦。当历史的转轮到了1943年，武汉、长沙相继失守，日寇直逼广西，兵临城下，这是抗战最为焦灼的时期。李济深将军驻守桂林，来到灵渠，面对这两千多年前就见证山河一统的伟大工程，他用他所钟爱的爨宝子体挥笔写下“秦堤”二字。这风骨锐利的题字足以看出他当时忧国忧民的心情和精忠报国的志向。

李济深将军所出生的广西梧州苍梧县是否和山海经里所记载的苍梧是同一个地方，目前暂没有史证。但现代中国版图上，却只有这一个地名叫苍梧。梧州却是中国历史上第一个总督府（明成化五年，即公元1469年由明宪宗创建），并享有总督府、总兵府、总镇府“三总府”之美誉。此外，苍梧县城所在地叫戎墟（现名龙圩），这个名字更是无疑出自古代的屯兵之地。可能正是与这故乡名有关，幼年失怙的李济深在母亲吴太夫人抚养下，从小就立下了“戎武救国”的志向。

在他还是幼童时代，就曾经俯在村里庙中菩萨的背上吟念：菩萨菩萨，把我背到很远很远的地方吧！并吟诵出这首颇具壮怀的五言绝句：

指向当前景，
能吟一字无？
春风客座我，
万象看昭苏。

果不其然，李济深17岁时考入梧州“中西学堂”，走出了家乡的第一步。1903年，李济深对于清政府丧权辱国与帝国主义侵略的步步深入感到痛愤，坚定认为：“要救中国，非推翻清朝不可。”

在中西学堂读书不到两年的李济深被挑选到广州黄埔的两广陆军中学学习军事，这是他第一次沿着西江古驿道顺江而下到达广州。及后他又转入“陆军速成学堂”“保定陆军军官学校”，成了正式军人。从此，他不仅成了国民革命的得力干将，更是抗日的勇敢斗士。

1913年，李济深从北京的陆军大学（辛亥革命后，保定军校迁往北京，正式定名为陆军大学）毕业留校任教达六年，栽培过像徐永昌、黄旭初等民国名将。1920年返回广东，后担起率领和训练广州大元帅府劲旅粤军第一师的重任，往粤北击溃桂系军阀沈鸿英；会同滇桂联军攻肇庆，克三水击败陈炯明，平定广州城。他为中山先生的护法大计、恢复广州大本营奠定了稳定的基础。

1923年，孙中山先后任命李济深为大本营驻西江办事处处长、西江善后督办公署督办主任。李济深在军事上率第一师重返西江古道，收复端州府，再败沈鸿英，攻克梧州城；在行政上，重启梧州至江门西江古道这段

“士商萃集之所，百货出入之枢”，为保证大本营的财政收入起到了十分重要的作用。李济深“西江练兵”，成为传奇佳话。

1925年3月12日，中山先生逝世，举国同泣。24日，李济深在梧州举办5000人的隆重追悼会，李济深倡议，为纪念中山先生在1921—1922年期间三次莅临西江要镇梧州，在梧州创建了全国首座中山纪念堂。这给西江古驿道上增添了一道具有厚重历史意义的人文景观，更为两广百姓留下了一座承传中山先生不屈不挠、愈战愈勇的革命精神的革命殿堂。在中山先生离世之际，以唐继尧为首的滇军、刘震寰为首的桂军以为有了可乘之机，兵分几路攻占广州国民革命政府。此时，又是李济深、许崇智、朱培德等回师西江古道，绥靖广州，统一桂境，东征灭陈炯明主力，南伐扫邓本殷残部。直至1926年初，扰攘十多年的两广战事拉下帷幕，两广正式宣告统一在广州国民政府之下。国民革命军东征南伐的胜利不仅仅是军事上的成果，还从政治、经济、社会、文化等各个领域为广东民主革命大本营的稳固，为全国民主革命的发展提供了可靠保证。这其中，当然不失李济深在大革命时期对民主革命的重要建树。

1926年5月，为实现孙中山先生的北伐遗愿，在国民党中央政治会议上李济深力陈北伐的战略意义：“戎机不可失……中枢更宜速定北伐大计，以解中原人民的倒悬，以慰海内外爱国人士的喁喁之望。”6月4日，国民党中执委通过了国民革命军出师北伐案。李济深出任国民革命军总参谋长，同时兼任北伐军总司令部后方留守主任，留守广州，管辖广东7个警备区，负责后方根据地的安全，同时组织人力物力支援前线，保障北伐军的军需补给。虽然李济深未亲临前线，但他领衔的第四军由陈可钰统率的两个师和叶挺独立团，却是北伐军中的佼佼者，被北伐军总司令部特令嘉奖，誉为“铁军”。而李济深的后勤军需保障得以完满完成，更是与西江流域鱼米之乡的百姓有力的支持分不开的。

1931年，日寇发动“九一八”事变，吞下了东三省；1937年底，国民政府从南京迁往陪都重庆。李济深因对蒋介石不抵抗政策不满，借口身体有恙，拒绝了到重庆任职而留在南方。蒋介石怕李济深掌握兵权，罢了他

“战地党政委员会副主任”的官职，1940 年 9 月委派他当了有职无权的“军委桂林办公厅主任”。自此，李济深在桂林与陕北、重庆以及全国各地的抗战团体一道，团结大批各界知名人士支持和参与抗日战争。在他的调停运作下，营救出了越共领袖胡志明，还使共产党人李克农、夏衍、范长江、李达及民主人士梁漱溟、邹韬奋等脱离了虎口。当时的桂林一度成了广开言路、抗日救亡、拯救落难文人脱险的“文化名城”。

图 3　李济深故居

1941 年底，香港沦陷，李济深就是利用西江古驿道这条水陆通道，营救和转送了柳亚子、李铁夫、徐悲鸿、欧阳山、陈残云等大批抗日文化名人到内地后方抗日根据地的。柳亚子的《八年回忆》中有一段话：“讲起我到桂林的最初动机，原来可说是为了投李任潮而来的，因为他有西南文化保护人的盛誉，到桂林以来，果然也给我以不少的帮助。”这是柳亚子的肺腑之言，也是当时许多进步文化人的心声。李任潮就是李济深。从 1940 年 9 月至 1943 年 12 月，李济深对桂林文化事业的支持、对进步文化人的保护和援救有口皆碑。“一件件小事的累积，一个个进步文化人士的成功脱险，成就了人们对李济深的盛赞。”桂林抗战文化研究会的专家曾经讲述了以下这些发生在李济深身上的“小事”。

1941 年 1 月，“皖南事变”爆发，八路军桂林办事处被迫撤离。中共中央南方局书记周恩来致电李济深，请他对“八办”的撤离工作尽力给予帮助。正因如此，李克农才在蒋系特务包围办事处的情况下，仍然收到了李济深“克农即走”的信息，成功逃出。生活书店主持人邹韬奋被迫撤离重庆，经桂林去香港时，需要找个“保人”才能买到机票。李济深知道后，马上让自己的外甥，“军委会桂林办公厅”处长黎任民作保，帮助邹韬奋顺利撤离。重庆方面曾密令李济深扣留桂林国际新闻社社长、中共党员范长江。收到密令，李济深宴请文化界朋友，其中也包括范长江。李济深在席间意味深长地说：“我们这样的宴会恐怕以后不会再有了！”饭后，他送了一张飞香港的机票给范长江。等范长江飞抵香港后，他才拿出重庆发来的电报“交办”下去。

1941 年，中共党员张友渔奉南方局的指派，秘密离开重庆经桂林到香港协助廖承志工作。到桂林后，张友渔也得到了李济深的掩护和照顾。李济深嘱咐总务处长为张友渔办理去香港的机票时，总务处长备感疑惑地说：“张友渔是共产党员，给他买机票是否好？”李济深笑着说：“是共产党，送走，不在这里捣乱了，不是很好吗？”李济深用行动践行着自己的承诺：“绝不用这些文化人的血来染红自己的顶子。”当时，李济深将军的苍梧老家寓所也成了抗日前线与后方连接线上的“中转驿站”，这里设置了秘密电台、军事交通站甚至国际抗战盟军的联络点。1944 年 10 月先后两次在西江上空盟军的两架战机被日军地面炮火击中坠毁在苍梧地域，两位美国飞行员就是被当地老百姓送到李济深将军的苍梧寓所疗养休息后转送昆明交回给盟军总部的。

“何时携手去，与尔泛漓江”，这是著名作家胡希明先生在 20 世纪 40 年代初所写下的名句。1944 年秋，中共中央决定组织南下支队，不日南征。胡希明先生在广西周恩来同志的直接领导下联络了李济深、蔡廷锴、张炎等一批著名民主人士。当时，李济深将军等人正在筹备成立华南民主联军，他带着胡希明等一众人员，从高州转到罗定，沿着西江古驿道，找到蔡廷锴商量。当地学生和军政要人列队欢迎，李济深将军在圣庙大广场召开的欢迎大会上做报告。李将军慷慨陈词，群情鼎沸。当地百姓至今流传。

李济深将军晚节可风，在他逝世的前几天，还写了一首诗《十年建国万年红》，饱含深情地歌颂新中国，表达了他对祖国统一的刻骨铭心的期盼：

十年建国万年红，
衡麓光往永照中。
我与人民宏愿在，
及身要见九州同。

往事如烟，逝者如斯。李济深将军在西江古驿道上叱咤风云的征战史实虽然已经过去近一个世纪，西江古驿道周边的岭南两广地区已经发生了天翻地覆的变化。但先辈们为此所付出的血汗躯魂应该更激励我们奋斗、向前。

今年是中国国民党革命委员会成立70周年，李济深将军1945年在西江古驿道上写下的《黄花节有感》这首诗，或许应该成为我们后辈尤其是民革党员们行为的鞭策：

为挽危亡肯顾身，
对扬先烈倍伤神。
年年纪念黄花节，
不愧黄花有几人？

人物简介：

李济深（1885—1959），字任潮，广西苍梧人。曾任中华人民共和国中央人民政府副主席、全国人民代表大会常务委员会副委员长、中国人民政治协商会议全国委员会副主席。

李济深先生原系国民党高级将领、中国国民党革命委员会主要创始人和领导人，历任粤军第一师参谋长、师长，西江善后督办、黄埔军校教练部主任、副校长。北伐战争期间，任国民革命军总司令部参谋长、广东省政府主席、国民革命军第八路总指挥，留守广州，总揽广东党政军全权。1937 年抗日战争全面爆发，积极响应中国共产党一致抗日的号召，反对国民党政府反共政策。1948 年就任中国国民党革命委员会主席。1949 年出席全国政协第一届全体会议。1959 年 10 月 9 日在北京病逝。

（注：以上图片源自南粤古驿道网）

广东南粤古驿道保护利用工作调研报告

清华同衡规划设计研究院遗产保护与城乡发展研究中心

一、南粤古驿道历史背景、构成与突出普遍价值

广东地处我国南疆，北枕五岭，南濒南洋，是一个相对独立且自闭的地理单元。散落在广东省境内的古代交通线路是中原王朝翻越南岭，突破地理限制，实现移民开发，沟通政治经济往来的必然结果，也是控扼边陲，维护国家统一的有力工具。

图1　韶关西京古道

所谓南粤古驿道，是指1913年前广东境内用于传递文书、运输物资、人员往来的通路，包括水路和陆路、官道和民间古道。这些交通道路早在秦汉时已获得早期的全面开发，唐宋时业已形成较为系统的水陆交通网，明清时期进一步完善、修葺和局部拓展。目前，广东省规划梳理出的“主线+支线+发展节点”古驿道线路系统由14条古驿道主线、56条古驿道支线构成，贯穿全省21个地级市103个区县，长度约11,230公里，其中，陆路线路长约6900公里，水路古驿道线路长约4330公里。

南粤古驿道的遗产构成类型主要分为四类：一、古道和交通史迹；二、城市与村落史迹；三、商品生产与贸易史迹；四、多元文化史迹。其中，“古道和交通史迹”主要指古道本体，包括古驿道及其相关附属设施。“城市和村落史迹”主要反映南粤古驿道上的聚落与古驿道之间的互生关系，一些聚落生成于道路节点处，且通过古驿道承担着区域政治、经济、文化中心的职能。“商品生产和贸易史迹”“多元文化史迹”则主要反映南粤古驿道在区域交流中所承担的经济和文化职能。

构成南粤古驿道四类遗存能真实、可信地反映出自先秦到近代，近两千多年来岭南与其他区域间发生政治、经济、文化交流的史实，并可与众多历史文献记载相印证。

表1 “南粤古驿道”遗产构成表

古道和交通史迹	道路	梅关古道、西京古道、乌迳古道、潮惠上路、潮惠下路、东江古驿道、西江古驿道、北江古驿道等
	桥梁	通济桥、腊水桥、翠仙桥遗址、彩虹桥、三河桥、五星桥等
	码头、渡口	樟林古港、北炮台古港、柘林古港、潮连古码头、海口埠等
	关隘	梅关、蓝关、蔚岭关、梅花港隘、高车岭隘、阳山关等
	驿站	靖海风吹门关驿驿站遗址、莲塘驿城遗址、梅岭驿馆、桃源洞古驿站、盐布潭客栈遗址等
	凉亭	惠泉亭、双溪亭、长安亭、心韩亭、思源亭、苏凤茶亭等
	其他遗存	古井、古塔、路碑等

续表

城市与村落史迹	聚落	名城	广州、佛山、中山、肇庆、潮州、梅州等
		名镇	番禺沙湾镇、吴川吴阳镇、开平赤坎镇、珠海唐家湾镇、陆丰碣石镇等
		名村	佛山大旗头村、东莞南社村、开平自力村、佛山碧江村、番禺大岭村、东莞塘尾村、中山翠亨村等
		传统村落	韶新田古村、梅州茶山村、汕尾大楼村等
	村落遗址		南雄梅鋗城、仁化城口“西秦城”、黎水村古堡、回澜门、奎碧门等
	城市设施		南越王宫署、梅花头建筑遗址、海门千户所北门城墙等
商品生产与贸易史迹	制盐业	盐场	新安县东莞场、归德场、东莞县靖康场、香山县香山场、新宁县海晏场、矬峒场、归善县淡水场、海丰县石桥场等
	陶瓷业	广彩、雷州窑、石湾窑、惠州窑等	三水洞口窑、番禺沙边窑、佛山石迳窑、中山碗迳窑、南海官窑、惠城瓦窑岭遗址、新会官冲窑和洞岩里窑址、潮州笔架山宋窑、丰顺马鞍山窑址、大埔余里窑址等
	冶铁业	佛山冶铁业	泥模港冶铁遗存、白勘冼氏宗祠、十八墩等
	其他遗存		外销茶叶、外销丝绸、外销钟表、外销画、外销银器、外销扇等
多元文化史迹	宗教设施	佛教	光孝寺、西山寺、云迳寺遗址、宋存庵、圣佛庵等
		基督教	公理堂旧址、方济各·沙勿略墓园、肇庆仙花寺等
		伊斯兰教	怀圣寺、小东营清真寺、先贤古墓清真寺等
		道教	和平县关帝庙、朝元洞、八卦洞、青羊洞等
		其他民间信仰	韩泷祠、南海神庙等
	摩崖石刻		巾峰山摩崖石刻、楞伽峡摩崖石刻、绝蹬云梯摩崖石刻等
	名人故居、纪念物		郑观应故居、张文湛故居、康济亭、杨公亭、孙中山纪念堂等
	民俗与非遗		韩愈传说故事、雷浦村“苏六娘故事”、增城“帅府爷巡游活动”、郁南“禾楼舞”等

南粤古驿道不仅是广东省内各区域与民系间人员、货物、信息往来，保持密切政治、经济、文化交流与联系的重要交通孔道，也向南北两个方向延伸：它一头穿越南岭北联长江流域、中原腹地、进而借由京杭大运河沟通整个北方地区；另一头南行放洋出海，通过海上丝绸之路与东南亚、南亚乃至西亚、北非等海外诸国、诸文明发生持续的文化交流与沟通。

因此，南粤古驿道的突出普遍价值可从以下三个方面进行解读：

“南粤古驿道”的开发和拓展展现了岭南地区内部，岭南地区与长江流域、中原地区乃至海外诸国之间持续不断的政治、经济、文化交流，并极大推动了岭南文化与中原文化、南越文化、楚文化、吴越文化、巴蜀文化和海外文化间的交流融合。

秦汉以来，随着南粤古驿道的逐步形成和发展，中央王朝以古驿道为路径，通过军事征服、政权设置、赋税征收、科举考试等手段，将岭南地区纳入中央王朝统治体系，同时南粤古驿道也进一步深入山区少数民族地区，推动民族融合。中央王朝还以古驿道为途径，通过派遣使臣、贸易等与海外诸国进行长时间的政治、经济、文化交流。

图2　南粤古驿道沿线的珍贵古建筑——韶关仁化石塘古村双峰寨

南粤古驿道也是传统时期岭南地区经济繁荣发展的重要因素和推动力，关于区域间通过南粤古驿道商贸往来的记载有很多[①]。唐宋以来，岭南地区随着社会经济的发展，南粤古驿道日趋向经济型转化，因此不少交通枢纽往往成为地区的商业市场中心。到了明清时期，一些边远地区也普遍出现了前所未有的商品经济发展浪潮，一些山隘偏道，甚至出现了墟市，比如乳源县管埠市“在乳源县西北一百五十里。武阳镇东，水陆通郴桂，商居杂居，市井最盛”[②]。

南粤古驿道也有益于区域间的文化交流，以唐代张九龄开凿的梅关古道为例，它不仅改善了粤北与赣南之间的经济往来，而且“兹路既开，然后五岭以南之人才出矣，财货通矣，中朝之声教日远矣，遐陬之风俗日变矣”[③]，这说明交通与人才成长、接受外来文化、移风易俗都有着十分密切的关系，南粤古驿道也是岭南文化形成发展的重要物质载体和途径。

值得关注的是，随着社会的进步、地区的发展，南粤古驿道的功能出现了阶段性变化，大体以宋代为重要的转折点。宋以前，南粤古驿道主要是以政治军事型为主导，虽然也有商品运输的记录，但数量规模还十分有限，且多为奢侈品或贡品，或军需品，政治军事意义大于经济意义。入宋以后，这种状况逐步改变，大量的民间商品通过纵横交错的商业网络，不断传输四方，南粤古驿道交通功能逐步向商业经济转化。至明清时期，这种转化基本完成，南粤古驿道的交通路线，主要是面向商业经济的发展，以满足社会经济的发展需求而不断扩展，其交通属性完全转向以经济功能为主导。总之，历史时期南粤古驿道交通路线的功能转化，与岭南地区社

---

① 王临亨《粤剑编》卷四载，“（大庾岭）此岭独以横截南北，为百粤数千里咽喉，犀鸟、珠翠、乌绵、白氎之属，日夜辇而北拱中国用，大庾之名遂满天下”；乾隆《河源县志》卷十一《农工》载，“（河源）米谷不敷，仰赖广西，兼资湖广”；道光《广宁县志》卷十二《风俗志》载，“懋迁货物，如绸缎、布匹以及山珍海味与各色服食之需，皆从省会、佛山、西南、陈村各埠运至”。

② 穆彰阿，潘锡恩，等. 嘉庆重修一统志：卷四百四十四：韶州府［M］. 上海：上海古籍出版社，2008.

③ 邱濬. 唐文献公开大庾岭路碑阴记. 见：梁弘勋等修，胡定纂. ［乾隆］南雄府志·十九卷. 故宫珍藏本丛刊. 广东省州县志·第四册［M］. 海南：海南出版社，2001.

会经济的发展基本同步互动。

南粤古驿道是岭南纳入国家大一统，中国统一多民族国家形成发展的独特历史见证，也是岭南地区融中原文化、南越文化、楚文化、吴越文化、巴蜀文化和海外文化诸文化于一炉，最终形成岭南文化的重要物质载体和见证，更是岭南三大民系（广府、客家、潮汕）诞生、形成、发展的直接动因。

岭南地处南疆，长久以来与中央王朝存在较大的离心力，中央王朝也视岭南为蛮荒之地，但随着南粤古驿道的形成和发展，岭南最终被纳入中国统一多民族国家体系内。秦代南粤古驿道开始形成，秦军五十万兵分五路进攻岭南，秦始皇33年（公元前214年）于番禺设立南海郡，岭南正式纳入中国统一多民族国家体系内。唐宋以来，随着南粤古驿道的不断完善和开拓，岭南纳入国家大一统的程度也越来越深，广东由羁縻之地最终成为“内地十八省”之一。而且，随着南粤古驿道不断延伸，边远山区少数民族不断受到“王化”教育，国家大一统思想，中国统一多民族国家概念逐渐深入人心。

岭南通过南粤古驿道纳入中国统一多民族国家的历史进程，也是岭南地区以南越文化为本色，以中原汉文化为核心，又融合着楚文化、吴越文化、巴蜀文化和海外文化诸文化，最终形成“岭南文化”的过程。在“岭南文化”的形成过程中，人口迁徙特别是汉族的到来，无疑在其中起了决定性的作用①。

秦代随着岭南纳入中央王朝，中央王朝通过南粤古驿道开始有组织的进行汉文化输入。魏晋南北朝时期，“衣冠南渡”，岭南成了中原各阶层人士避难和落籍之地，这次持续了近300年的移民高潮，从多方面改变了南越文化结构和面貌，是岭南本土文化向汉文化认同和融合的重要历史时期，也是汉文化在岭南传播的第一次转机。唐代，张九龄奉旨开大庾岭梅关道后，梅关道成为广东北上的主要交通线。另外，唐代广州崛起为世界性贸

① 司徒尚纪.广州文化地理［M］.广州：广东人民出版社，1993：10.

图3　韶关南雄梅关关楼

易巨港，也是“广州通海夷道”的起点，而自隋开京杭大运河，改善了五岭南北交通，广州港腹地更扩大了，促进了物资和人口流动以及中外文化交流，岭南文化被滋润和吸收了新养分，比如流官文化、海外文化等。北宋末和南宋末，金人和元人相继南侵，大量灾民流散到相对安定的岭南。这两次移民人数多，规模大，时间长，素质高，分布广，对岭南社会经济和文化发展影响最为直接和深远。大致在宋元时期，基本形成广府、潮汕和客家三大民系，也是汉文化载体在广东的三个主要人群。

南粤古驿道与大一统国家形成及广东社会经济开发过程中诸多重大历史事件相关联，如历代人口迁徙、禅宗南传、陶瓷外传、西学东渐、开埠通商等。

人口迁徙。岭南在古代就有五次大的移民潮。第一次在先秦时期，先是吴人，后是扬越人，他们在楚人的逼迫下，翻越五岭，来到岭南。第二次在秦代，秦亡六国后，大将屠睢率50万秦军平定百越，然后驻守，秦王朝崩溃之时，其继任者赵佗和他的臣民在广东建立了南越国。第三次在魏晋南北朝时期，当时中原八王之乱，五胡乱华，十六国割据，灾难迫使北方大量名门望族和流民进入广东。第四次在北宋末和南宋末，金人和元人相继南侵，大量灾民流散到相对安定的岭南。第五次在明末清初至民国时期，主要为“下南洋”和远赴美洲（“卖猪仔”），他们从古驿道出发，抵达古港口出海口，远赴重洋。

禅宗南传。公元662年，湖北黄梅弘忍大师（禅宗五祖）传法于惠能，惠能南下广东，乾封二年（667年）正月初八日，惠能到了广州法性寺（今光孝寺），在法性寺菩提树下受戒，开辟佛教南宗，宏法岭南，称“禅宗六祖”。

瓷器外传。广州外销瓷器贸易是16世纪开始的“来料加工”和“来样加工”的生产活动，从各地通过驿道、运河输送的瓷坯在广州进行再加工，形成独特的广彩。以广州为中心，在南粤古驿道上还有许多知名的窑址，如三水洞口窑、番禺沙边窑、佛山石迳窑、中山碗迳窑、南海官窑、惠城瓦窑岭遗址、新会官冲窑和洞岩里窑址、潮州笔架山宋窑、丰顺马鞍山窑址、大埔余里窑址等。

西学东渐。西学东渐主要是指明末清初以及晚清民初两个时期，近代西方科学和思想文化向中国传播的历史过程。珠三角濒临南洋，清代广州更是全国唯一的通商口岸，方济各·沙勿略、利玛窦、马国贤等传教士先后通过海路进入中国，将西方的科学技术和思想文化带入中国，并通过南粤古驿道传入中国内地。

开埠通商。近代西方列强通过坚船利炮轰开中国国门，与中国签订不平等条约，通过开埠通商侵略中国，近代珠三角的通商口岸有香港、澳门、广州、江门、惠州、汕头等。通商口岸与南粤古驿道相结合，使整个广东甚至中国华南地区纳入近代资本主义世界市场体系内。

二、广东省南粤古驿道保护与活化利用工作的意义

广东省自 2016 年起，在全国率先开展古驿道保护利用工作，包括挖掘修复古驿道，串联沿线的历史遗存、历史文化名城名镇名村以及自然景观等资源节点，并与户外体育、乡村旅游相关联，以期促进粤东西北城乡经济互动发展，实现精准扶贫，并确定了“两年试点、五年成行、十年成网”的目标。

图 4　珠海长南径古驿道

通过两年的工作，南粤古驿道已梳理出包括古道、绿道、步道、风景道及水道在内的文化线路路径载体，建立起南粤古驿道标识系统，并聚集起体育、农业、文化、旅游、生态等不同产业发展的资源要素，8 条各具特色的古驿道示范段初具规模，保护修复工作取得显著成效，形成了良好的示范引领效应。

广东省南粤古驿道系列保护利用工作，建立在对古驿道价值深刻理解

的基础上，高点定位，理念鲜活，以具有创造性的顶层战略设计统领全局，整合各方资源，尤其为遗产促进经济社会可持续发展做出了有益的探索与示范。

广东省南粤古驿道系列保护利用工作正是建立在对古驿道价值深刻理解的基础上，高点定位，理念鲜活。在“荒烟蔓草”中发现古驿道的文化价值、生态价值、体育及教育价值，在“60%省定贫困村分布在古驿道5公里以内”的不利条件中发现古驿道对乡村振兴、产业升级的带动潜力，从而设计出具有创造性的顶层战略。

在广东省委、省政府的重视及坚强领导下，创造性地将南粤古驿道保护利用工作拓展为涵盖文物保护、生态平衡、体育健康、文化旅游、经济发展乃至精准扶贫在内的综合性项目，以古驿道保护利用工作为主线抓手，充分整合体育、农业、文化、旅游、生态等不同产业发展的资源要素，成为近年来广东省城乡发展的一股强劲动力。

图5 2017年南粤古驿道文创大赛台山站作品——留客亭

南粤古驿道2018年重点线路沿线125个省定贫困村和131个特色村是古驿道线路重点串联和文化挖掘的对象。省市各部门结合水田垦造，打造古驿道沿线特色农业景观，扶持当地培育特色农产品，申报国家地理标志商标并在恢复的古驿道集市活动中进行包装推广；同时科学配置公共服务和旅游设施，结合古驿道“驿站”选址建设，扶持特色民宿民居建设，推动当地文化旅游的发展和经济社会进步。

图6　南粤古驿道文创大赛优秀作品展

种种结合古驿道“精准扶贫”的创造性举措，使得南粤古驿道不仅是一条串联沿线历史遗存及自然景观资源、展现岭南历史文化和地域风貌的文明传承之路，也是一条推动广东户外体育、乡村旅游的健康之路，一条促进粤东西北城乡经济互动发展、实现精准扶贫的经济之路，为遗产对经济社会的可持续发展做出了有益的探索与示范。

广东省南粤古驿道系列保护利用工作有效整合多部门、多层级，建立起一套高效实干、责权明晰、统分结合的保护管理机制，充分体现道路自信、制度自信，为探索符合中国国情的文化遗产保护利用之路做出了具有启发性和借鉴意义的实践。

量大、面广、级别不高，是中国文化遗产的主要特点，文化线路型遗产尤其如此。如何切实有效地保护散落在区域中的遗产、实现遗产的可持续发展，也是南粤古驿道保护利用工作面临的一大考验。

在实际工作中，广东省建立起一套高效实干、责权明晰、统分结合的保护管理机制，充分发挥制度优势，为探索符合中国国情的文化遗产保护利用之路做出了具有启发性和借鉴意义的实践。

省统筹指导，多部门联合。在广东省委、省政府的重视及坚强领导下，省级层面，由省住房和城乡建设厅牵头，负责统筹协调、与省直相关部门定期协商，指导和监督全省古驿道文化线路工作；省文化厅、文物局、档案局、方志办负责组织各地市开展南粤古驿道沿线文化遗产的普查、收集和整理，制定保护与利用标准指引等；省体育局负责组织和策划古驿道文化线路体育赛事、完善社区体育设施等工作；省农委办公室负责研究制定线路沿线农村人居环境综合整治和精准扶贫等政策和提供资金扶持；省发改委负责提供南粤古驿道文化线路的规划建设资金扶持；省旅游局负责开发文化旅游线路，制定文化线路旅游相关政策；省地质局负责古驿道沿线地质灾害调查与评估；省国土厅负责古驿道沿线地质灾害防治、水田垦造工作；省交通厅负责完善古驿道文化线路交通接驳设施，提高线路可达性；省环保厅负责制定线路沿线生态环境的保护和修复政策，开展黑臭水体整治等工作；省水利厅、农业厅、林业厅负责制定线路沿线生态环境的保护和修复政策，开展黑臭水体整治等工作。十多个省直部门主动作为，以强大的执行力和实干精神，积极调动资源，综合施策，合力攻坚，确保南粤古驿道保护利用工作有序推进。

动态、系统的南粤古驿道文化线路综合规划引领。为了规范各地区各部门南粤古驿道保护利用工作，在省级层面编制了《广东省南粤古驿道线路保护与利用总体规划》印发各地，为各地开展南粤古驿道线路规划建设提供总体框架和重要指引，同时省级层面还颁布了《古驿道保护与修复指引》《古驿道标识系统设计指引》《古驿道综合调查研究》《古驿道示范段建设标准研究》《古驿道管理和维护机制研究》《古驿道房车营地规划建设指引》等，从各个角度规范各地古驿道保护利用工作。在各县市层面，要求编制区域内南粤古驿道专项规划并配套政策指引，细化实施工作。要求各示范段编制示范段详细规划，严格进行古建修复工程，引导景观建筑设计。

统分结合，权责明晰，专家把关，责任到人。在严格规范各项工作标准的同时，充分信任地方，赋予地方较大主动权，调动地方工作积极性，如在普查申报及重点项目申请中均以地方为主体，由地方主动申报、申请，项目资金经过审核后下拨地方，由地方负责组织具体工作。省直部门则按照已经公布的各项规划及政策对地方工作进行监督、督导，及时纠偏并提供必要的技术指导和政策指引。对于重点段落及重点项目，作为牵头单位的省住房和城乡建设厅还专门成立由较高级别人员组成的督导组，一对一进行督导，责任到人。省住建厅、文化厅、旅游局邀请国内历史、考古、文化、旅游等相关领域知名专家，成立南粤古驿道历史遗存修缮指导委员会，积极联系调动各方专业技术力量，指导南粤古驿道重点线路历史遗存修缮工作，把关重点项目技术质量，随时进行工作咨询，确保南粤古驿道保护利用项目的高品质。

试点先行，示范段树立典范，逐年推进。按照段落类型和文化主题的不同选择8处示范段，集中优势技术力量，优先推进保护利用，这8处示范段分别为体现寻根文化、宦游文化、军事文化的南雄梅关古道，体现古代军事文化、邮驿文化的乳源西京古道，体现客家文化、红色文化的饶平西片古道，体现家族迁徙文化、历史名人文化的从化钱岗古道，体现东学西渐文化、近现代革命文化的珠海香山古道，体现海丝文化的云浮郁南南江古水道，体现侨乡文化、银信文化的台山海口埠古驿道，以及体现侨批文化、海洋商贸文化的汕头樟林古港驿道。通过8处各有特色、有代表性的示范段建设，树立保护利用典范，逐年推进古驿道工作成型、成片、成网。

图7 经过修复改造后的汕头西堤侨批公园

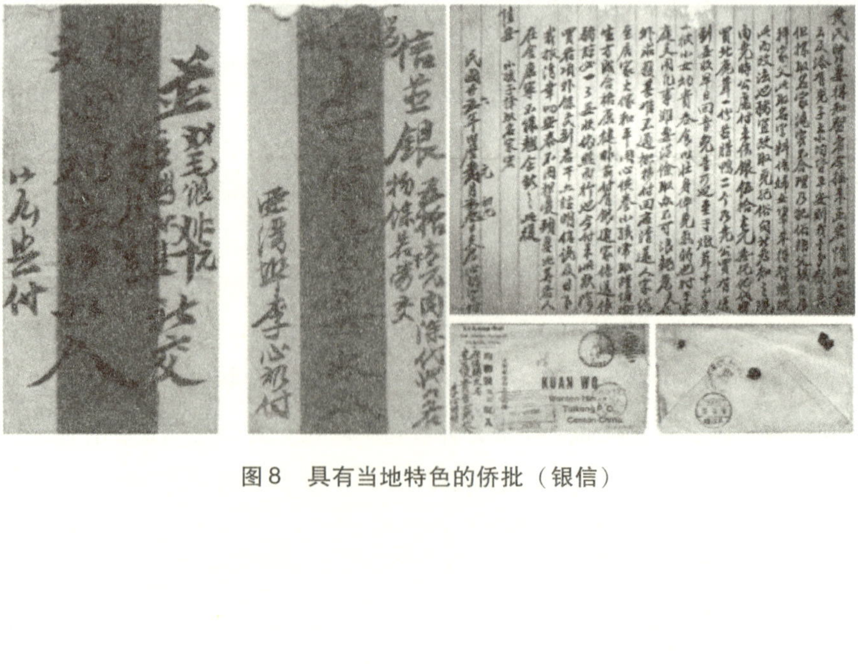

图8 具有当地特色的侨批（银信）

图 9　台山海口埠的银信纪念广场

广东省南粤古驿道系列保护利用工作在推行过程中，通过大量品牌活动唤醒公众及社区对共同历史的记忆，调动起广泛参与热情，实现遗产的社会价值，在省内形成一股强劲的“古驿道热”“传统文化热”“历史文化热”，真正使遗产“活”了起来，提升，文化自觉，坚定，文化自信。

古驿道系列工作在推行中，贯穿以人为本、可持续发展的理念，通过大量品牌活动调动公众参与热情，唤醒公众及社区对共同历史文化的记忆；引入“文化 +”的活化利用模式，将体育、农业、旅游与古驿道相结合，面向当代生活，为沿线欠发达的古镇古村注入新动能，实现精准扶贫；同时鼓励社会各界参与古驿道文化遗产保护，通过新技术手段，结合教育、宣传等，推动文化复兴，树立文化自信，充分实现了遗产的社会价值。

发展古驿道户外体育运动。有效整合古驿道沿线路径及运动场地，如休闲步道、登山道、绿道、古村、公园、景区等，积极开发康体健身、生态休闲、户外运动等类型的体育活动。2016—2017 年，广东省在古驿道沿线传统村落共举办 18 站“南粤古驿道定向大赛”，在社会上尤其是年轻人中间掀起一股“南粤古驿道热”，其他品牌性体育活动还包括南粤第一峰铁人三项、穿越丹霞、古驿道骑行赛、古水道划船赛等。

图 10　古驿道上再响起马蹄声

带动沿线古村镇旅游发展。各示范段积极出台了古驿道主题游线，启动专线巴士，助力文化旅游。活跃的体育赛事和丰富多彩的文化旅游使得古道原本被历史“遗忘”的村落热闹了起来，带动了社区文化的复兴和当地经济发展。

多渠道实现公众参与，使遗产面向公众，真正“活起来”。早在古驿道普查阶段，相关部门已经开始鼓励收集整理沿线村庄历史上的村规民约、姓氏族谱、民风民俗等，策划多样古驿道文化展示，留住村落文明印记，在民间掀起了一股“驿道文化热”；组织“寻访侨批银信后人”活动，广泛收集侨批、立卡建档，活动引起海内外粤籍华侨的热烈反响；有针对性

图 11　游客在古驿道上游览

的组织古驿道主题节庆，推动地域文化发展，恢复传统民俗和相关文化活动；组织南粤古驿道文化创意大赛，推动古驿道音乐活化利用，建立传统文化创新性转换利用传承平台；针对青少年开发古驿道研学产品和假期实践活动，将依托古驿道的“艺道游学”活动打造成为青少年学习传统南粤文化和促进乡村发展的品牌活动；充分发挥“三师”志愿者委员会的作用，促进沿线村庄传统文化复兴及社会经济发展；建设南粤古驿道网、公众号、APP，及时共享发布信息，增强古驿道“电子地图”使用功能，保证古驿道和周边遗址在地图上的准确性，即时为广大户外运动爱好者提供良好的路线指引。

图 12　古驿道周边村民自发清理、维护古驿道

图 13　南粤古驿道沿线——郁南县连滩镇兰寨村的传统民俗活动

图 14　省“三师”专业志愿者调研古驿道周边村落

广东省南粤古驿道系列保护利用工作，是国家遗产线路实践路径的宝贵探索，主动作为，真抓实干，为区域性、线性等复杂大型遗产的保护利用提供了极具参考价值的方法示范，对于保护国家文化遗产、实现国家文化复兴具有突出的示范意义。

作为文化线路的南粤古驿道不仅是简单的交通线路遗存，也是跨越较长时期民族、国家、地区间多维、持续、互惠的货物、思想、知识和价值观交流的重要见证，对于中国统一多民族国家的形成及广东自身历史发展进程都具有非凡的意义。经由古驿道产生的历史事件、发生的政治经济文化往来，到访过古驿道的重要历史人物，都是中国国家历史记忆的重要组成部分。

而另一方面，文化线路型遗产点多、面广，多数遗存现状不佳，周边可达性差，地区经济较为贫困，且其保护利用涉及文物、城乡建设、生态环境、文化旅游等多个领域，协调统筹难度大，往往在实际工作中很难实现有效保护和利用。在国家层面，目前尚未形成有效的文化线路遗产保护政策机制与成熟的利用范式。

广东省南粤古驿道系列保护利用工作，在价值认知、遗产梳理、顶层设计、组织管理、分工协调、保护修复、活化利用、活动设置、品牌推广、公众参与等方方面面都为国家广泛存在的区域性、线性复杂大型遗产的保护利用提供了极具参考价值的方法示范，尤其在遗产与经济社会结合促进可持续发展、以线性遗产串联激活区域各类资源方面具有突出的亮点。

尤其难能可贵的是，南粤古驿道保护利用工作是广东省发扬“敢为人先、务实进取、开放兼容、敬业奉献”精神的一次主动作为，全省上下踏实奋进，真抓实干，在短短几年时间里取得了丰硕的成绩，使得南粤古驿道成为广东省全民共识的精神标识，发挥文物资源在传承中华优秀传统文化、弘扬社会主义核心价值观、推动中华文化走出去、促进地区经济发展、提高国民素质和社会文明程度方面的重要作用，提升文物事业的社会影响力，让文物保护成果更多惠及人民群众，对于保护国家文化遗产、实现国家文化复兴具有突出的示范意义。

远芳侵古道，晴翠接荒城

——西京古道的价值特色和保护利用

曹　劲[①]

（广东省文物考古研究所）

摘　要：历史悠久的西京古道一直是沟通中原与岭南的要道。东汉建武十五年（公元39年）桂阳郡太守凿山通路，“上通三楚，下达百粤”。时光流逝，岁月无情，如今它已半湮没在粤赣、粤湘边的大山深处。全力维护其原真性，最小干预，方能维系山野之美、残迹之美，突显古之幽情。恢复村民“石阶除道”的民俗，保证古驿道的日常修葺及维护，在保护与展示之间取得平衡，让古道与城乡生活紧密连接。

关键词：西京古道；价值特色；保护利用

长亭外，古道边，芳草碧连天。饱经岁月沧桑的古道总是让人泛起离愁，感慨叹息。位于韶关乳源的西京古道便是这样一条千年古驿道（图1）。

一、古道历史和文物构成

“飒乃凿山通道五百余里，列亭传、置邮驿。”东汉建武十五年（公元39年），桂阳郡（今湖南郴州）太守卫飒奏准朝廷，在南岭的崇山峻岭中开凿了一条自今广东英德浛洸经乳源至湖南宜章全程250多公里的道路，

---

① 作者简介：曹劲（1969—），安徽芜湖人。建筑学博士，研究馆员。广东省文物考古研究所所长，广东省文物保护专家委员会秘书长。中国古迹遗址保护协会理事，中国考古学会理事，中国百越民族史研究会常务理事。

此路接骑田岭道而通往中原、通往西京（今西安），谓之“西京路”，后人称“西京古道”。

在梅关古道尚未开通之前，西京古道是南北交通一条非常重要的道路。清屈大均《广东新语》载：“初梅岭未开，小岭（指乳源的腊岭）为西京孔道。”梅关古道开通后，作为南北交往的商道，西京古道亦一直被使用，故唐、明、清三代均有重修记录。

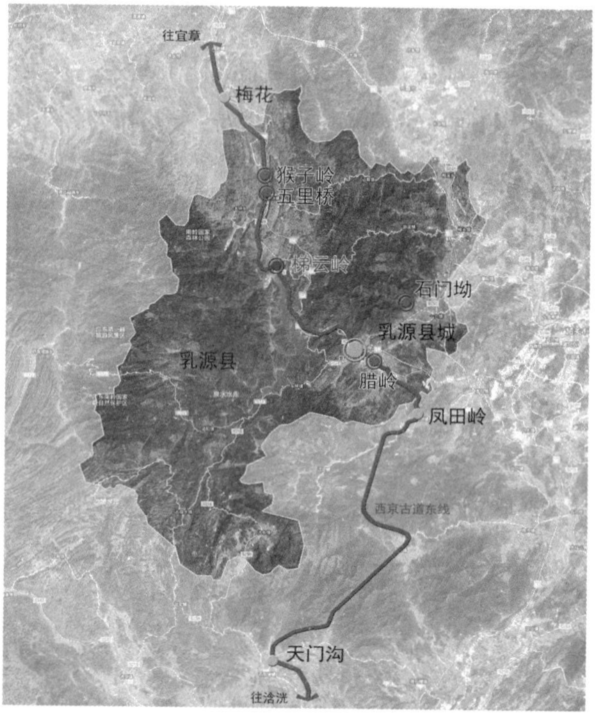

图1　西京古道

西京古道沟通了中原与岭南的联系。“上通三楚，下达百粤”，中原文化的影响加速了岭南山区的开发和繁荣。自其开凿至今，两千年的漫长岁月里，经历无数次毁坏和重修，遗存至今的已为数不多。尚存所见于广东省韶关市乳源瑶族自治县大桥镇的古道，分布在石角塘、大桥、红云等村，其中较为完整的有梯云岭段约3公里，猴子岭段约2.5公里的石筑路面，包括两千年前凿山开道的石级路面、明清时期重修的凉亭驿站遗址等。2012 年 10 月 20 日，西京古道，含梯云岭路段、猴子岭路段、红云仰止亭，被公布为第七批广东省文物保护单位。

梯云岭路段长约 3 公里，据碑文记载，曾于清康熙元年（1662 年）、清乾隆五年（1740 年）、清乾隆四十七年（1782 年）进行修缮和重修，本路段超过三分之二的路面为青石板路面；另有长约 200 多米的云梯石级路面两处，系凿开山体成石阶梯而成。

图 2　梯云岭亭

位于梯云岭路段中段位置的梯云岭亭（图 2），建于清乾隆二十一年（1756 年），为拱券结构、亭顶覆土的桥式亭，面宽 5 米，进深 7.5 米，内空高 4 米，两端开拱券门，门宽 2 米，高 3 米，亭内用青石板镶铺，四边摆放条石，供路人休息小坐。北门两边行书阴刻碑联“挑负宜息肩，何妨濡滞停步脚；来往当思路，切莫蹉跎误前程”，亭内尚存建亭修路碑各一块。

两处无祀石碑。无祀碑是地方善信为过往行人遭遇不测而死亡者立的祭祀碑，每年农历四月初八日，当地人会到无祀碑前焚香烧纸，施茶上供以祭祀。始建年代不详，保存基本完好。芦竹石桥，始建年代不详，原有四块并排石桥板，现在仅余两块。

梯云岭茶亭遗址，在梯云岭半山腰处，即梯云岭亭南面路边，房屋已毁，仅存残墙断壁。依残墙可辨出原茶亭分3间，每间面宽4米，3间共12米，进深均6米，建筑面积约70多平方米。邮亭遗址，在梯云岭亭北面约1公里古道边，遗址面积约400平方米，荆棘丛中的石砌墙基横竖错杂，最长一道20多米，最高处约高出地面五六十厘米。

猴子岭路段长约1.5公里，由于岁月久远，青石板路面的残损情况不一，部分石板风化、断裂或位移。

猴子岭巅有心韩亭（图3），建于清乾隆十八年（1753年），用长方形石块垒砌，穿斗屋架，双坡顶瓦屋面，面阔一间4.1米，进深三间7.2米，于山墙面开门，立面筑五山马头墙，顶置葫芦饰。亭内保存有石碑3块。

石碑两处，年代不详，分别位于古驿道中段和东段。石桥两处，分别位于古驿道东段的两个位置，保存基本完好，有一石桥板端部断裂。

红云仰止亭（图4），建于清同治十一年（1872年），通道式凉亭，用长方形石块垒砌，穿斗屋架，双坡顶瓦屋面，面阔一间5.45米，进深三间7.85米，于山墙面开门，立面筑五山马头墙。亭中存石碑2块，保存较好。

此外，西京古道沿途还保留了一项非常特别的民俗“石阶除道”。为了保障西京路的长久畅通和行走方便，沿途百姓按古代遵月令而授民事之古制，依据“九月除道，十月成梁”之习俗，由“缘首”（民间热心人士）组织，凿山取石，在未铺石的泥路或已损坏路段用青石铺垫形成“石阶路”，“西京古道石阶除道”由此产生，相沿成俗沿袭至今。在乳源大桥镇歇凉坳的清乾隆五十五年（1790年）《重修路碑》载：“闻之《夏令》曰‘九月除道’，

图3　心韩亭

图4　红云仰止亭

《孟子》曰‘十一月徒杠’，成则，知修道治途由来尚矣。”“石阶除道下九月”成为人们的习惯和自觉行为，是活态传承的珍贵非物质文化遗产（图5）。

图5 西京石阶除道

二、西京古道的价值特色

西京古道（乳源段）是乳源瑶族自治县境内现存古驿道中年代最早、保存较为完整的古驿道，也是南粤古驿道的重要组成部分。它较早地为岭南传输了中原文化，促进了当地的民族融合和社会经济发展。正如德国学者弗雷·奥托所指出的，人类社会村落的发展是随着道路的开拓不断蔓延生长的，交通影响力在聚落生长的过程中具有重要作用[①]。驿道商贸带来人员的流动和地区的开发，“曲江诸县凿山通道以后，远离县治的偏僻地方也出现了新的村落和农田”[②]。一些山隘偏道甚至出现了墟市，《嘉庆重修一统志》卷四百四十四《韶州府》记载：乳源县管埠市“在乳源县西北一百五十里。武阳镇东，水陆通郴桂，商居杂居，市井最盛”。

从更广阔的视野来看，正如中国古迹遗址理事会所评价的；“南粤古驿道不仅是广东省内各区域与民系间人员、货物、信息往来，保持密切政治、经济、文化交流与联系的重要交通孔道，也向南北两个方向延伸：它一头穿越南岭北联长江流域、中原腹地，进而借由京杭大运河沟通整个北方地区；另一头南行放洋出海，通过海上丝绸之路与东南亚、南亚乃至西亚、北非等海外诸国、诸文明发生持续的文化交流与沟通。”西京古道正是这一孔道上的重要环节，是连接海陆丝绸之路的对接通道，从岭南百越地区直达西安（汉长安），具有重要的历史价值。

时光流逝，岁月无情，这样一条道路，如今已半湮没在粤赣、粤湘边的大山深处。层层石阶，蜿蜒北上，断碑残垣、萋萋荒草，无不引人遐思。驻足心韩亭、官止亭，这名字仿佛已在提醒我们，曾有多少被贬的官员心怀郁郁踯躅南下；仰望梯云峻岭，亦不禁揣想曾有多少意气风发的书生怀揣满腹经纶赴京赶考；沿途字迹湮灭的碑刻，又记述过多少商贾如云，货物如雨，昼夜寒暑，往来不歇。

“远芳侵古道，晴翠接荒城。”可以说，山野之美、残迹之美和古之幽情，正是西京古道最具特色的价值所在。

---

① 奥托．占据与连接［M］．武凤文、戴俭，译．北京：中国建筑工业出版社，2012：83.

② 蒋祖缘，方志钦．简明广东史［M］．广州：广东人民出版社，1987：79.

三、西京古道的保护与利用

对这样一条古道，全力维护其真实性，维系时光之美，突出大地美学，是保护与利用的基本原则。

(一) 对古道及其环境的完整性保护

蜿蜒于山野之间的古道，与其依存的环境共同构成了青山如黛、芳草萋萋的空间美学意向，对古道的完整性保护，应包含历史环境。

作为特殊的线性遗产，古代道路总是与地形地势融为一体。西京古道路途险峻，梯云岭古人称为“万仞梯云之山”，并有“上出云霄，拾级而登如蹑梯”的记述，“层山叠嶂，若登梯然”，梯云岭便是因此而名。猴子岭更为险峻，山坡陡峭壁立，有碑记载：“其望壁立直上，崎岖最难行者，则俗所乎猴子岭也，行者常苦其险且峻。”层峦叠嶂和千百年来流传的相关记载与传说都是文物信息中不可忽略的构成部分。

为此，我们在西京古道保护规划中提出了调整保护区划的要求。根据现场勘查核实，原保护区划仅能满足道路本体的保护与管理需求，但对于其所处自然环境和历史环境还关注不足，调整后的区划将古驿道所处的“两山之间，山石密布”的自然历史环境划入两线范围（保护范围和建设控制地带），明确了山形水系都属于文物文化资源的历史环境，应该严格保护不得破坏或者随意改变（图6）。

(二) 赋予遗迹以新的功能、记忆及生命

提倡基于真实性的废墟美学，对这样一条古道，应最小干预，忌画蛇添足，忌过度设计，忌承载过大。现存路面总体较好，针对部分青石板断裂、路石缺失的病害，还能继续使用的应尽量修补完整，无法修补的，可按照传统方式就地取材，原尺寸替换；芦竹石桥缺失的两块青石桥面，用相同材质补齐。

梯云岭茶亭遗址（图7）也许会成为这条古道上最别致的景观。在保护规划中提出，应对残余墙体做悉心的清理和加固，去除蔓延的杂草，使

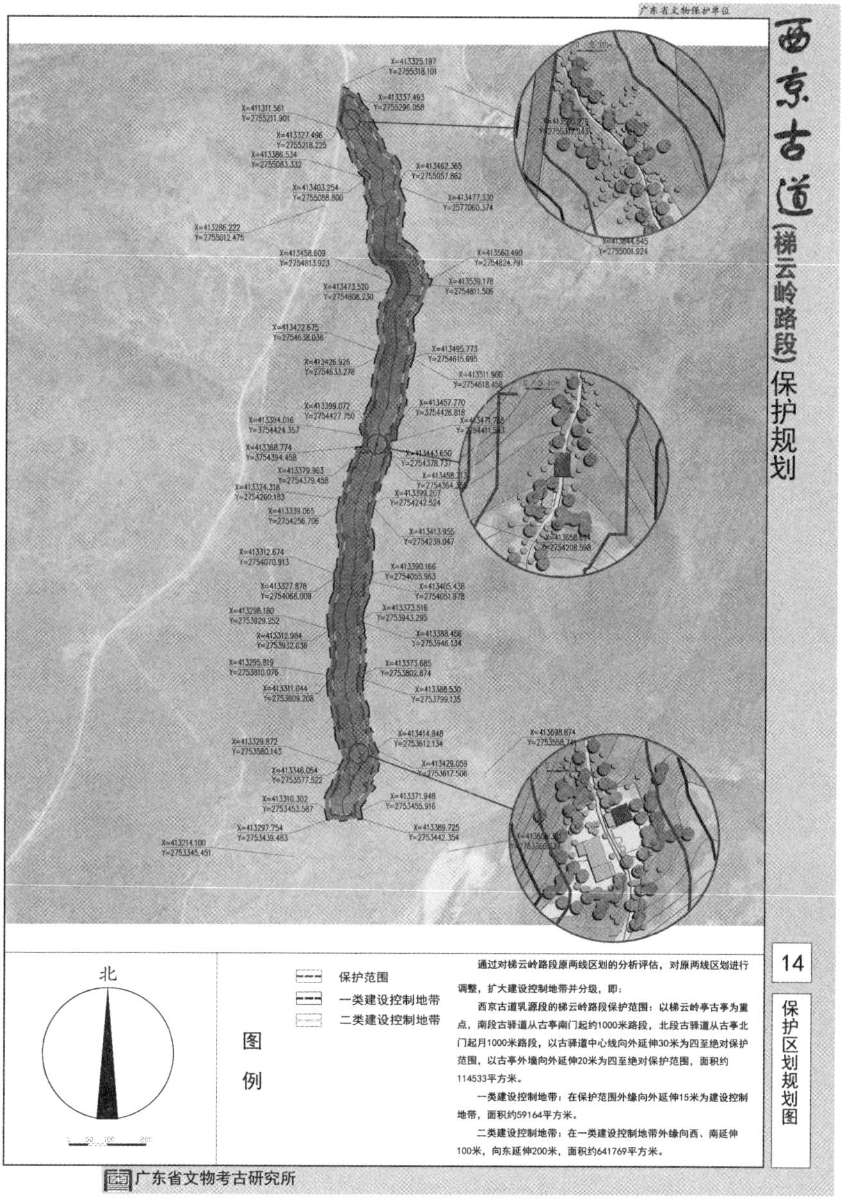

图6　西京古道（梯云岭路段）保护规划

之完整地呈现出来，但不必复原原有建筑，这正是对时光流逝、岁月无情最好的诠释。考虑到遗址的安全和展示的需要，在遗址上采用独立轻质结构来围护，风格简洁，不触及本体；同时考虑到它的位置与面积适宜，可以活化建设成为一处补给点，提供休憩补给服务。古道遗迹的使用和利用，意味着将它沉浸于现代生活当中，赋予它新的使用功能、记忆以及生命。创造一个更加舒适的空间，一方面可以更好地保护和展示遗址，帮助人们去了解古驿道和它的历史，另一方面可以为本地人出行、观光客漫游和运动员徒步提供必要的休憩、补给之所，这恰是古老茶亭的传统功能以另一种方式延续。

图7 梯云岭茶亭遗址

已经消失的邮亭驿站遗址，面积较大，建议对石砌墙基进行清理和加固，原址保存，并设立遗址说明碑进行标记，传达其历史信息。

(三) 保护与展示之间取得平衡

为满足展示和利用，适度的建设是必要的。可以根据实际情况增设必要的服务设施，如运动员驿站、更衣室、卫生间等。然而对于西京古道这样一条充满山野之美和古之幽情的驿道来说，需要审慎地选择建设地点，控制建设规模。新建以及改建的建筑设施，不宜过于突出其建筑的形态，建议采用自然简朴的材料以及建构方式使之能够更好地融入大山大水的自然环境中。

要尊重当地的、传统的知识。优先考虑易用的、低成本的技术，这样易于实现保护工作的协同标准化与简化，是可持续观念的体现；在尽量采取乡土材料、本地做法的前提下，为满足现代使用功能，隐蔽部位可以采取新材料新技术，如在坡面屋顶瓦片下铺设石棉瓦以防漏水等。尊重在地文化传统，扎根于历史背景，以当代智慧做文化景观的地方营造。

(四) 让古道与城乡生活紧密连接

西京古道的开通伴随着村落、商埠的生长和蔓延，促进了文明的交流融合与落地生根，它曾经是在地生活中如此重要、不可或缺的角色，却又因现代交通体系的兴起而沉寂。今天的种种保护与利用，都是为激发其内在活力，再次融入当下的社会生活。

包括但不限于：举办富有活力的时尚户外运动如古驿道越野寻标比赛、古驿道徒步计程赛等，与绿道建设相结合，拓展旅游；利用梯云岭、猴子岭路段邻近自然村里的老屋进行服务设施配套和活化，助力精准扶贫；充分利用当地非物质文化遗产、特色农产品开展传统文化展示活动。这其中，一方面是城市人的体验如何满足，另一方面是乡村人的经验如何传承。

“对文化遗产真实的、身历其境的整体式体验是通过旅游进行跨文化交流的关键性内容”①，《佛罗伦萨宣言（2014）》明确地将旅游同诠释并置为阐明和展示文化遗产的意义与价值的方法，提倡通过旅游和诠释，人们增进理解、相互包容，从而积极地分享与体验社群认同。古道蜿蜒，芳草萋萋，山情野趣为城市人提供了优质的文化和生态产品，让城市人走入乡村，感受时空之美，领略乡村的自然和传统魅力。

---

① 《关于作为人类价值的遗产与景观的佛罗伦萨宣言（2014）》，国际古迹遗址理事会，佛罗伦萨，2014 年 12 月 14 日。

建立古驿道的管理维护机制，通过恢复村民习俗或组织志愿者等形式，保证古驿道的日常修葺及维护。西京古道周边地区从古至今一直有“石阶除道”的习俗，所谓“众人众事”，人人担当，也正因为如此独特的传统习俗代代相传，西京古道一直保存较完整。可以说，保护好这一传统习俗，就保证了西京古道的长久维护；而这一过程同时也可视作开放式的文物修复方式，可以展示给公众，除了在地工匠、村民的积极参与，也引导当地的政府、居民和学生等民间力量，参与这一地方营造智慧的积累、传承，从而让整个驿道遗迹无论从历史上还是情感上都与当地融为一体。

参考文献

[1] 许化鹏. 西京古道行 [M]. 广州：广州出版社，2011.

[2] 蒋祖缘，方志钦. 简明广东史 [M]. 广州：广东人民出版社，1987.

19世纪外销画境的文化记忆与景观建构

王少斌[①]

（广东财经大学艺术学院）

摘　要：极具特色的岭南传统古村落主要聚集在珠江三角洲地区，也是中国经济高速发展最具活力的地区之一。近年来，大面积的城市开发和大规模的旧城改造，使得岭南传统村落风貌渐渐消失，这种情况在珠江三角洲地区已是普遍现象。通过外销画中表现广州口岸题材的绘画来研究、考证当时的风貌，探讨在现代景观规划设计中如何延续岭南文化的基因和在快速城市化发展中正确处理传统村落开发与保护的关系，并在广州黄埔古港口与村落的详细规划设计中进行设计实践，提出了“画境再现与记忆”的概念，根据岭南历史文化遗迹状况设想了如何对现存和记忆中历史形象片断进行分解、重组，从而达到再现与重构的目标。

关键词：海上丝绸之路与古港口岸；外销画；历史记忆的延续；传承与再生

广州开海贸易后，西人通过图画让他们的家人和朋友了解这个东方国家的风光与民俗，促成了当地批量绘制图画的做法的产生。这些图画是中国画师采用西方绘画技术、绘画材料绘制而成，并远销欧洲和美国，1949年以后的美术史家将这类绘画称之为“外销画”。其品种有油画、玻璃画、水彩画、水粉画等，题材很多，描绘和表现了18、19世纪的历史风貌。外销画家虽然身份低微，进入不了文人的视野，没有形成艺术史上有独立生命力的画派，但其记录古代城市历史风貌留下的丰富图像资料，特别是表

① 作者简介：王少斌，教授，广东财经大学艺术学院副院长。

现羊城风物的图像资料，由于其对广州 18、19 世纪口岸文化形态和当时的建筑、景观形象而直观地描绘而颇受学界重视，并对当下研究岭南文化元素在现代城市设计中的承传和运用有一定的启示作用。

一、外销画中的黄埔口岸风貌

（一）古港的历史渊源

广州黄埔古港是明清广州港的重要组成部分，是清代以来广州海上丝绸之路的必经港口。在研究黄埔古港时必须提及十三行的历史文化。广东十三行开始设于康熙二十五年（1686 年），广东巡抚李士桢会同两广总督、粤海关监督，商定将经营国内沿海贸易的“金丝行”与从事进出口贸易的“洋货行”分开，税收区别对待，明确规定洋货行专营对外贸易，简称洋行，习惯上称为十三行。“十三行”包含三层含义：一是指清代特许经营外的半官商性质的中国行商洋行；二是指十三家外国商馆；三是指大清帝国对外开放的“门缝”——十三行商埠所在。黄埔古港就是当时十三行的大宗货运港口，属于十三行历史文化遗址的大区范围。广东在海上丝绸之路的历史上具有特殊、重要的地位，在世界新航线开辟后，广州口岸在中西交往中的地位蒸蒸日上，1757 年清朝政府限定广州一口通商之后，广州在其后的一个世纪中，成为西方与中国贸易、了解中国的唯一通道和口岸，是历史上资格最老、历代相传、唯一长盛不衰的对外贸易港口。而作为广州对外贸易的口岸，黄埔村逐步发展成为广州对外贸易的外港。尤其是康熙二十四年（1685 年），清政府在广州设置粤海关，并在黄埔村南边的酱园码头设立黄埔挂号口后，黄埔村就成为中外贸易的必经之地和对外国商船征收关税之所。设置于黄埔村范围的挂号口，简称黄埔口，是粤海关省城（广州）大关下属的一个税口，负担着管理广州对外贸易的众多职能，并见证了广州海上丝绸之路的繁荣。

(二) 黄埔古港的区位及周边情况

黄埔古港的港口口岸位于广州市海珠区，北临新港东路，南隔黄埔涌与仑头相望，西临东环高速公路，东隔珠江与长洲、深井相望。规划面积约5.63公顷，是黄埔古港景观骨架重要组成部分。海珠区是广州市唯一的岛区，四面环水，与荔湾、越秀、东山、天河、黄埔、芳村、番禺各区隔江相邻，江岸线长达47.35公里，呈“山水城市”的格局。

(三) 黄埔古港的绘画作品

广州口岸绘画是外销画的重要组成部分，从18世纪中期开始到19世纪中期，出现了一系列描绘广州口岸图和十三行商馆区图的外销画，它们多以港口风光为背景，并描绘各色船舶、锚地、水道等。这些外销画反映了当时行商包办珠江船运的情况和十三行的建筑、景观和当时的社会文化风貌，现存的外销画所描绘的十三行的文化景观，为我们研究当时风景和人文景象提供了丰富的图像资料。英国人詹姆斯·华生在其游记中留下了对黄埔风光的美丽回忆并用油画表现了下来，文字和画面详细记录和表现了当时黄埔港的地形地貌和建筑景观。其中，煜呱所绘的《黄埔帆影》以娴熟的写实绘画技法表现了黄埔口岸的自然景观和建筑，画中视点应在长洲山顶，由黄埔村码头远眺琶洲塔，山峦雄伟绵延不绝，水道宽阔深远，云集的往来商船反映了当时对外贸易的繁荣景象，远处的夷馆建筑依稀可见，是一幅典型的黄埔风光图。其形式既采用了中国山水卷轴画突破视觉经验和空间限制的特点，又有明显西方绘画的透视方法和光影气氛的表现，把港口的地理特点和珠江沿岸的迷人风光展现于画卷之中，体现了黄埔风光在西方人眼里的吸引力（图1）。画境唤起我们对当时夷商往来和港口风貌的记忆，为我们在古港的规划设计再现当时黄埔风光的迷人风貌中提供丰富、具体的图像资料和设计佐证。

图1　黄埔古港的外销画作品

二、黄埔古港的现状与外销画境的差异

城市总是处于不断的发生、发展、变幻之中。城市形态的动态性表明城市永远没有一种完成的形态，总是随着历史的发展不断变幻，是形态历史和现实矛盾演变的结果。黄埔古港现有形态正是体现了这种历史和现实矛盾的演变。口岸位于黄埔古村村口南面，全村依水而建，具有中国古城镇的典型特征。但是，随着历史的演变，黄埔古村落已不复当年外销画境中商船如梭的繁盛景象，也不见画境中掩映于田野山峦中的官员府邸及错落于珠三角平原上的村庄和丛林，取而代之的是村民自建的厂房和具有工业文明特点的高压电网和琶洲的现代建筑。古码头作为古港遗址的价值，多年来因认识不足，不受重视而遭到较为严重的破坏，至今村民仍违章建设和施工，破坏了遗址的整体布局。古村内则是无规划的自建房与一些局部保留下来的古建筑混居而成，在黄埔古村里游走，不太能感受到作为岭南古村落应有的文化气息。所幸的是，黄埔古村虽然没能完全逃脱历史变

迁带来的破坏，但有幸保留下不少历史文化的遗迹、遗存。至今村里仍保留着昔日城镇的坊、街、里、巷的名称，港口城市的痕迹依稀可辨。目前较有价值的遗址遗物主要有：古码头遗址与贸易街、祠堂、民居等。全村原有大小祠堂30多座，现保存有16座，著名的有晃亭梁公祠、化隆冯公祠、罗氏宗祠、胡氏宗祠和有99个门的冯氏宗祠。祠堂建筑极具岭南特色，结构宏阔、装饰考究，各种砖雕、石雕、木雕栩栩如生。从单体建筑上看去，展现了浓郁的“康乾盛世”的遗风。

三、古港的景观规划设计构想

美国学者J. H. 斯图尔德最早提出的文化生态学概念，对设计实践起了重要的指导作用。他主张从人、自然、社会、文化的各种变量的交互作用中研究文化产生、发展的规律，用以寻求不同民族文化发展的特殊形貌和模式。文化生态学认为，人类对环境的利用与影响是通过文化的作用而实现的，人类的文化越发达，人对环境的利用越广泛，其影响也就越大越深入，文化生态系统内部各种文化要素与自然环境之间有着固有的联系，系统内部有着独特的物质和信息流及系统的反馈调控机制。因此，作为广州市海珠区重要旅游产品的黄埔古港区域在开发中应该遵循文化生态学原则，要有利于文化生态系统的稳定和良性发展，要实现旅游者与旅游地的和谐共处。

（一）文化生态与地域性文化资源的可持续性发展

地域文化的保护与开发是一项系统工程，需要遵循文化演变规律及发展生态旅游标准来进行文化嫁接和文化保护，其中物质性文化生态资源需要防止自然侵蚀和人为破坏，地域文化需要继承发展。文化并非“打造”出来，而是由岁月的积淀而成。城市魅力的标准首先不是规模，而是保持其文化特色的程度。

（二）历史基因的继承和嬗变

在本文的规划设计中，首先是充分挖掘历史文化传统的内涵，先恢复历史记忆，再从旅游项目开发、发展地方经济的角度出发，对规划用地功能进行调整。把历史地段解构成一个个基本组成部分，再把他们自由地组合起来，使空间与空间之间、形式与形式之间产生一种动态的、流动的、彼此相关的建筑，并形成如下的设计体系：

首先，功能上的再生。当年古港码头所承载的历史使命已经消失，繁华的丝绸之路已在19世纪20年代后渐渐上海所取代。因此黄埔港已不再是当年辉煌的口岸，但画境中留下的景象却永远保留着当年的盛景，恢复画境中的风貌让记忆得以延续，是规划设计的主要构想。设计确定了以水系的治理为契入点，复兴“港”的功能，如码头、交通枢纽、传统街区、交易、客栈、餐饮等。其次，连接。连接广州水路和陆路旅游沿线，丰富广州城市旅游线并为古港创造更良好的社会效益、经济效益环境；古港的用地功能既具备完整的旅游功能，又是黄埔村景观序列的开端兼具黄埔村旅游线路的配套设施；开发古港二期规划的旅游观光功能，并与一期规划有机相联，形成整体的游览空间序列。再次，因借。水，因借南、东南水景。场地南靠黄埔涌，东南珠江流域清晰可见，可借景入园。然后，肌理。水纹肌理，从区域水系肌理、岭南画派山水画轴中提取设计元素。最后，主题。19世纪海洋文化与现代文明相交融。古港古村的改造设计不是做假古董式的仿古环境，而是在现代文明中体验、回忆19世纪中西交汇的广州口岸特色。

（三）延续岭南传统建筑特色的建筑风格

设计目的在于形成既具配套功能又能反映岭南建筑特色的精致建筑群，同时扩大黄埔涌的滨水开敞空间，形成真正为游客和当地居民服务的亲水休闲广场。开展堤岸生态修复、水道疏浚、亲水平台、游船码头、旅游配套设施、绿化升级改造等工程，开发古港二期规划的旅游观光功能，重新打造出岭南水乡古水道风貌，与一期规划有机相联，形成整体的游览空间序列。并以景点布置突出主题、空间逻辑，构成一个开放性的系统，使黄埔古港成为“堤固、岸绿、水秀、景美”的休闲地带，特别在建筑风格的构想中要求实现岭南文化的三个特点：其一，海洋文化即水文化的表现，这是岭南文化在建筑中最普遍的。其二，建筑与大自然环境的结合，建筑内部与庭园的结合，这是建筑中岭南文化表现的第二个重要特点。其三，建筑中灵活变通的处理手法，这也是岭南文化特征在建筑中的重要使用方法之一，也是一种创新的重要手段。

(四) 总体格局

首先，将古港公园中“水”的块状肌理，连同作为结构的等高线和林木带，延伸入中心区，使之从对水的敬畏，对水神、海神的纪念转为对水、土地和普通人民的纪念。其次，古港一期为纪念性景观区域，二期为旅游配套、自然体验、娱乐休闲功能景观区。运用东西主轴线形成一期和二期的历史记忆轴线。再次，山、林、水、街等连续的景观元素组合静态与动态相交融的景观秩序，包括互动广场、节点广场、仿古街区、滨江花园等。最后，水作为一个联系纪念性轴线的主要元素，园区水网体系和各种水景观提供了可视性的空间标志物品。

四、结语

本次黄埔古港的设计实践，充分利用了外销画中表现的港口风光研究黄埔古港在全盛时期的景观和华“夷”交流下的社会风貌，这些图像资料为我们在设计中转换思路提供了重要的依据。画境中所表现的市井面貌和地域特点与现实已有很大的差别，在具体的实践中当然不是将画面中的内容做简单的移植或再现，而是考虑当下人们的情感需求和未来城市意象的营造，把画境和历史街区、遗址根据总体构想分解成相互独立或有联系的部分，并按当代人对那时的记忆需求和科学的设计理论重新组合。例如在古港景观设计中，保留当时码头、商船的建筑片段和商船的构件，对它们进行新的造型设计和重组，再加上一些全新的构件和片段，构成新的联系。这种源于解构的概念使人们对场所产生了熟悉而又陌生的感觉。通过对画境的再现，使古港延续了广州19世纪口岸文化特有的历史基因，并在现代的情感需求中产生了新的内涵。

参考文献

[1] 郑曙旸．室内设计思维与方法［M］．北京：中国建筑工业出版社，2003.

[2] 拉索．图解思考建筑表现技法［M］．北京：中国建筑工业出版社，2002.

[3] 张利．从 CAAD 到 Cyberspace：信息时代的建筑与建筑设计［M］．南京：东南大学出版社，2002.

[4] 金心炜．当代设计中的画笔思维与键盘思维［J］．新美术，2011（3）.

[5] 彼康．建筑和虚拟：走向新物质性［J］．装饰，2011（5）.

3 附录
The appendix

附录 1

广东省住房和城乡建设厅关于2018年南粤古驿道重点线路选取与保护利用工作计划的报告

省政府：

为深入贯彻落实党的十九大报告关于“提供更多优质生态产品”“实施乡村振兴战略”“推动中华优秀传统文化创造性转化、创新型发展”的重要精神，以及李希书记“共同创造南粤文化之美，融入中华文化的大美”和马兴瑞省长在2018年省《政府工作报告》中提出的“加大梅关古道、西京古道等南粤古驿道、古村落活化利用力度”，我厅联合省体育局、文化厅、地质局、核工业地质局，组织省城乡规划设计研究院、建筑设计研究院、核工业地质局、户外运动协会等规划设计部门和技术机构组成7个踏勘组，于2017年12月5日始，对全省古驿道遗存较好的地区进行了现场踏勘，累计行程2000余公里，对有条件打造成为重点线路的1130多公里线路进行了详细踏勘，包括：广州从化—韶关古驿道、清远连州古驿道、河源粤赣古道、梅州平远—潮州饶平古驿道、珠海中山岐澳古道、粤东古驿道（惠东—海丰古驿道、汕头海门古驿道、汕头澄海古驿道），基本摸清了重点线路古驿道本体、相关历史遗存、沿线资源和村镇分布等情况。在此基础上，我厅提出了2018年重点线路工作建议和2018年南粤古驿道保护利用整体工作计划，报告如下：

一、2018年南粤古驿道重点线路的工作建议

(一) 重点线路的选取

综合考虑此次新踏勘南粤古驿道的本体状况、经济价值、沿线资源以

及对精准扶贫、弘扬红色基因、发展旅游、建设生态文明和振兴乡村的带动效益等因素，我厅建议选取如下 11 段线路作为 2018 年南粤古驿道重点线路：韶关南雄梅关古道—乌迳古道约 46 公里、韶关西京古道约 95 公里，广州从化古道约 45 公里，清远连州丰阳—东陂古驿道约 56 公里、清远连州秦汉古驿道约 47 公里，河源粤赣古道约 61 公里，梅州大埔三河坝—潮州饶平麒麟岭古道约 67 公里、梅州兴宁—平远古道约 83 公里，珠海中山岐澳古道约 67 公里，汕尾海丰羊蹄岭—惠州惠东高谭古道约 90 公里，惠州罗浮山古道约 19 公里。

（二）建设内容和投资估算

南粤古驿道重点线路修复和活化利用以保持古驿道原真性为首要原则，建设连接线贯通古驿道，主要围绕古驿道本体修复（共约 144 公里）、历史遗存修复（共约 170 处）、驿道连接线建设（共约 532 公里）、标识系统安装、出入口及大型活动点设置、服务设施配套和地质灾害危险性评估等六方面开展工作。此外，此次踏勘新发现但尚未纳入重点线路的约 28 公里古驿道本体、60 多处历史遗存，也应保护修复。

（三）资金分配计划

2018 年，省财政共安排南粤古驿道保护利用资金 5 亿元，其中 4.3 亿转移支付用于粤东西北各市南粤古驿道重点线路保护修复及活化利用工作。为此，我厅建议以“集中为主、分散为辅，突出带动、整合资源”为原则，将转移支付资金分为两部分：一是用于重点线路修复建设及活化利用；二是用于未纳入重点线路 28 公里古驿道本体及 60 多处古桥、古亭等相关历史遗存的保护修复。从化、珠海中山岐澳重点线路修复和活化利用有关费用由广州、中山、珠海三市自行负担。

二、2018 年南粤古驿道保护利用整体工作计划

2018 年，南粤古驿道工作由省相关职能部门统筹指导，以地方政府为主体，依托南粤古驿道重点线路，合力围绕本体修复及配套设施建设、深度活化利用、加强宣传推广力度和强化组织保障四方面开展。

（一）做好古驿道本体保护修复及相关配套设施建设

（1）制定南粤古驿道重点线路活化利用工作方案。2 月底前，制定各线路重点线路活化利用工作方案，明确各重点线路修复和活化利用的工作目标和内容、组织形式、责任主体、部门分工、进度安排、资金分配、保障措施等内容。（省住房和城乡建设厅，各有关地级市人民政府）

（2）扎实开展古驿道本体及历史遗存保护修复工作。3 月前，完成《南粤古驿道保护与修复指引》修编，对古驿道修复方式、施工图法定图则等工作加以充实。进一步做好步道、茶亭、驿站、路碑、残桥、古码头、候船亭等古驿道本体的保护修复，对重要的古亭、古桥要由省组织专家开展修复工程设计、施工图设计，由市县政府组织实施。及时总结梳理古驿道修复与活化利用工作经验予以推广，并在此基础上形成古驿道保护修复标准。（省住房和城乡建设厅、文化厅，各地级市人民政府）

（3）完善古驿道基础配套设施建设。一是建设驿站驿亭、休息点、出入口、大型活动场地、停车场等旅游基础设施，设置农副产品销售点、餐饮服务点公共服务场所，结合“厕所革命”统筹设置卫生、节能又结合地域地形条件的旅游卫生间；二是完善标识系统，在沿线设置指引系统，在相关历史建筑、博物馆、遗址、名人故居等设置历史信息牌，在覆盖古驿道的村庄或既有建筑上用信息牌标出历史上古驿道的走向图示；三是开展地质灾害危险性评估和调查，设置地质灾害警示标识，加强隐患消除工作；四是建立户外运动安全急救系统，设立急救呼叫电话，成立户外运动专业志愿服务队；五是加强通信网络建设，实现手机信号无盲区覆盖；六是修建连接古驿道与高速公路、国道、省道等主要交通要道的区域连接线，通过建设绿道、步行径等加强古驿道与沿线村庄的连接。（各地级市人民政府，省住房和城乡建设厅、国土资源厅、交通运输厅、文化厅、体育局、旅游局、地质局、核工业地质局、通信管理局、代建项目管理局、卫生计生委，省户外运动协会）

（二）深度活化开发利用南粤古驿道

（1）深入挖掘古驿道相关历史资源。进一步发掘梳理古驿道沿线历史资源、相关历史人物故事，推出《南粤古驿道古今“人物志”系列报道》，讲述“广东好故事”；收集整理沿线村庄历史上的村规民约、姓氏族谱、民风民俗等，策划多样古驿道文化展示，在乡村振兴与发展中留住村落文明印记、记住乡愁。（各地级市人民政府，省文化厅、地方志办，南方报业传媒集团）

（2）持续培育南粤古驿道文化之旅品牌形象。有针对性地组织古驿道主题节庆和文化旅游活动，推动地域文化发展，共同创造南粤文化之美。一是继续办好南粤古驿道文化创意大赛，增加驿站、体育用品、厕所等定向命题创意设计，集中在博物馆展示年度优秀文创作品，将文创大赛打造为高校文创社会实践基地、传统文化创新性转换利用传承平台，并组织企业推动文创成果转化；二是丰富“艺道游学”组织形式，增加音乐、舞蹈、话剧等环节，选取古驿道重要节点设置“艺道游学”绘画景观小品或艺术品，将其打造成为青少年学习传承南粤文化之美和促进乡村经济发展的品牌活动；三是推动古驿道音乐活化利用，开展《南粤古驿道音乐传承与整理研究》，出版《南粤古驿道声音档案》；四是加强广东省瓷器创意联盟、中法青年瓷器创意工坊建设，为年轻设计师提供创新空间。（省住房和城乡建设厅、教育厅、文化厅、体育局、旅游局、经济信息委员会，省“三师”专业志愿者委员会、户外运动协会，广州美术学院，各有关地级市人民政府）

（3）继续办好南粤古驿道定向越野大赛。突出以道兴村、助推振兴乡村的主题，丰富地方非物质文化遗产展示，加强赛事与2277条省定贫困村、农村连片综合整治联动为公众提供优质生态产品。一是创新定向大赛宣传推介模式，每站提出针对性口号；二是与国际对标，宣传好参赛专业运动员的形象和成绩，以及户外运动俱乐部团体，各大学、中学代表队等，继续发挥社会各类正能量明星参与的影响作用；三是规范定向大赛命名和比赛机制，建立定向大赛积分排位制度，提高赛事吸引力；四是充分利用好新媒体平台，整合各类直播平台，明确官方指定媒体的职责，提高赛事拍摄水准；五是发挥好省户外运动协会等社会组织的作用，广泛宣传、团结、发动更多户外运动爱好者参与；六是做好赛事市场开发工作，吸引知名企业关注和赞助赛事，并按照国际通用规范做法，保护赞助商权益，健

全廉洁制度，依法依规使用市场开发所得。（省体育局、省户外运动协会、南方报业传媒集团、广东广播电视台）

（4）策划南粤古驿道主题旅游产品。一是形成南粤古驿道文化之旅标识系统，对与主题相关的历史建筑、博物馆、遗址等，标示历史人文信息；二是紧密配合已有一定基础的古驿道线路、活动或赛事，适时推出配套旅游线路和产品。进一步发掘杨匏安等历史事迹，策划香山古驿道旅游产品，打造红色旅游活动。联合古窑遗址、瓷器制作工坊、瓷器博物馆等相关资源，打造“瓷器之旅”主题旅游路线。充分发挥酒业协会和企业资源优势，借“道”助推其品牌，逐步形成“古酒之旅”主题旅游路线；三是针对青少年开发古驿道研学产品和假期实践活动；四是引入旅游文化公司，对南粤古驿道上的重要节点进行包装策划；五是组织相关专家对旅行社、古驿道相关景点讲解员进行培训，鼓励在校学生报名南粤古驿道义务讲解员，共同讲述南粤古驿道好故事。（各有关地级市人民政府，省旅游局、教育厅、住房和城乡建设厅、文化厅、经济和信息化委）

（5）合力改善沿线农村人居环境。一是结合水田垦造，打造古驿道沿线特色农业景观，扶持当地培育特色农产品，申报国家地理标志商标；二是通过省级新农村示范片建设、农村连片整治、农村危房改造等工作持续推动农村环境综合整治；三是科学配置公共服务和旅游设施，结合乡村“厕所革命”加强公共卫生整治，扶持特色民宿民居建设；四是监测古驿道沿线地区空气、水环境质量，开展古水道治污工程，提供良好的生态环境；五是促进沿线村庄建筑风貌的改善，充分发挥“三师”专业志愿者委员会的作用。（各地级市人民政府，省国土资源厅、住房和城乡建设厅、环保厅、工商管理局、“三师”专业志愿者委员会）

（6）推进古驿道科普教育基地建设。一是保护古驿道沿线地区历史风貌，建立废弃传统建筑构件收集点；二是设置可供普及地质地貌地理、生态环境保护等科学知识的教育场所和展示地域特色、历史文化的标识系统，将古驿道打造成为寓教于乐的科普教育基地；三是开发青少年古驿道研学活动，增加青少年对南粤文化之美的认可度和自豪感。（省教育厅、旅游局、地质局、核工业地质局，省代建项目管理局，各有关地级市人民政府）

（三）不断加强古驿道宣传和推广力度

（1）吸引中央、省级知名媒体的持续高度关注。要加强与中央媒体的沟通协调，加大南粤古驿道在央媒的曝光度，通过新闻媒体报道和公益广告的双重效应，提升南粤古驿道社会知名度和影响力。高度重视宣传报道的时效性，开展赛事活动要做好和媒体的衔接协调。（省委宣传部，省住房和城乡建设厅、体育局，南方报业传媒集团、广东广播电视台，各地级以上市人民政府）

（2）提高“南粤古驿道网”的社会影响力。加强“南粤古驿道网”建设，及时共享发布相关信息。进一步梳理网站栏目内容，最大程度地发挥实用性和文化价值优势。加强与其他与古驿道活动相关的新媒体的链接，增加预告广东省体育赛事报道、广东省各类博物馆展期、广东省文化演出、地方志介绍等内容。推出《中国南粤古驿道发展蓝皮书》。（省体育局、住房和城乡建设厅、地方志办，南方报业传媒集团，省户外运动协会，各地级以上市人民政府）

（3）增强古驿道“电子地图”的使用功能。进一步完善电子地图的路线指引和纠错更新功能，保证古驿道和周边遗址在地图上的准确性，即时为广大户外运动爱好者提供良好的路线指引。（省住房和城乡建设厅、体育局、国土资源厅，省户外运动协会）

（四）做好古驿道保护利用工作的组织保障

（1）明确责任。坚持“省级指导、地方主体推进，住建牵头、部门联动”的原则，古驿道重点线路修复建设及活化利用工作由各地级以上市政府具体负责推进。继续发挥“政府倡导、专业志愿者支撑、部门无私合作和资源共享、社会大众参与”的做法，共同做好2018年南粤古驿道活化利用工作。

（2）形成合力。集中资源，共同发力，省委农办、国土资源厅、交通运输厅、环境保护厅、文化厅、旅游局等省有关部门积极整合相关政策和资金，发挥叠加效应形成工作合力，向古驿道重点线路沿线地区倾斜，助力精准扶贫，助推“美丽乡村”建设，促进乡村振兴。

（3）技术支持。坚持“专家领衔、组建团队，多方结合，强化现场”

的原则。省住房和城乡建设厅、文化厅、旅游局邀请国内历史、考古、文化、旅游等相关领域知名专家，成立南粤古驿道专家指导委员会，指导南粤古驿道重点线路的保护修复和活化利用工作，策划南粤古驿道文化主题线路。

（4）发挥志愿者力量。注重保护专业志愿者的积极性，加大志愿者在古驿道保护和活化利用工作中的参与深度。充分发挥“三师”专业志愿者委员会的作用，省教育厅、人力资源和社会保障厅予以支持，鼓励“三师”以多种形式加强对各地工作的指导。

（5）吸引社会资本。注重引入社会资本的参与，用市场化手段做好古驿道的活化利用工作，促进古驿道的保护以及沿线地区经济发展。

从 2016 年始，我厅联合省相关部门积极调动资源以深入挖掘古驿道文化内涵和改善人居环境为切入点，通过体育、旅游、文化等活动，活化利用沿线历史文化遗产，打造多元文化主题线路，带动沿线农村经济社会发展：全省累计发现古驿道总长近 500 公里，调动各级政府积极性，圆满完成“两年试点”阶段性目标，并撬动社会资本近亿元共同加入，使南粤古驿道成为一个实实在在、广为人知、喜闻乐见、为民享用的新事物，得到了社会各界的广泛认可。展望未来的工作，我们满怀信心，在习近平新时代中国特色社会主义思想和党的十九大精神指引下，在省委、省政府的坚强领导下，南粤古驿道必将成为我省展现岭南历史文化和地域风貌的华夏文明传承之路，以及落实国家“一带一路”战略、建设文化强省、促进县域经济发展的亮点工程，助力我省书写文化自信、乡村振兴、健康中国的新篇章。

专此报告。

广东省住房和城乡建设厅

2018 年 1 月

附录 2

南粤古驿道保护与修复指引

（2018年修编）

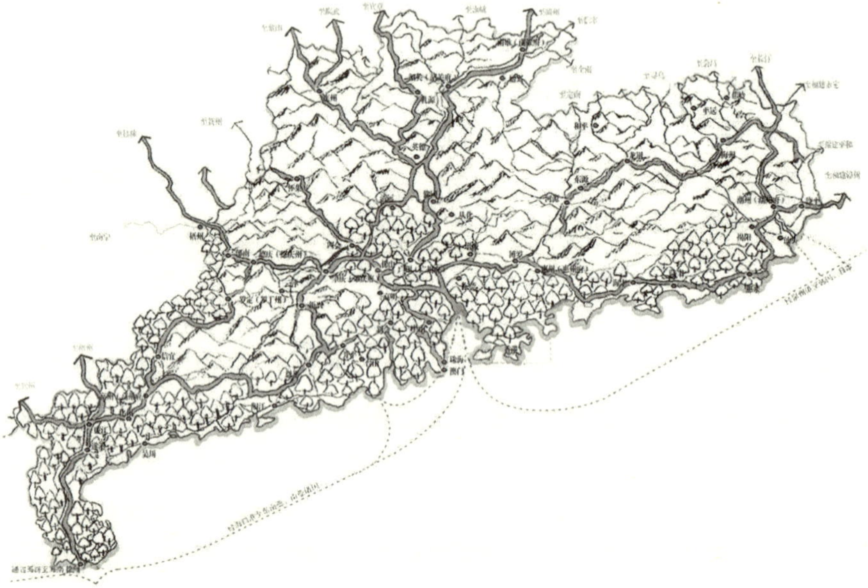

广东省住房和城乡建设厅/广东省文化厅

2018 年 5 月

1. 总则

1.1 编制目的

本指引为适应和满足南粤古驿道保护与修复需求，便于规划、设计、建设、管理和使用者，准确理解保护和修复的理念、原则和方法，保障古驿道的修复质量和效果而编制，使广东省境内的古驿道成为展示地域文化，推动乡村振兴战略的实施，丰富户外体育活动，满足现代人健康、人文和生态需求的重要空间载体。

1.2 适用范围

本指引适用于广东省境内的南粤古驿道本体保护与修复，是全省古驿道保护与修复的基本参考标准，各地可根据实际情况予以深化，同时针对古驿道连接线提出建设指引。

1.3 南粤古驿道的定义

本指引所指的南粤古驿道，是指 1913 年前广东省境内用于传递文书、运输物资、人员往来的通路，包括水路和陆路、官道和民间古道，是经济交流和文化传播的重要通道。

1.4 本体及附属设施

南粤古驿道本体是指古驿道路径实物遗存；或因历史变迁被覆盖的古驿道路径；或实体遗存灭失，但周边仍保有历史风貌的路径。

南粤古驿道附属设施是指沿途的关隘、门楼、驿站、驿亭等和水工设施（古桥、古码头）等相关历史文化遗存。

1.5 连接线

南粤古驿道连接线是指与古驿道本体相连接的城市道路、公路（县道、乡道、村道）、步道、绿道、风景道、水道等线性载体。

1.6 保护与修复的定义

1.6.1 南粤古驿道保护是指为保存南粤古驿道本体、附属设施及其环境和其他相关要素进行的全部活动，保护的目的是通过技术和管理措施真实、完整地保护其历史信息及其价值。

1.6.2　南粤古驿道修复是指对古驿道本体和附属设施的现状整修和重点修复。现状整修主要是规整南粤古驿道本体、附属设施歪闪、坍塌、错乱和修补残损部分，清除经评估为不当的添加物等。整修中被清除和补配部分应有详细的档案记录，补配部分应当可识别。重点修复包括恢复南粤古驿道本体、附属设施结构的稳定状态，修补损坏部分，添补主要的缺失部分等。

1.7　责任与分工

南粤古驿道的保护与修复工作实行属地管理，以各县（区）人民政府为组织实施主体，由各地级以上市城乡规划建设主管部门负责指导及监督，相应级别的文化文物主管部门负责资源调查和核定保护等级，并提供相应的专业支持。

1.8　管制体系

1.8.1　要将古驿道的保护与修复纳入城市绿线、紫线等城乡规划的空间管制体系。各地在制订绿道管理政策措施时，应将古驿道保护利用内容纳入。南粤古驿道保护与修复原则上不征地、不拆迁、不改变原有土地使用性质。

1.8.2　南粤古驿道和相关历史文化遗存的保护与修复涉及依法核定的不可移动文物和历史建筑时，应按照文物保护和历史建筑的相关法律、法规、规范执行，同时应符合国家和广东省及地方相关法律、法规、规范、技术标准。

1.9　施工及监理单位要求

1.9.1　古驿道修复施工及监理单位应具备文物修复施工及监理经验，施工人员尽量使用当地工匠，优先考虑具有文物保护工程资质的施工及监理单位。

1.9.2　涉及文物保护单位的修复，应按照国家有关文物保护管理的规定，由具有相应级别的文物保护工程资质单位承接。

1.10　公布与解释

本指引由广东省住房和城乡建设厅、广东省文化厅公布和解释。

2. 保护与修复原则

2.1　原真性原则

2.1.1　原真性是指文化遗产保存原状、保存现状与历史信息的真实状况。南粤古驿道本体的保护与修复应当按照原材料、原工艺、原形制、原结构的原则进行设计和施工，其历史环境和它所反映的历史、文化、社会等相关信息应当真实可靠。审慎使用新材料新工艺，所有的新材料和新工艺都必须经过前期试验和研究，证明是最有效的，对文物古迹是无害的或使用在隐蔽部位的，方可使用，经过修补、修复的部分应当具有可识别性。对古驿道的保护与修复就是保证这些信息及其来源的原真性，与古驿道相关的文化传统的延续同样也是对原真性的保护。

2.1.2　遗存保存的原真性是评估南粤古驿道遗产价值和确定其保护等级的核心标准。保护与修复应当以现存的有价值的实物为主要依据，并必须保存重要事件和重要人物遗留的痕迹。一切技术措施应当不妨碍再次对原物进行保护处理，经过处理的部分要和原物既相协调，又可识别。

2.1.3　所有保护与修复的部分都应有详细的记录档案和永久的年代标志。保存真实的记录，包括历史的和当代的一切形式文献。保护的每一个程序都应当编制详细的档案。

2.2　完整性原则

2.2.1　南粤古驿道是呈线状、链状分布的遗产族群，是沿线所有物质、非物质遗产的集合，古驿道线路整体的价值要大于其各部分的价值之和，具有通过整体而获得文化重要性的特点。南粤古驿道的保护与修复是对其价值、价值载体及其环境等体现南粤古驿道价值各个要素的完整保护，包括古驿道本体、附属设施、赋存环境、相关的物质文化遗存和非物质文化遗存。

2.2.2　遗存保存的完整性是评估南粤古驿道遗产价值和确定其保护等级的重要依据和重要指标。完整保护是指在对南粤古驿道沿线所有的历史文化遗存保存现状进行全面调查和价值评估的基础上，对古驿道及与其遗产价值关联的自然和人文景观构成的环境统一进行保护，保护好历史遗存的真实载体和古驿道沿线的生态格局。

2.2.3　确保现有的南粤古驿道及相关遗产，不遭受破损，不遭到挤占压，不允许为了追求完整、华丽而改变文物原状。已经完全损毁的，原则上不在原址重建。

2.3　科学性原则

2.3.1　保护与修复应当注重科学性和专业性，科学研究应贯穿于保护与修复工作的全过程，所有保护与修复措施要以学术研究成果为依据。

2.3.2　重要的保护与修复工程设计和施工过程要实行专家委员会评审制度，委员会成员应具有相应专业的高级职称和丰富的实践经验。

2.3.3　重要的保护与修复工程要开展多学科合作，应邀请建筑师、工程师、规划师、考古学家、地理学家、历史学家、民族学家、宗教人士、经济学家、文物保护工作者、遗产地的管理者和本土人士等参与。

2.4　安全性原则

南粤古驿道的保护与修复应以安全保障为客观前提，应建立涵盖南粤古驿道本体和附属设施保护、安全排查、灾害预警信息发布、后期维护和事后紧急救援的全流程安全保障体系，切实保障南粤古驿道本体、附属设施及游客人身安全，减少安全隐患。

2.5　生态性原则

南粤古驿道的保护与修复，应有助于维护与改善沿线的自然生态环境，同时在古驿道建设的过程中坚持原生态、再利用、再循环原则，确保对原生态环境的最少干预，实现生态和谐。

2.6　可持续性原则

南粤古驿道保护与修复应采用动态管理、持续利用的机制，满足文化活动、户外活动等项目的举办要求，在保护历史文化遗存、维护其周边环境的基础上，修复设计可根据使用功能，适当加入与古驿道相协调、有特定地域特征或时代特征的一些建筑元素，保持文化遗产保护传承的可持续性、现代活力和时代特征。

3. 古驿道分类与分级

3.1 分类

依据古驿道所在区域自然环境特点分为山地型古驿道、平原型古驿道、滨水型古驿道、村镇型古驿道和古水道五种类型。

3.1.1 山地型古驿道

根据地势缓峻，分为平缓型和盘山型。

（1）平缓型古驿道：修建在地势较平缓的地段，部分路段修建在山谷之间。路面宽约 0.6—4.0 米，路基以路面两侧外边界向外各延伸约 0.5—0.8 米，一般至少有一侧是被植被自然覆盖的边坡。

图 1　梅关古道现状

（2）盘山型古驿道：修建在地势较陡峭的地段，路面材质多为片石、条石台阶。路面宽一般约 0.6—1.5 米，路基在远离山谷一侧以路面单侧外边向外延伸约 0.5—0.8 米，一般位于山谷一侧设有约 1 米宽的排水沟。

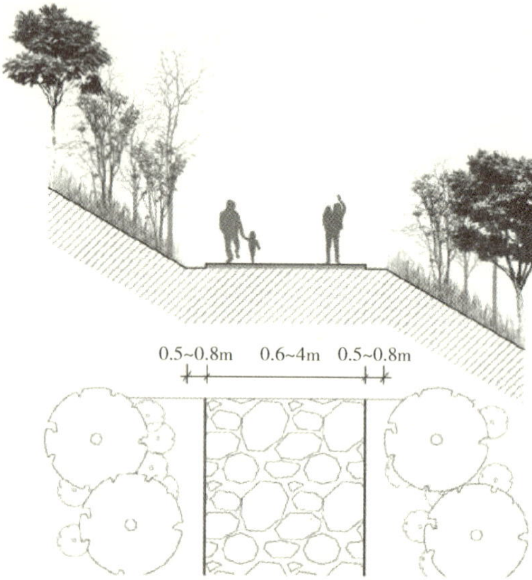

图2　平缓型古驿道断面示意图

图3　珠海长南迳古道现状

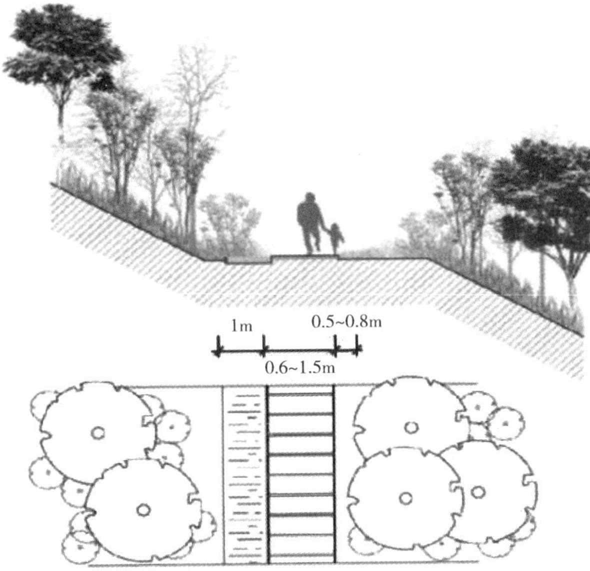

图4 盘山型古驿道断面示意图

3.1.2 平原型古驿道

修建于平原地区，串联村镇，路面宽约1米，路基与路面齐平，两侧为农田，现多作为田埂路使用。

图5 西京古道平原型古道

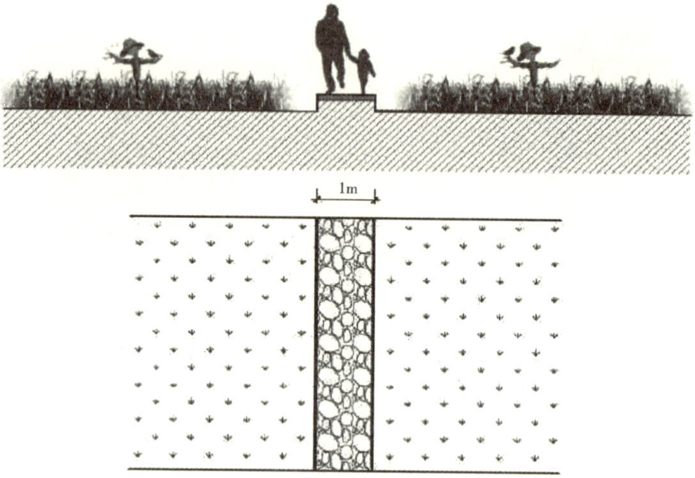

图6　平原型古驿道断面示意图

3.1.3　滨水型古驿道

修建于滨临溪水的山谷，多处山地泄洪区域。路面宽约 0.7—1.0 米，路基靠溪水一侧以路面外边界向外延伸约 0.2—0.5 米，另一侧约 0.3—1.5 米，路面汛期可被淹没。

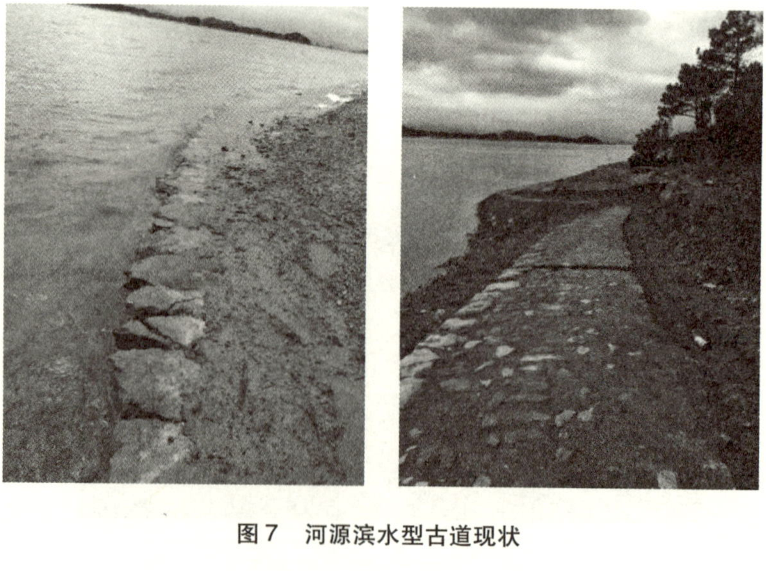

图7　河源滨水型古道现状

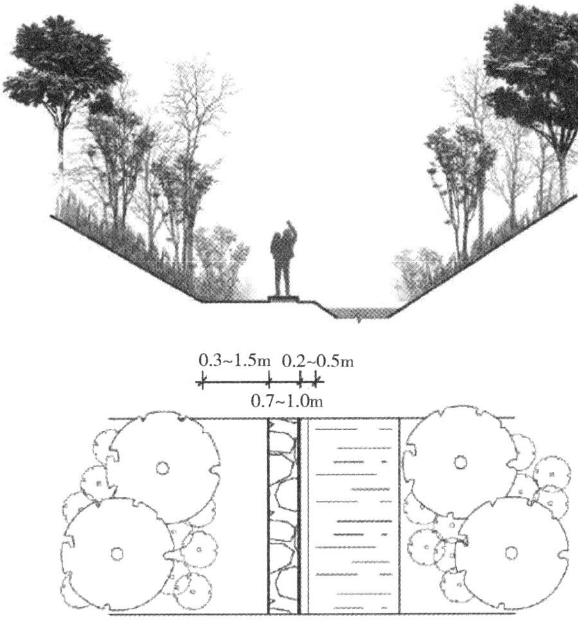

图 8　滨水型古驿道断面示意图

3.1.4　村镇型古驿道

村镇的主要街道和巷道，路面宽约 3.0—4.0 米，部分路段在路面两侧设有宽约 0.3 米的明沟。

图 9　珠玑古巷现状

图 10　新田村古巷现状

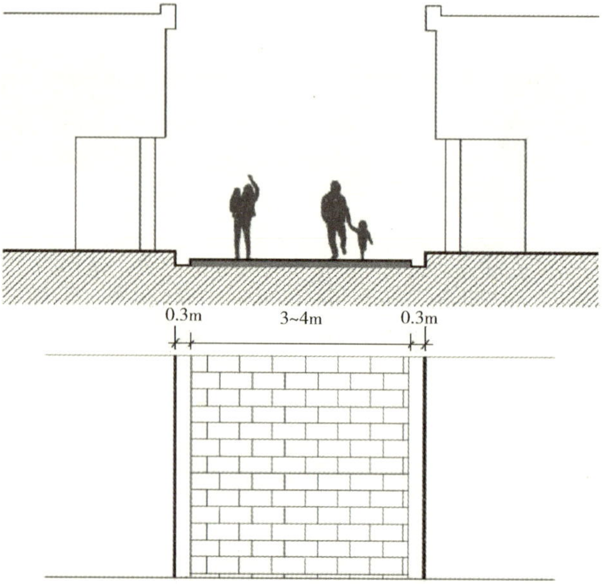

图 11　村镇型古驿道断面示意图

3.1.5　古水道

分为干线水道和支线水道。干线水道为串联省域层面历史上交通节点的水道，主要包括珠江水系与北江水系；支线水道为串联历史上城镇交通节点的水道。

图 12　珠江水系现状

图 13　北江现状

图 14　从化龟咀古码头现状

3.2 保存状况分级

根据古驿道的保存情况，分为基本完好、轻微残损、严重残损、覆盖和灭失五个等级。

（1）基本完好：是指线段完整，地基稳定，路面基本完好的古驿道。

图 15 梅关古道现状照片

图 16 岐澳古道现状照片

（2）轻微残损：是指线段完整，地基稳定，路面局部破损的古驿道。

图 17　西京古道猴子岭段现状

图 18　凤凰山古道现状

（3）严重残损：是指线段不完整，或路面被严重破坏，或存在安全隐患的古驿道。

图 19　长南迳古道现状

图 20　凤凰山古道现状

（4）覆盖：是指被城镇建设、自然灾害等因素覆盖掩埋的可通过考古勘探发掘出来的古驿道。

图21　长南迳古道现状

图22　岐澳古道现状

（5）灭失：是指因人为或自然因素导致完全损毁、无迹可查的古驿道。

4. 古驿道范围与管理要求

为保护古驿道，防止古驿道继续遭受自然侵蚀或人工损毁，应界定古驿道的本体范围和保护范围。本体范围应确保古驿道的安全性和完整性，保护范围应确保古驿道环境的完整性和协调性，涉及文物保护单位、历史建筑的，按照文物保护及紫线控制要求执行。

4.1 范围界定原则

4.1.1 本体范围

古驿道的本体范围，是指对古驿道主体及周边一定范围实施保护的区域，应结合古驿道主体的结构特征和周边环境进行界定。应确保在古驿道本体范围内进行其他建设工程或进行挖掘、钻探、爆破等作业时，不会危及古驿道本体及其附属设施的安全。

4.1.2 保护范围

古驿道的保护范围，是指在本体范围外，为保护古驿道主体的安全、

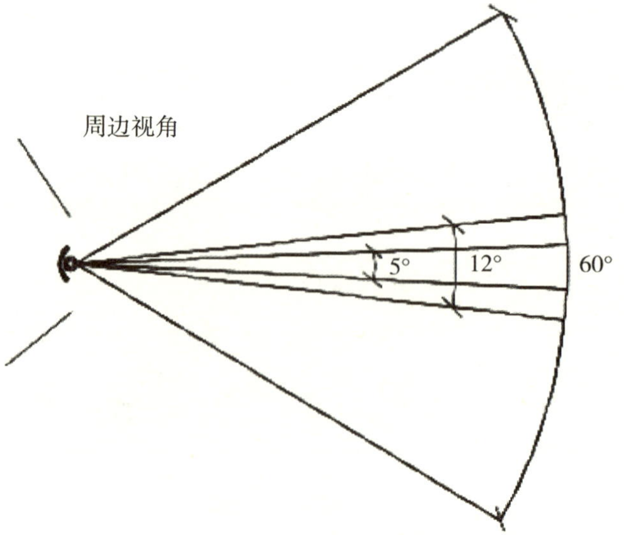

图23 水平视界圆锥图

环境、历史风貌对景观加以控制的区域，主要依据古驿道主体的结构特征、人的视觉标准，结合周边自然环境进行界定。旨在确保古驿道环境的完整性和新建建筑物、构筑物与历史文化遗存的协调性。

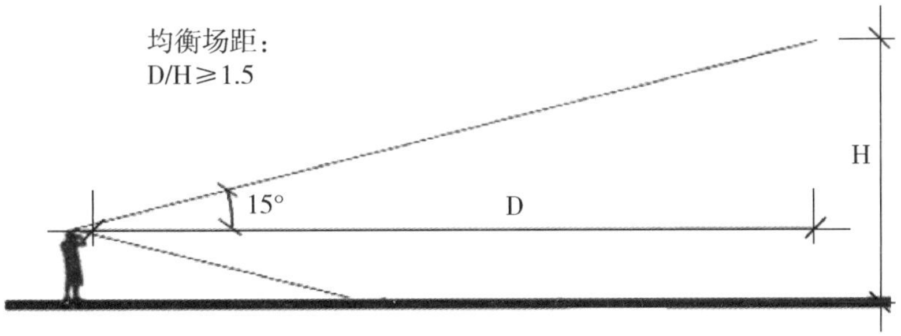

图 24　垂直视界圆锥及均衡场距图

4.2　分类界定

4.2.1　古驿道范围

（1）山地型、平原型、滨水型古驿道的本体范围：以古驿道边界线向周边外扩不少于 3 米；保护范围，以本体范围的外边界外扩不小于 20 米。

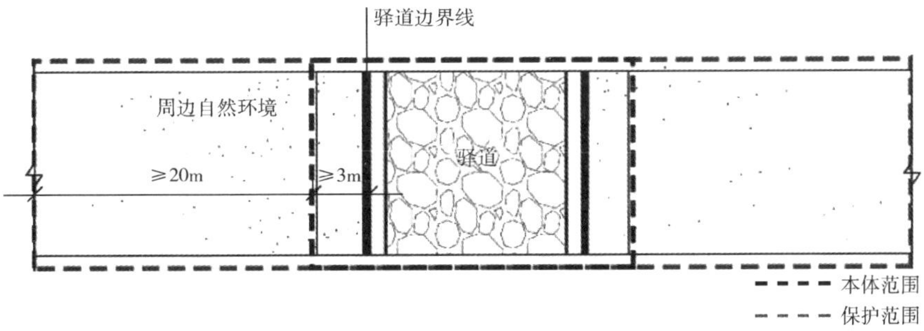

图 25　山地型、平原型、水型古驿道保护区划示意图

（2）村镇型古驿道的本体范围以古驿道两侧现有建筑外墙面为界；保护范围，应至少包括两侧前排建筑。

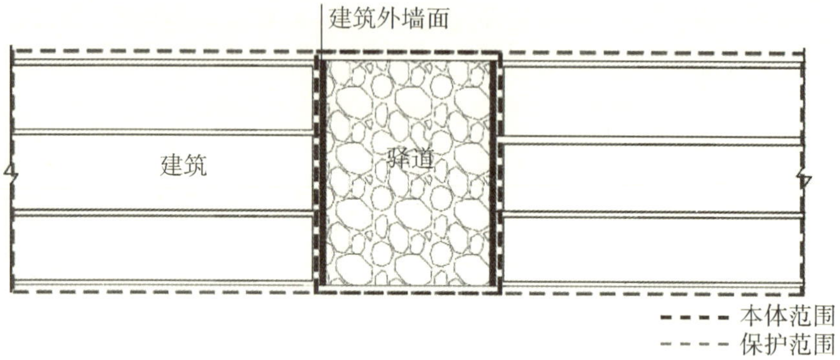

图 26　村镇型古驿道保护区划示意图

（3）古水道的范围：结合中小河流域整治工作，加强水路古驿道的保护，并控制以河道两侧岸线外扩不小于 10 米的保护范围。

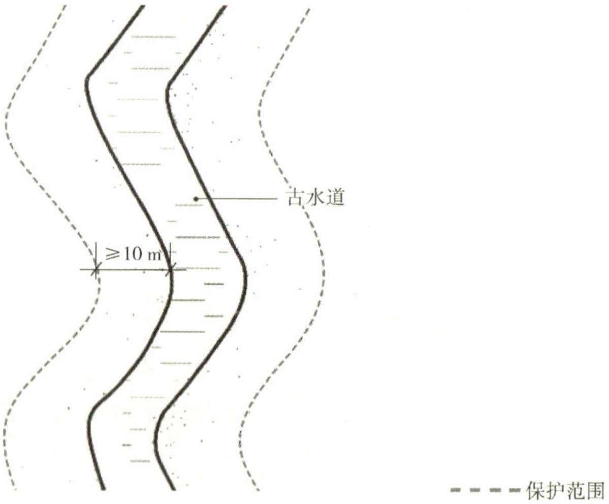

图 27　保护范围示意图

4.2.2　附属设施范围

（1）附属设施分级：附属设施分为四级，一级为关隘、门楼，二级为驿站、驿铺、驿庵，三级为驿亭，四级为指路石、石碑、古树名木等其他设施。

（2）山地型、平原型、滨水型古驿道附属设施本体范围，一级以建筑外边界向周边外扩不小于 15 米，二级以建筑外边界向周边外扩不小于 10 米，三级以建筑外边界向周边外扩不小于 6 米；保护范围以本体范围为界外扩不小于 20 米。

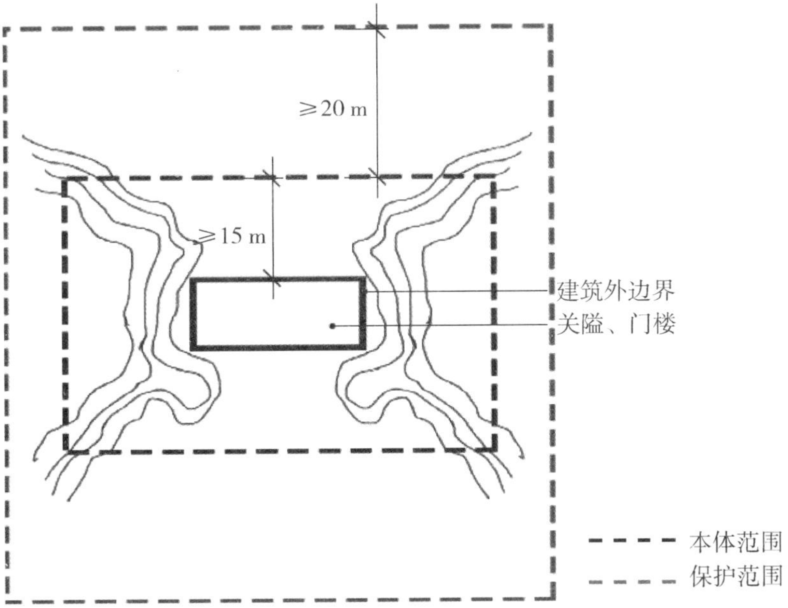

图 28　一级附属设施保护区划示意图

（3）村镇型古驿道附属设施的本体范围，以四周建筑外墙面为界；保护范围应至少包括四周前排建筑。

（4）古码头的本体范围以码头的外边界（包括水下部分）向四周外扩不小于 10 米；保护范围，以本体范围的外边界向外扩一定距离。

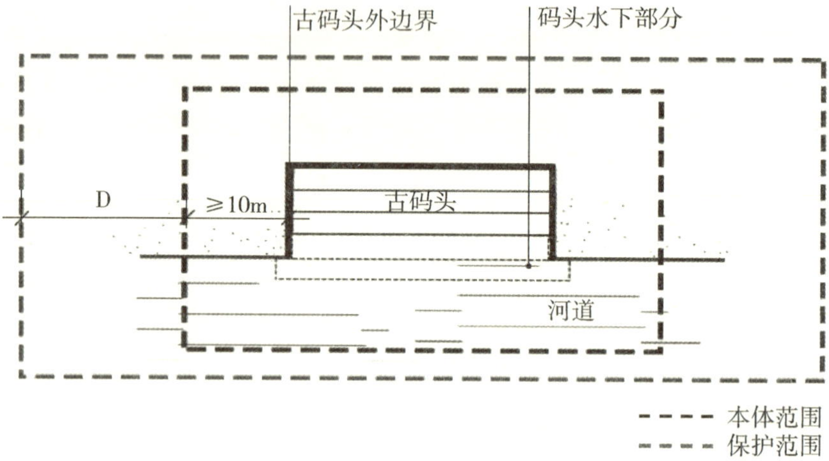

图 29　古码头保护区划示意图

（5）古桥的本体范围以桥头的外边界向四周外扩不小于 10 米；保护范围，以本体范围的外边界为基线向外扩一定距离。

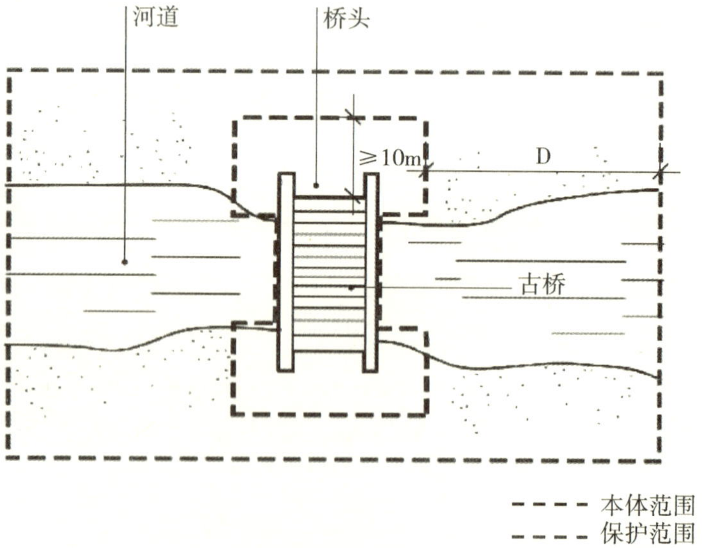

图 30　古桥保护区划示意图

4.3 管理要求

4.3.1 审批与验收

古驿道本体及其附属设施保护工程勘察设计方案应当征得所在地县级文物行政部门同意，经市、县人民政府城乡建设主管部门批准，方可实施；项目竣工后，应当报请原审批机关组织验收。

4.3.2 本体范围管理要求

在古驿道的保护范围内，应当定期清理乱堆乱放的生产、生活垃圾，并禁止从事下列行为和活动：开挖、拓宽、加建的；取土、采石、拦河截溪、排放污水等影响古驿道本体及附属设施安全的；擅自使用现代风格材料修缮、装饰、装修保护主体的；擅自改建和扩建保护范围内的其他建筑物、构筑物的；违章搭建和其他有碍观瞻、破坏环境风貌的。

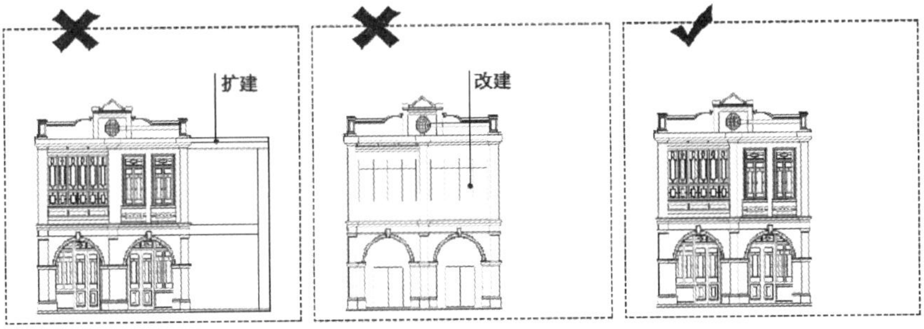

图31 保护范围内建筑物、构筑物扩建、改建管制要求示意图

图32 协调范围内建筑物新建、扩建及改建管制要求示意图

4.3.3 古驿道保护范围管理要求

保护范围应最大限度地保留原有植被，加强对原生环境的恢复、维护和保育，不宜进行大规模的城市化绿化改造；允许并鼓励在限定条件下进行与古驿道功能不相冲突的低强度开发建设，如旅游设施、露营地、体育赛事活动设施与场馆、节庆民俗活动场所与设施等；禁止建设易燃、易爆等危及保护主体安全的设施；新建、扩建、改建建筑的，应当在使用性质、高度体量、立面材料、色彩等方面与传统原有风貌相协调，不得破坏古驿道的整体环境风貌。

4.3.4 附属设施管理要求

附属设施应设立保护标志和说明。

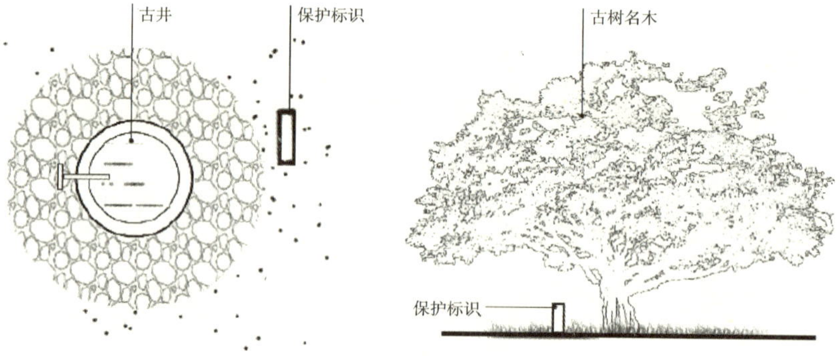

图 33 保护标志示意图

5. 保护与修复要求

针对古驿道保存情况的评价类别，采用不同的保护与修复的手段。

5.1 古驿道本体

（1）对于基本完好的古驿道，以现状整修为主，清理路面，清除杂草，并定期维护。

（2）对于轻度残损的古驿道，应采用必要修缮措施，如归安修正松动移位的板石，修补损坏部分，添补缺失部分等。应遵守以下原则：

· 尽量保留古驿道本体原有材料，残损构件修补后仍能使用的，不必更换新材料。

· 对于本体原结构造成不安全因素，允许适当增添新材料，改善其受力状态和使用功能。

· 凡是有利于古驿道本体保护和修复的技术和材料，在符合文保专家评估技术要求基础上方可使用，如须用现代工艺灌浆、沟缝或增强结构强度以避免古驿道本体结构或构成部分损坏，加固措施应经过评估，消除本体结构存在隐患，其修复部分的效果要与其他部分相协调，又可识别。

（3）对于重度残损的古驿道，应采取必要修缮和保护措施，对有安全隐患且不具备修复条件的应设置绕行线路和防护绿化带，并设置路障，严禁各类机动交通工具通行。可在破损严重或有安全隐患等不适于行走的古驿道旁边建设观赏步道，或者在古驿道沿线合适的位置增设观景平台。路面的保护与修缮应在材质、施工技术等方面尽可能地与现有道路遗址保持一致。

（4）对于覆盖的古驿道，有条件的可以通过考古勘探挖掘出来后修复使用，不能挖掘的应在建筑物、构筑物和道路上进行标记，设置信息标识予以说明，保证通道的完整性和连续性。

（5）对于已经开通游线的古驿道，在路面条件允许的情况下，可以使用牛车、马车等交通工具，加强游客的参与性，增强文化代入感。

（6）古水道线路应选择现有水道，强化与沿岸人文、自然景观的联系，利用古码头作为关键节点；应避开主航道，尽可能遵循原址，加强与已有滨水资源的联系，若水道发生变化，应设置信息标识予以说明。开通水上游线的古水道，游船应体现历史文化内涵和地域特色。古水道已消失的，应依据现有水文条件合理选择线路，同时加强与现有滨水资源的联系。

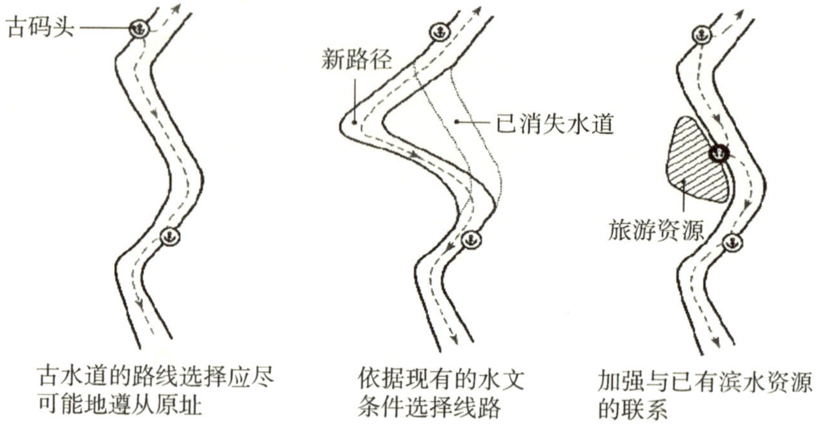

图 34　古水道线路设计示意图

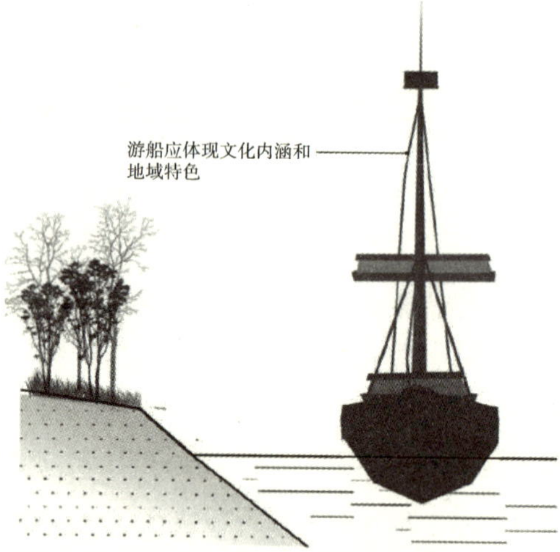

图 35　游船选择示意图

5.2　古驿道附属设施

（1）对于一级和二级附属设施，基本完好的，应以日常监测和保养维护为主。

（2）对于风貌完好，建筑残损的，应采取必要修缮措施，清除杂草，修整替换石材，补砌缺失的石材，建筑的修缮应在材质、施工技术等方面与现有建筑保持一致，并尽可能按照旧志等史料记载，恢复原貌。

（3）对于残损严重的，应安排抢救性修缮工程，进行结构安全监测和险情排除，修整、复位、替换建筑构件，设置绕行线路，并设置信息标识予以说明，建筑的修缮应在材质、施工技术等方面与现有建筑保持一致，并尽可能按照旧志等史料记载，恢复原貌。

（4）对于风貌被现代材料破坏的，应尽可能地复原传统风貌，设置明显的标识系统。

（5）对于残存部分遗址的，应对遗址进行保护，设置绕行线路，并设置信息标识予以说明，可以在古驿道控制区以外新建同类功能的古驿道附属设施。

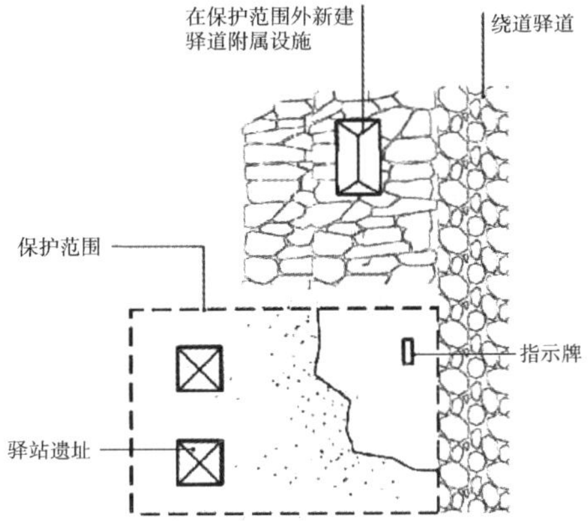

图 36 仅残存部分遗址的关隘、驿站、驿亭设置绕行线路示意图

（6）对于三级附属设施中的石碑、石刻等，应加强管理和巡查。对散落民间的构件进行回收，通过考证，对于有重要价值的，交由当地博物馆收藏保管；对于价值一般的，可进行复位。对于古树名木，则应加固树体不稳的植株，定期养护。

（7）基本完好的古码头以保养维护为主；残损的古码头应采取必要修缮措施，归安修正松动、移位的板石，补砌路面缺失的部分，修缮应在材质上尽可能与古码头保持一致；仍在使用但已经现代化的古码头，应设置信息标识予以说明；已经消失的古码头，若码头附近的文化资源丰富，有较大的利用价值，应结合治导线的要求对码头进行复原。码头的复原应使用板石、块石等传统材质，并尽可能复原外凸台阶、栈桥、内凹台阶等古码头形制，施工技术也应尽可能与古码头保持一致。

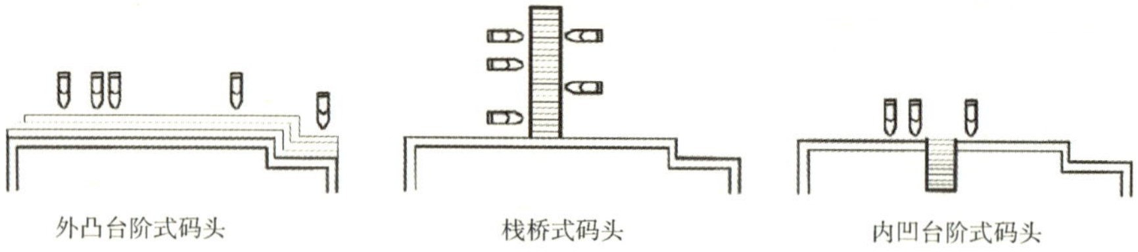

图 37　古码头复原示意图

（8）对现有古桥进行安全评估，评估自然灾害及人为因素对古桥的影响程度，评估安全的古桥方可按照本指引进行路面修复，评估不安全的古桥按照相关要求和程序进行修缮。

古桥应定期进行疏通清理，发挥其排水功能，适当采取安全加固措施。

5.3　安全防护

各地方须进行地质灾害危险性评估，其评估成果须提出安全防护措施。古驿道的安全隐患主要包括滑坡、危岩、山洪、塌陷四种类型。

（1）存在滑坡隐患的古驿道，应采取稳固土质、加固土质疏松区段、加设排洪沟等防护措施，加固可优先选择自然植被护坡，通过深根性植物的物理连接固定易滑坡面，并设置显著的警示标识。

（2）存在危岩隐患的古驿道，应采取填充裂缝、加设混凝土销钉等危岩体加固措施，并设置显著的警示标识。

（3）存在山洪隐患的古驿道，应采取增设排水沟、边坡加固等防护措施，并设置显著的警示标识。

（4）存在塌陷隐患的古驿道，应采取加固地基、边坡等适当的防护措施，并设置显著的警示标识。

5.4　空间环境

（1）山地型古驿道两侧的景观环境，应最大限度地保留原有植被，确实要进行绿化改造的，应优先选用本地乡土树种和特色景观树种相生的种植模式，保证植物群落稳定性和突出地方特色，禁止在古驿道两边加种行道树。驿站、驿亭、观景台等节点处的植物配置，应在场地现有植被基础上，选择本地特色景观植物，营造层次、色彩、季相、意境丰富的植物景观，提升古驿道游赏乐趣。

（2）平原型古驿道两侧的景观环境，应维持和保护原有农业景观，体现乡村特色，在保障农业生产的前提下，可发展采摘、观光等乡村旅游项目，提升古驿道的游赏乐趣，推动乡村农业经济发展。

（3）滨水型古驿道和古水道两侧的景观环境，应保护原有滨水驳岸，不宜采用截弯取直、渠化、固化等人工方式破坏河流生态环境，对生态退化和已遭到破坏的区域，应采用生态技术手段及时进行生态修复。在观景台等节点处，应在驳岸现有植被基础上，恰当运用本地水生植物，丰富滨水植被景观的层次。

（4）村镇型古驿道两侧的空间环境，应保护传统的街市格局、建筑风貌，展现岭南村镇的特色与淳朴的民俗乡风，并应完善村镇给排水、供电、环卫等基础设施，提升乡村人居环境，同时可结合古驿道发展农家饭店、农家旅馆等乡村旅游设施，提升古驿道服务功能，促进乡村经济发展。

5.5 配套设施

配套设施主要分为交通衔接设施、服务设施、基础设施和标识系统四个类型。

5.5.1 交通衔接设施

（1）交通衔接设施主要包括衔接设施、停车设施和自行车停靠点。

（2）古驿道建设应充分考虑与道路交通及静态交通的衔接，应尽量避免与高等级道路交叉，必须相交时宜采用立体交叉形式，如不具备建设立交的条件，应在交叉口画有醒目的斑马线，同时设置清晰的标志和严禁机动车进入古驿道的障碍物。

（3）公共停车场应在古驿道出入口，结合驿站设置，并应考虑自行车停放需求，为交通换乘和游客滞留留出空间，公共停车场出入口的机动车和自行车的流线不应交叉，并应与城市道路顺向衔接。

（4）自行车停靠点应与交通停靠点、游客服务中心、休憩点等设施统筹布置，每隔6—10公里设置一处，提供自行车租赁、停车等服务，实现古驿道与城市交通的无缝衔接。

5.5.2　服务设施

（1）服务设施主要包括管理设施、商业服务设施、游憩设施、文化教育设施、安全保障设施，分为区域服务节点、驿站、驿亭三级进行控制。

（2）服务设施应充分结合现有城镇、景区、村落、建筑进行建设，避免重复建设，驿站每隔5公里设置一处，驿亭每隔2.5公里设置一处。

（3）管理设施、商业服务设施应结合区域服务中心和驿站设置，设施的规模应与游人容量相适应。

（4）游憩设施主要包括文体活动场地、休憩点等，可结合驿站和沿线景点设置，观景台、长凳休憩点的设计应尽量就地取材，采用当地石头、木头等材料，与古驿道风貌相协调。

（5）文化教育设施包括文化宣教设施、解说设施、展示设施等，应设置在历史文化遗址遗迹等需要解说、展示的区域，对文化背景、名人轶事、民俗节庆等内容进行集中展示，便于游客对于历史文化的进一步理解。

（6）安全保障设施包括治安消防点、医疗急救点、安全防护设施、无障碍设施等，治安消防点、医疗急救点等设施应结合驿站设置，安全防护设施、无障碍设施等在沿线有需要的地方设置。

5.5.3　基础设施

（1）基础设施主要包括电力、通信、给水、污水、环卫等设施。

（2）电力设施应就近连接城市供电网络，结合驿站、驿亭提供照明、充电服务，偏远地区宜使用清洁能源供电。

（3）通信设施应就近连接城市通信网络，保证古驿道全线的通信网络覆盖，驿站、驿亭等服务节点可考虑设置免费热点，方便游客及时掌握古驿道的各项实时信息。

（4）给水设施包括生活用水、杂用水和消防用水的供给设施，给水点宜结合驿站、驿亭等服务节点设置，给水设施应就近连接城市给水管网。

（5）污水设施以合理、生态为原则，进行集中或分散的污水处理，将污水就近排入城市污水管网，偏远地区可采用生态化的处理方式，使用小规模人工湿地就近处理。

（6）环卫设施包括公厕、垃圾收集设施等，应结合驿站、驿亭设置，间距不大于 3 公里。

5.5.4　标识系统

（1）标识系统分为定位标识、信息标识、指路标识和警示标识四种类型，具有引导、解说、指示、命名、禁止和警示等功能。

（2）定位标识标明各类地点、设施的名称；信息标识对地点、线路、景点、设施进行解释、教育、说明，讲述古驿道故事；指路标识对古驿道线路沿线的地点、设施方位、距离、行走时间进行说明；警示标识对存在滑坡、危岩、山洪、塌陷等安全隐患的古驿道进行警示说明。

（3）标识设置应系统考虑，根据线路创建完整的标识系统，禁止滥设、漏设，避免出现标识内容互相矛盾或重复的现象，尽量用最少的标识设施把必需的信息展现出来。

（4）标识材料应因地制宜，体现人性化，在颜色、材料和尺寸上尽量与周边环境协调，增加环境的美感并且与环境背景有明显的对比度。

（5）标识内容应简单易懂，不产生歧义，向游客传递最核心最根本的内容。

（6）标识系统设计参照《广东省古驿道标识系统设计指引》执行。

6. 修复做法

根据古驿道与自然地面的关系，将古驿道划分为路堤式、完全路堑式和半路堑式三类。路堤式古驿道是指古驿道路面（可包括部分路基）位于自然路面以上的古驿道；完全路堑式古驿道是指古驿道路面全部位于自然地面以下的古驿道；半路堑式古驿道是指古驿道路面部分位于自然地面以下的古驿道。

图 38　路堤式古驿道示意图

图 39　完全路堑式古驿道示意图

图 40　半路堑式古驿道示意图

6.1 古代工艺区域概述

通过基础调查与研究，掌握广东省内主要古驿道本体段材料、形制和工艺做法，结合《广东省南粤古驿道线路保护与利用总体规划》中线路布局图、地方志和文献典籍的研读、历史记载线路位置等信息及广东省古驿道旅游地质调查等资料，梳理出本体修复工程做法，为各地建设管理部门对古驿道的建设提供参考。要求以本指为建设依据，因地制宜地结合各地区实际情况，做好具体施工方案工作。

古驿道本体划分为四个区域：粤北地区（韶关、清远）、粤东地区（潮州、惠州、河源、梅州、汕头、汕尾等市）、粤西地区（肇庆、云浮、阳江、茂名、湛江等市）、珠三角地区（广州、佛山、中山、珠海、江门、东莞、深圳等市）。

（1）粤北地区（韶关、清远）

粤北地处粤、湘、赣、桂四省（区）交界处，秦汉以前北方人南下，一般都必须跨越大庾岭、骑田岭、都庞岭、越城岭、萌渚岭山区，先期到达粤北，然后沿江顺流通过五岭间的天然通道渗入岭南地区腹地。五岭地区石材种类丰富，以石灰岩居多。陆路古驿道多就地取材，开山凿路铺筑而成，以石质路面为主，包括板石、块石、条石等。因石材材质原因，桥体以石拱桥为主。

粤北地区典型古道为西京古道梯云岭段、腊岭段、乌铜岭段、梅子山段，以及梅关古道。西京古道以路堤式古驿道为主，材料以选用当地开采的石灰岩质青石块，开凿面较为粗糙，块径大小不一，以块径较大的青石块平铺，小石块补齐，铺设风格随意自然；道路两侧排水为土沟，坡度较为平缓，土沟可兼做马道，个别地段、马道以外再设排水沟。梅关古道以路堑式为主，材料以选用当地开采的石灰岩质青石块为主，块径大小不一，主要以条状小块径石片侧插，中间分隔线及道路两侧收边以稍大块径块石平铺，道路两侧排水以砌筑型排水沟为主。

图 41　西京古道现状

图 42　秤架乡古道现状

图 43　梅关古道现状

（2）粤东地区（潮州、惠州、河源、梅州、汕头、汕尾等市）

粤东地区古驿道自古以来是广东通往江南、中原的必经之地，是重要行军通道以及中原移民南迁之路。由广州出发经惠州、潮州达福建、江西的粤东地区古驿道主要分为两路，即潮惠上路与潮惠下路。潮惠上路水陆联运，主要沿东江经河源、梅江到达梅州地区，再沿韩江抵达潮汕地区，或由梅州地区向北联系江西、湖南等地。此路是中原人向南迁徙到潮汕地区的必经通道。潮惠下路则从惠州转陆路，经海丰、陆丰、惠来、揭阳、潮州，可达泉州、福州，最终抵达临安。由此可见，粤东地区古驿道水陆联运，沟通了粤闽赣三地，是传递公文、行军与商品交易的主要通道。陆路古驿道经过山地、村镇、平原时均就地取材，人工开凿，石材种类有花岗岩、石灰岩、红砂岩等。路面形式主要有石质路面、砂土路面，沿河段为河卵石路面，穿过村镇的部分为三合土路面等。因花岗岩材质丰富，桥体以板石路为主。

图 44　麒麟岭古道修复后现状

图 45　西片古道修复后现状

粤东地区典型古道为东湖岭古道、麒麟岭古道、西片古道、大柘镇盐米古道、八尺镇梅州岃古道、河源粤赣（东源段）古驿道。东湖岭古道为路堤式古道，材料选用当地开采的板石、块石，充分利用自然平整面铺筑，块径大小不一，以块径较大的板石平铺为主，小块石补齐，铺设风格较随

图 46　梅州岃古道现状

图 47　大柘镇盐米古道现状

意自然；道路两侧排水为土沟。麒麟岭古道为路堤式古道，材料选用当地开采的块石，开凿面较为粗糙，以块径较统一的大块石平铺，局部小块石补齐，道路两侧用较小的块石密拼，呈弯弧形整齐收边；道路两侧为自然排水或土沟排水。西片古道以路堤式为主，材料选用当地收集的块石，块石较为方正圆润，块径较统一，分为三种规格，中间踏面为大块石平铺，两边偏小块石补齐，道路两侧用较小的块石密拼，呈弯弧形整齐收边；道路两侧基本为自然排水，不设排水沟。大柘镇盐米古道及八尺镇梅州岃古道为路堑式，材料选用当地开采的块石，块径较统一，块块石径偏小，道路中间为条状块石横向平铺，两边以不规则块石拼铺，或条状块石纵向平铺，道路两侧以稍大块径的块石平铺收边；道路两侧排水为土沟。河源粤赣（东源段）古驿道为路堑式，材料选用当地开采的块石为主，块径较统一，分为两种规格呈较整体的样式铺设，道路中间以块径偏大的条状块石横向平铺，两边以较小的不规则块石拼铺，或较小的条状块石纵向平铺，道路两侧以稍大块径的块石平铺收边，铺设风格整齐细腻；道路两侧排水为土沟。

（3）粤西地区（肇庆、云浮、阳江、茂名、湛江等市）

粤西地区古驿道主要指位于广东省境内的广州以西，沟通粤、桂、琼三地的古驿道。该地区古驿道建立了今广东与广西、海南之间的联系，并加强了广州、肇庆与高州、雷州地区的沟通，最终使高雷地区和海南岛划入广东管辖。经研究，西路古驿道主要包括三条线路：一是从广州出发沿珠江、西江，经肇庆、德庆，达广西梧州；二是自肇庆折南，经新兴、恩平、阳江、茂名、高州、廉江，达廉州府（今广西合浦）；三是从南江口走罗定、信宜、高州，继续南下接化州、雷州直达徐闻地区，通过徐闻地区港口，连接海上航线到达海南后再通往东南亚、南亚等国。

陆路古驿道经过山地、村镇、平原时均就地取材，石材种类以花岗岩为主。路面形式主要有石质路面（包括板石、块石、片石、条石等）、砂土路面等。

粤西地区典型古道为台山梅家大院—海口埠古驿道，该古驿道为路堤式，材料选用当地开采的花岗岩条石及河卵石，道路中间为河卵石密铺，两边为条石纵铺，路侧为自然排水或土沟排水。

图48　台山梅家大院—海口埠古驿道现状

（4）珠三角地区（广州、佛山、中山、珠海、江门、东莞、深圳等市）

珠江口西岸地区多为河流水系多年冲积形成，古驿道形成时期较晚，但由于经济较发达，修筑古驿道时多采用经人工加工的条石、方块石和自然块石等铺筑路面，架桥筑坝，路面形式多样，石材种类有花岗岩、砂岩，以花岗岩为主。路面形式主要有石质路面、砂土路面、三合土路面等。石

质路面有自然块石 + 条石、方块石 + 条石、自然块石 + 方块石等多种铺筑方式。砂土路面有纯砂土路面和条石或块石围边的砂土路面等形式。桥体以板石桥为主。

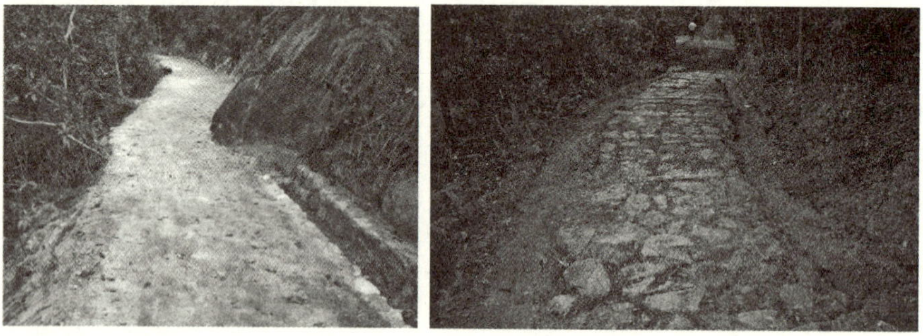

图 49　长南迳古驿道修复现状

图 50　长南迳古驿道修复后现状

图 51　钱岗古驿道修复后现状

珠三角地区典型古道为珠海长南迳古道、岐澳古道（中山段）、广州从化钱岗古道。长南迳古道以路堑式为主，路面以石步级和三合土路面为主，材料选用当地开采的条石、块石和自然块石，其中石步级道路块石规格及拼铺样式较丰富，主要包括“阶挡条石 + 自然块石”“阶挡条石 + 三合土”“阶挡条石 + 平铺条石”方式等；道路两侧排水为砌筑型排水沟。钱岗古道材料选用当地自然块石，块石较为圆润光滑，块径较统一，块石不规则，色彩较丰富，块石铺设没有统一方向，路面平整；道路两侧排水为砌筑型排水沟为主，局部区域加盖条石。

6.2 修复典型做法

主要包括修复典型做法、水工设施修复典型做法、排水沟工程做法、其他设施做法，共计4部分内容。

表1 工程做法代码一览表

修复典型做法	编码	名称
古驿道修复典型做法	SDX	山地型
	PYX	平原型
	BSX	滨水型
	CZX	村镇型
排水沟工程做法	PSG	排水沟
	——	——
水工设施修复典型做法	编码	名称
	GMT	古码头
	GQ	古桥
其他设施做法	XXSS	休息设施
	HLLY	护栏路牙
	DTQ	挡土墙
	JQ	景墙

注：各地现有古驿道构造不清晰，或形制无法考证的，可结合本地实际情况，参考本指引内合适的工程做法实施。本指引为现阶段总结的古驿道典型做法，为开放性指引，后续可不断完善补充

6.2.1 山地型

山地型古驿道主要分为台阶型与坡道型。台阶型多选用当地开采的块径较大的条石或板石，搭接时对搭、错搭，缝搭穿插使用。坡道型多为砂石路及块石路，块石多选用当地开采的块石，块径大小不一，主要以块径

图 52 西京古道现状

图 53 梅关古道现状

图 54 西片古道现状

图 55 长南迳古道现状

较大的块石平铺为主，小块石嵌固补齐。其中坡道型根据坡度变化可局部增设台阶，台阶处选用较大的条石或块石作为阶挡。坡道两侧或单侧布置排水沟，排水沟依地质情况而异，以自然排水或土沟排水为主，如遇地质情况较差地段，则采用石砌边沟。坡道两侧根据实际情况，结合土沟设置马道。

表2　山地型古驿道本体修复典型做法图集目录

类型	序号	做法	图纸编号
山地型	1	人工开凿板石 + 自然排水	SDX－1
	2	人工开凿（自然）块石 + 双侧土沟排水	SDX－2
	3	人工开凿（自然）块石 + 单侧土沟排水	SDX－3
	4	人工开凿块石（片石） + 单侧砌筑明沟排水	SDX－4
	5	人工开凿块石（片石） + 双侧砌筑明沟排水	SDX－5
	6	人工开凿自然岩体 + 人工开凿块石 + 双侧砌筑明沟排水	SDX－6
	7	人工开凿板石、块石 + 双侧土沟排水	SDX－7
	8	人工开凿块石 + 双侧土沟排水	SDX－8
	9	自然块石 + 自然排水	SDX－9
	10	人工开凿块石 + 单侧土沟排水	SDX－10
	11	人工开凿阶挡块石 + 人工开凿块石 + 双侧土沟排水	SDX－11
	12	人工开凿阶挡条石 + 人工开凿块石 + 双侧土沟排水	SDX－12
	13	人工开凿阶挡条石 + 人工开凿块石 + 单侧土沟排水	SDX－13
	14	人工开凿阶挡条石 + 自然石块 + 单侧砌筑明沟排水	SDX－14
	15	人工开凿阶挡条石 + 三合土 + 自然排水	SDX－15
	16	人工开凿阶挡条石 + 人工开凿条石平铺 + 单侧砌筑明沟排水	SDX－16

6.2.2　平原型

平原型古驿道多为当地开采的块石或砂石铺设。道路宽度为2.0—3.0m，块径为0.4—0.6m的块石，铺设风格较随意自然，以2—3块大块石对缝平铺，小块石补齐；道路宽度为2.0—3.0m，块径为0.1—0.3m的块石，铺设风格较整齐，道路中间以块径偏大的块石横向平铺，两边以较小的不规则块石拼铺，或较小的条状块石纵向平铺，道路两侧以稍大块径的块石平铺收边。道路两侧排水以土沟或自然排水为主，土沟可兼做马道。

图 56　西京古道修复后现状

图 57　河源古道现状

图 58　大柘镇盐米古道现状

表3　平原型古驿道本体修复典型做法图集目录

类型	序号	做法	图纸编号
平原型	1	人工开凿（自然）块石 + 双侧马道 + 双侧土沟排水	PYX－1
	2	自然块石 + 单侧土沟排水	PYX－2
	3	砂土夯实 + 自然排水	PYX－3
	4	自然块石 + 自然排水	PYX－4
	5	人工开凿块石 + 双侧土沟排水	PYX－5

6.2.3　滨水型

滨水型古驿道可选用当地开采的河卵石及块石，以块径较大的块石平铺，小块石嵌固补齐，靠近水体侧采用块径较大的块石收边加固，防止水体的冲刷。根据周边地形需求远离水体一侧设置单侧排水沟，排水沟以砌筑型排水沟为主。

图59　河源古道现状

表 4　滨水型古驿道本体修复典型做法图集目录

类型	序号	做法	图纸编号
滨水型	1	自然块石 + 单侧砌筑明沟排水	BSX－1

6. 2. 4　村镇型

村镇型古驿道可选用当地的河卵石、块石及板石，河卵石及块石粒径较小且统一，密拼嵌稳，根据需求设置明沟或暗沟组织排水。

图 60　珠玑巷修复后现状

图 61　钱岗古道现状

表 5　村镇型古驿道本体修复典型做法图集目录

类型	序号	做法	图纸编号
村镇型	1	自然河卵石 + 单侧砌筑明沟排水	CZX－1
	2	自然河卵石 + 双侧砌筑暗沟排水	CZX－2
	3	人工开凿板石 + 自然排水	CZX－3
	4	自然块石 + 双侧（单侧）砌筑明沟排水	CZX－4

6. 3　水工设施修复典型做法

水工设施包括古码头、桥。

6.3.1　古码头

表6　古码头修复典型做法图集目录

序号	类型	图纸编号
1	自然排水	GMT－1—GMT－2
2	组织排水	GMT－3—GMT－4

按照规模分为小型码头、中型码头、大型码头三种类型。

小型码头主要分布于粤北地区，例如韶关衡昌码头、公昌码头、关帝楼码头，码头占地面积约30平方米左右，形式简单，随驳岸坡度采用人工开凿条石砌筑台阶，宽度约2.0—3.0米，台阶踏面块石通过人工打磨做格栅纹防滑处理，两侧根据需求利用条石设置石挡，石挡采用凹槽形条石兼并排水功能。

中型码头主要分布于粤东，例如从化龟咀古码头，码头占地约100平方米左右，由三个小型码头停靠点组合而成，每个码头宽度约2.0—3.0米，随地形及驳岸坡度采用人工开凿条石砌筑道路及台阶。

大型码头主要分布于粤东及粤西，例如樟林古港、台山海口埠古码头，码头占地约300平方米左右，宽约10米，长约30米，结合土坝呈带状布置，两侧随土坝坡度采用人工开凿条石砌筑平台及台阶，台阶底部根据需求可布设排水沟。

6.3.2　古桥

表7　古桥修复典型做法图集目录

序号	类型	图纸编号
1	盖板桥	GQ－1
2	拱桥	GQ－2—GQ－3

包括拱桥与盖板桥两种类型。

拱桥主要分布于石灰岩材质丰富地区，适用跨度为2.0—3.5米；工艺特点为块石砌筑作为承台基础，人工开凿拱券石在承台上起拱，内部填充碎石，对称施工，桥面铺筑方式同与其衔接的道路做法一致，根据需求增设桥头石、护栏、阶梯等。

平桥主要分布于花岗岩材质丰富地区，适用跨度为 1.0—3.0 米；工艺特点为桥墩采用块石砌筑，上搭 0.1—0.2 米厚板石，板石与桥墩搭接长度为 0.3—0.5 米，形式较简单。

6.4 排水沟工程做法

表 8 古驿道排水沟工程典型做法图集目录

序号	类型		图纸编号
1	自然土沟		PSG－1
2	砌筑型排水沟	2	砌筑型排水沟
		砌筑暗沟	PSG－4

6.4.1 排水沟纵沟的适用条件

（1）路堤型古驿道排水沟。

· 现状古驿道路面、路基稳定，路面两侧排水通畅或基本通畅，并且没有集中排水要求的，可以不新设排水沟，仅对局部排水不畅区域进行修缮疏通即可。

· 现状古驿道全部或局部地段由于后期环境地貌的变化、水流冲刷造成古驿道不同程度毁坏，或存在冲刷等安全隐患的，应根据排水要求设置新的排水沟；新排水沟的设置应与原有排水系统有较好的衔接，并与古驿道本体及周边环境协调。

· 对于被覆盖的古驿道，清理后若能考究出原有排水系统，原则上按原有排水系统修复；有改进要求的，应经文物保护专家审定后方可施工，改进后的排水系统外观效果应与古驿道及周边环境协调。

（2）路堑型古驿道排水沟。

· 对于完全路堑型古驿道，应根据不同的地貌结合原有的排水沟修复或新设适合类型的双侧排水沟。

· 对于半路堑型古驿道，应结合实际排水情况，在路堑一侧修复排水沟。

6.4.2 纵向排水沟类型及典型工程做法

（1）土沟。

土沟是指沿古驿道路面两侧或一侧紧靠路面依地形在原地面或直接开挖出来的低于路面的排水边沟。按是否经过人工处理分为自然土沟和人工处理土沟，其做法如下：

① 自然土沟的做法。在距离古驿道路面侧边约 0.1—0.15 米处，依路面高低地势开挖原地面（路堤型）或原状土（路堑型）为凹弧形土沟，沟宽约 0.2—0.4 米，沟深约 0.15—0.3 米。如遇局部软弱地基段须分层夯实或回填块石后再覆盖土体夯实。

②人工处理土沟的做法。在自然土沟的基础上，遇到路面纵坡相对较陡或土质不良，土沟容易冲刷地段，可利用原有土体掺入石灰（贝灰）等拌成灰土或掺入石灰（贝灰）、砂、黏土等拌成三合土，然后人工夯实处理。遇到缺陷严重地段可适当砌石处理后再覆盖灰土或三合土。

图 62 土沟

（2）砌筑型排水沟。

砌筑型排水沟是在土沟基础上砌筑块石或砖块等铺设而成的排水沟。按是否使用灰浆又分为浆砌排水沟和干垒排水沟，截面有矩形和凹弧形等。

① 浆砌排水沟的做法。原有浆砌排水沟的按原样修复，所用材质和施工工艺保持不变。原为土沟的或须新砌排水沟的，应慎重选择排水沟的形式、大小、用材及砌筑方法。新设排水沟应与原有排水沟融为一体，外观协调，避免出现与原排水沟不协调，现代感明显的沟渠。

在石阶步道新设矩形石砌排水沟，应选择与石阶步道材质一致的原石。为达到外观古朴并与石阶协调，可采用三合土砌筑，勾凹面平缝，靠石阶一侧顶面结合石阶步道修复步道石，覆盖排水沟侧墙，使其融为一体。远离石阶侧墙高度不应超过石阶高度。沟底可根据地质和易受冲刷情况铺筑石底，覆盖三合土或保留自然渗透地底。

在三合土路、砂土及砾石路新设石砌排水沟，其靠路面侧排水沟墙体顶面应轮廓清晰，不能被路面覆盖。

浆砌排水沟施工前应选择试验段，对其砌筑工艺、勾缝处理及外观颜色效果协调性等进行砌筑试验，取得可靠效果后，方可大范围使用。

图63 浆砌排水沟

② 干垒排水沟的做法。原有干垒排水沟的修复，所用材质和施工工艺

保持不变。新设干垒排水沟侧墙以块石等镶嵌稳固为主，墙内块石间隙可局部筑土，如须结构稳固可适当加灰砂，但不宜外露。

图 64　干垒排水沟

6.4.3　排水沟横沟适用条件

（1）路堤型古驿道两侧纵向排水沟收集的雨水一般情况下可以向古驿道外围两侧排出。如个别需要汇集到同侧排出的，且路面与纵向排水沟沟底高差较大，横沟一般设暗沟。

（2）路堑型古驿道排水沟，一般情况下半路堑式古驿道纵向排水沟收集的雨水，每隔一定距离须设横沟向古驿道另一侧外围排出。全路堑式古驿道两侧纵向排水沟收集的雨水，每隔一定距离须设横沟向其中一侧外围排出，由于路面与纵向排水沟沟底高差较小，一般设明沟。

图 65　路堤型排水沟

图 66　路堑型排水沟

6.4.4　横向排水沟类型及典型工程做法

（1）暗沟。

暗沟可在其坚固土体或原有岩体上铺设板石或条石，也可在石砌（砖砌）侧墙上架设板石或条石。一般沟宽约 0.2—0.4 米，沟深约 0.2—0.6 米。

（2）明沟。

明沟是古驿道横向排水沟的主要形式。根据地形和收集水量的大小，一般每隔 10—30 米设置一道。有纵沟收集，横沟排出、横沟收集，横沟排出及岩体开凿成横沟（新设横沟不采用）顺势排出等多种类型，可用自然块石、人工块石或人工条石砌筑。一般沟宽约 0.13—0.25 米，沟深约 0.12—0.22 米。沟底根据地质情况和冲刷情况，宜在铺筑石底覆盖三合土或保留原有自然渗透基底。

6.5　其他设施做法

其他设施包括休息设施、护栏路牙、挡土墙、景墙。

表 9　古驿道本体其他设施典型做法图集目录

序号	类型	图纸编号
1	休息设施	XXSS－1
2	组织排水	GMT－3—GMT－4
2	护栏路牙	HLLY－1
		HLLY－2
3	挡土墙	DTQ－1
4	景墙	JQ－1

（1）休息设施。

主要分布于粤北地区，设置在茶亭及过亭中的条石坐凳，例如梯云岭过路亭、猴子岭心韩亭、乌桐岭官止亭。条石坐凳靠铺装边界平放于地面上，与周边铺装紧密相接。

（2）护栏路牙。

路牙主要包括条石路牙和块石路牙。

条石路牙主要设置在较整齐的条石台阶两侧，起到加固台阶的作用，例如粤北梯云岭。

块石路牙主要设置在较乡野的道路单侧，起到隔离道路及绿地空间的作用，例如粤北五里桥、粤东东湖岭。

（3）挡土墙。

挡土墙设置在道路两侧，起到扶固土坡的作用，样式呈梯形砌筑，基部较宽，顶部较窄，大块石头垒于基层，小块石头垒于上层，例如粤北梅关古道。

（4）景墙。

景墙主要分布于珠三角从化，包括干垒式和砌筑式。

干垒式样式较简单，高度较矮，起到分隔空间的作用，采用青砖双排砌筑作为框架，中间垒砌填充人工开凿块石，顶部由青砖作为压顶，根据稳固需求适当使用灰土。

砌筑式全部采用青砖砌筑，样式及高度变化丰富，不仅起到空间分隔的作用，同时有较强的景观效果，顶部采用瓦片做坡顶装饰。

6.6 修复选材

6.6.1 选材原则

（1）对古驿道路面的修缮和复原应在材质和施工技术等方面与原有古驿道保持一致，尽量减少人工痕迹，就地取材，并对表面采用自然打磨的方法，消除过多的尖角和不规整的曲面，禁止采用爆破原石片铺设。严格按照设计要求选材，形状、颜色应与原古道的石材相似，依据地形修复古驿道。

（2）古驿道的施工禁止使用水泥砂浆，板石道是在路基上铺上一层片石或条石的道路，基底土层应夯实，具有一定强度和耐水性，块石与块石间用灰土或三合土填缝压实。

（3）古驿道面层修复，其材料须就地取材，尽量减少人工搬运，如石路面，不得使用爆破石，在形态、色彩和肌理方面须接近自然原石。

（4）踏步石应尽量方正，至少有一个平整面，要尽量避免使用凹凸较大的一面朝上，遇到锥形、卵形和多面体等形状块石，须进行加工后再铺设。

（5）古驿道基层的修复，尽量使用原工艺（如素土夯实或灰土夯实），若须提高其稳固性，可以适当使用经过前期试验，证明适合古驿道修复的现代材料，但必须用于隐蔽部位。

6.6.2 选材流程

（1）调查、勘探古驿道所处区域的地质情况及周边环境；

（2）清理古驿道本体，研究古驿道原铺设工艺做法及材料；

（3）确定古驿道修复材料。

6.6.3 做法要求

（1）板石路是在路基上铺设一层片石、块石或条石的道路，沟底基层为素土夯实，夯实度≥93%，块石与块石间用砂土、灰土、三合土等填缝压实。

（2）卵石（碎石）路是由卵石呈带状铺设，多用于平缓、易潮湿的地面。路中主要用直径范围在 0.06—0.1 米的卵石铺设，两侧用直径范围在 0.06 米以下的砾石铺建，便于排水。

（3）砂土路是在原有道路基础上经过简单修整而成，要求做到路面上行走无大尘土，路面无大块砾石、碎石，路面不积水。

（4）间隔石道多用于泥泞潮湿的路段和树根裸露处，宜采用条状板石或块石呈间隔状铺设。

（5）木栈道常用于古驿道遗址保护和湿地部分，木栈道须使用经深度防腐处理的木材修建。

（6）附属设施的材质应与原有建（构）筑物主体保持一致，尽量就地取材，如当地石头、木头等材料，禁止使用水泥、瓷砖等现代风格的材料。施工技术尽可能地原始简单，减少人工痕迹，尺度宜小不宜大，避免大修大建。

6.7 施工要求

6.7.1 物料运输要求

山地型古驿道石材运输可采用畜力驮运，应在起点和终点各设置一处物料转运点，加快材料运送和施工进程。

图 67 长南迳古道畜力驮运及转运点设置

6.7.2 铺设技术要求

施工过程中应考虑古驿道整体协调美观，避免做工粗糙或过重的现代工艺痕迹。

图 68　铺设技术要求示意图

6.7.3　台阶高度要求

（1）控制台阶高度，最高不宜超过 0.2 米，避免过高或过低影响行走。

图 69　台阶高度示意图

（2）台阶面应保持水平或者略向内倾，严禁台阶面外倾，防止行人滑到。

图 70　台阶做法要求示意图

6.7.4　环境协调要求

道路铺设过程中遇到树木应尽量避让，实在无法避让的，需要为植物预留充足的生长空间，并对树木进行修剪，避免树木阻挡人的通行。

图 71　环境协调要求示意图

6.7.5　修复施工指引

表 10　古驿道修复施工要求及其做法

序号	修复施工要求	常见做法引导示意图
1	施工过程中应避免做工粗糙或过重的现代工艺痕迹	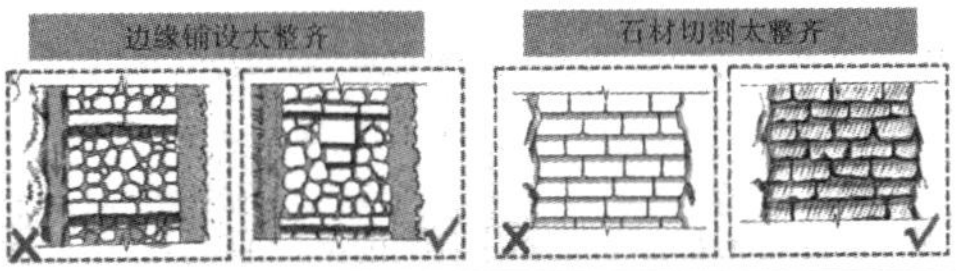
2	石质砌体或石质平铺均须勾凹缝或凹下去的平缝，不得勾凸缝或在原有石缝中填缝	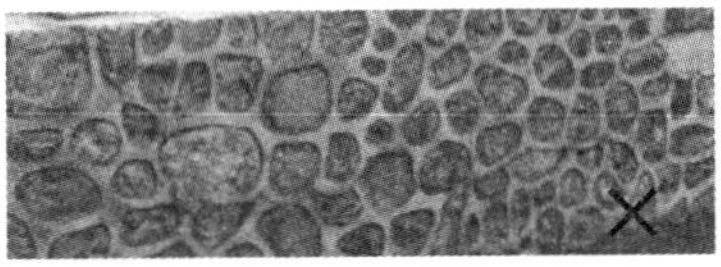 凹缝  原有石缝被填缝

续表

序号	修复施工要求	常见做法引导示意图
		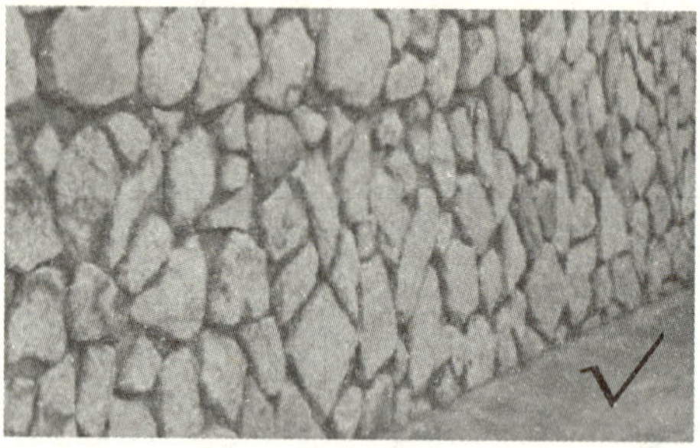 凹缝 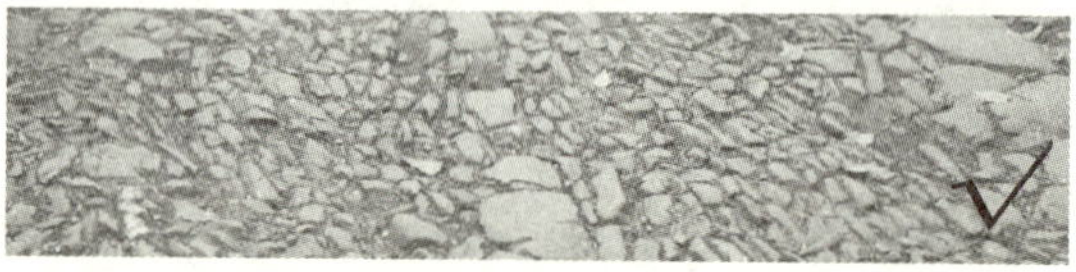 凹缝
3	应按原结构、形制铺设	  

续表

序号	修复施工要求	常见做法引导示意图

续表

序号	修复施工要求	常见做法引导示意图
4	不得使用无平面和直边的现代爆破石	 
5	要控制台阶高度，避免过高或过低影响行走	

续表

序号	修复施工要求	常见做法引导示意图

6	台阶踏步应保持水平或者略向内倾，严禁台阶踏步外倾，防止行人滑倒	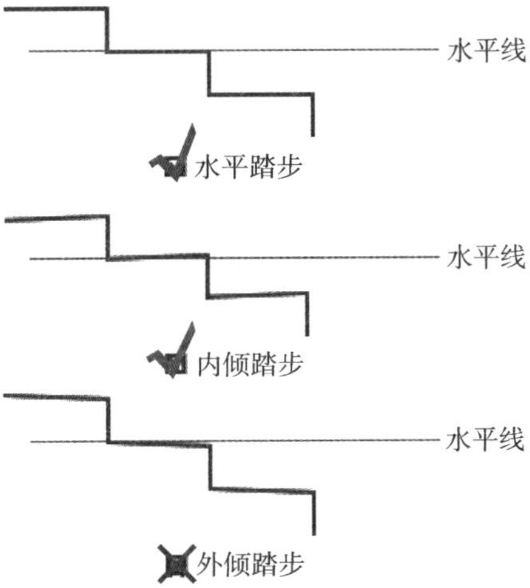 台阶踏步纵坡坡度不宜超过18% 

续表

序号	修复施工要求	常见做法引导示意图
7	施工过程中应避让树木	

7. 连接线规划设计指引

7.1 连接线选取原则

（1）关联度高：古驿道连接线的线路设计，应优先选择历史文化资源丰富或自然景观优美的线路，尽量利用现有的绿道、登山径、低等级公路等路径。实现古驿道与绿道、步道等线性载体的互联互通，围绕乡村振兴和文化自信，结合现代人的需求，实现历史文化遗产功能的转型升级，传统优秀文化创造性转化和创新性发展。

（2）连续性强：连接线应能较顺畅地连接古驿道和乡村、主要景点、历史文化资源点。建设所需的费用主要是解说牌、地面景点标识、地面划线等工程成本，不大拆大建，花小钱办出有意义的事。

（3）可达性高：选取的连接线应有较高的交通可达性，有方便换乘的公共交通方式和站点。

7.2 连接线选取方法

7.2.1 选择适宜串联的发展节点

古驿道连接线应尽可能联系体现地方特色的自然节点以及历史人文景观、城市公共空间和城乡居民点等人文发展节点，高级别的发展节点应作为优先串联的对象。

（1）适宜串联的发展节点。

①自然节点：指具备生物多样性、景观独特性的区域，包括自然保护区、风景名胜区、水源保护区、旅游度假区、森林公园、郊野公园、农田等。

②人文节点：指具有一定文化、历史特色的地区，包括人文遗迹、历史村落、传统街区等。

③城市公共空间：包括城镇建成区内部的大型居住区、大型商业区、文娱体育区、公共交通枢纽等重点地区，以及公园、广场、绿地等公共开敞空间。

④城乡居民点：城乡宜居社区、乡镇、村庄等。

（2）优选串联节点。

对上述发展节点进行重要性评价，挑选出较高级别的节点。

表 11　各类点状要素的分级建议

节点类型	分类		
	非常重要	重要	普通
自然节点	国家级、省级自然保护区	市级自然保护区	—
	—	观光农业园区	连片农田、基塘系统
	—	大、中型水库与湖泊	小型水库与湖泊
	国家、省级森林公园	市级森林公园	县级森林公园
	国家、省级风景名胜区	—	—
	国家、省级旅游度假区	市级旅游度假区	—
节点类型	分类		
	非常重要	重要	普通
	—	郊野公园、湿地公园	—
人文节点	国家级历史文化名镇（村）、省级历史文化街区、名镇（村）	具有成片岭南建筑的街区、历史文化遗迹	村庄
	全国重点文物保护单位、省文物保护单位	市级文物保护单位	县级文物保护单位、区级文物保护单位、文物保护点
城市公共空间	大型居住区、大型商业区、文娱体育区、公共交通枢纽	—	—
	城市级公园、广场	区级公园、广场	社区公园、广场
	大型绿地	中型绿地	小型绿地
城乡居民点	—	宜居社区、乡镇、村庄等	—

7.2.2　选取古驿道连接线的适宜路径

选取开敞空间边缘、交通线路和已有绿道等作为古驿道连接线的依托，以优先串联重要节点为目标，综合考虑长度、宽度、通行难易程度、建设条件等因素，对线性通廊进行比选，确定古驿道连接线的适宜线路。

（1）开敞空间边缘：指体现自然肌理的水系边缘（江、河、湖、海、溪谷等水体岸线）、山林边缘、农田边缘（农田的田埂、桑基鱼塘的塘基）等。

（2）已有绿道：包括已建成的现状绿道。古驿道连接线应与现有绿道有机衔接，共同构建覆盖区域的绿道网络。局部地区受条件限制，古驿道连接线可考虑与已有绿道并线。在与已有绿道有机衔接的前提下，古驿道连接线应保持其相对独立性。

（3）交通线路：包括废弃铁路和高速公路、国道、省道、县道、乡道、村道等公路，以及市政道路、景区游道、田间小道等。应根据交通流量、车行速度等确定其适宜程度，如废弃铁路、景区游道、田间小道等非机动交通线路，以游憩和耕作功能为主，在选线时可优先考虑；市政道路的慢行系统也可因地制宜地予以考虑；而高速公路、国道、省道等快速机动交通线路，随着交通流量的增大和机动车速度的增加，其适宜程度依次降低，一般不宜选作古驿道连接线路径；而县道、乡道、村道等公路由于交通流量较小，必要时可作为古驿道连接线。

7.3 连接线建设原则

7.3.1 简单实用，通俗易懂

古驿道连接线是古驿道的延伸，是历史与现代交融的地带，运用线性连接线串起重要景点，系统讲述国家、地区、市县的历史，表达方式直观，效果深入人心。连接线的组织形式、表达方式应简单实用，通俗易懂。彩

图72 美国波士顿自由之路

砖铺设、道路指引线、设置标识牌、地面嵌入 LOGO，是古驿道连接线建设的有效手段。

图 73　美国贝蒙特镇 Waverley Trail 主题游径

图 74　汕头樟林古港

7.3.2　指向明晰，定位准确

连接线的建设应体现出明显的步行指引连续性和系统性，应具有定位和标记功能。沿着地面路径标识线布局，标识牌在保持整体风格协调的同时，可在每一处立体标识牌上角标记序号，当游人迷路或需要寻求帮助时，借助标识牌即可准确定位，同时也将各个标识牌有机联系起来，构成完整的标识系统。每一处标识的布置，不仅服务于历史遗迹的展示，也应结合周边环境适当扩展其功能，如提供地图指引、旅游景区说明等功能，与旅游导引系统相结合，形成完整的旅游服务体系。

7.3.3　内涵丰富，叙述生动

连接线解说牌的内容要丰富生动。可涉及地区历史由来、商业、教育、医疗、建筑、历史名人等内容，结合历史照片与现场场景进行比对，叙述当地发生的一些历史故事、真人实事。

7.4　连接线建设模式及规划设计指引

根据古驿道连接线所处区位和目标功能不同，其建设可分为 3 种模式：新建慢行道作为古驿道连接线；提升现有低等级道路作为连接线；在古驿道重要节点处增加标志或 LOGO，以点串线形成古驿道连接线。

7.4.1 新建慢行道作为古驿道连接线

（1）类型。

根据古驿道连接线穿越地区不同，新建的慢行道连接线可分为生态型、郊野型两类。

① 生态型慢行道：主要依托古驿道本体外围的自然河流、小溪、海岸及山脊线设立，通过对动植物栖息地的保护、创建、连接和管理，来维育地区的生态环境和保障生物多样性，可供进行自然科考及野外徒步旅行。

② 郊野型慢行道：主要依托古驿道本体周边的开敞绿地、水体、海岸和田野设立，包括登山道、栈道、慢行休闲道的形式，旨在为人们提供亲近大自然、感受大自然的绿色休闲空间，实现人与自然的和谐共处。

（2）宽度。

新建的慢行道包含步行道、自行车道、无障碍道和综合慢行道（即步行道、自行车道和无障碍慢行道的综合体）。宽度针对郊野型和生态型两种慢行道的使用功能和地区有所不同，参照《珠三角区域绿道（省立）规划设计技术指引（试行）》，见表12。

表12 新建慢行道作为连接线的参考宽度标准

类型	慢行道宽度的参考标准
步行道	1.5米（郊野型连接线）
	1.2米（生态型连接线）
自行车道	1.5米（郊野型连接线）
	1.5米（生态型连接线）
无障碍道	2米（郊野型连接线）
	1.5米（生态型连接线）
综合慢行道	3米（郊野型连接线）
	2米（生态型连接线）

（3）材质选择。

选择新建慢行道铺装材料时，主要取决于其功能与类型。此外，还要保证所选材料能与周围自然环境相协调，并能代表当地特色或文化特征。在满足使用强度的基础上，鼓励采用环保生态自然材料铺装慢行道路面，多采用软性铺装，常见的软性铺装和硬性铺装材料，见表13。

表13　推荐材质一览表

铺装分类	铺面材料	优点	缺点
软性铺装	裸土	自然材料，成本最低，维护较少，可塑性强，利于日后改造	比较脏，天气适应性差，用途局限
	碎木纤维	自然材料，表面柔软，方便行走，成本适中	易腐蚀（不耐高温、潮湿、阳光），后期维护较多
	颗粒石	自然材料，表面柔软，方便行走，成本适中	表面容易受到侵蚀、冲刷，日常维护多
	木料	自然材料，铺面柔韧性好，景观性和生态性好，用途多样	铺设造价高，易受损坏，维护费用高，潮湿易滑并引起火灾
硬性铺装	沥青	表面坚硬，用途多样，天气适应性强，抗腐蚀，维护费用低	铺设造价高，生态性差，容易造成污染
	石块	自然材料，表面坚硬，用途多样，天气适应性强，抗腐蚀	铺设造价高，容易侵蚀，可能会存留坚硬的石角，对游人的安全存在一定隐患
	混凝土	表面坚硬，用途多样，天气适应性强，维护费用低	容易导致表面崎岖，铺设和维护费用均高，生态性差

（4）坡度。

新建慢行道的坡度设计应与现有自然条件下的横坡、纵坡相匹配。坡度参照《珠三角区域绿道（省立）规划设计技术指引（试行）》，可参考表14。

表 14　新建慢行道坡度设计范围

慢行道类型	纵坡坡度参照标准	横坡坡度参照标准
自行车道	3% 为宜，最大不宜超过 8%	2% 为宜，最大不宜超过 4%
步行道	3% 为宜，最大不宜超过 12%（当纵坡坡度大于 8% 时，应辅以梯步解决竖向交通）	最大不宜超过 4%
无障碍慢行道	2% 为宜，最大不宜超过 8%	2% 为宜，最大不宜超过 4%

7.4.2　提升现有低等级道路作为古驿道连接线

（1）选线方式：古驿道连接线一般不直接借道公路，穿行于村庄、生态郊野等区域的古驿道连接线可选用机动交通较少、等级较低的县道、乡道、村道、田间道路等作为依托，应尽量远离国道、省道、县道等快速交通道路。宽度以现有宽度为主，不对路面进行拓宽。

（2）建设方式：对已铺沥青的县道、乡道，可采用铺砖、喷油漆做标记线的形式加以提升；经过果园、茶园、花卉种植基地等农业生产用地的村道、机耕路，可在旁边设置标志牌，不对原有通路进行大改造，体现郊野特色，但应避免破坏果树、庄稼等作物。

① 地面标记线：在地面上以画出或标记出一条线路，串联起宗祠、老屋、庙宇、自然风景、生态治理点等乡村节点。地面标记线统一位于道路中间，材料选择时应注意耐磨、无味、无毒害。混凝土材质路面的标记线可采用绿色热熔胶画线，花岗岩或透水砖材质的路面可用砖进行铺设，铺法为两块砖并排立铺。

② 标识（标志物）：标识（标志物）样式要素应选用“南粤古驿道”LOGO 标志，有条件的地区可以适当增加能够体现本地历史文化风貌的元素，以反映本地的历史文化变迁，描绘城市的演变过程，引起当地群众的情感共鸣，增强居民的认同感和自豪感。标识（标志物）样式尽量位于道路中间，砂土路面标识物立于道路一侧，所处位置须明显。

图 75　铺沥青的县道、乡道、村道标线、标识物样式示意图

图 76　土质路面村道标识牌样式示意图

图 77　石板路面村道地面标线样式示意图

图 78　水泥路面地面标识样式示意图

7.4.3　重要节点标识规划设计

由于各地古驿道遗存情况不同，针对古驿道本体遗存较少，而历史文化资源点分布较多的地区，连接线建设注重在节点处设置标识，增强古驿道文化视觉感受。用节点串联路径，形成游览线路，作为古驿道连接线的一种模式。

在古驿道和连接线交接处、沿线历史文化资源点，宜设置“南粤古驿道文化之旅”标识，旁边可增设本地文化主题 LOGO，展示文化遗产资源的内涵和历史遗存，注重保护和修复历史文化资源及环境，可适当结合旅游开发建设，提高地区吸引力。

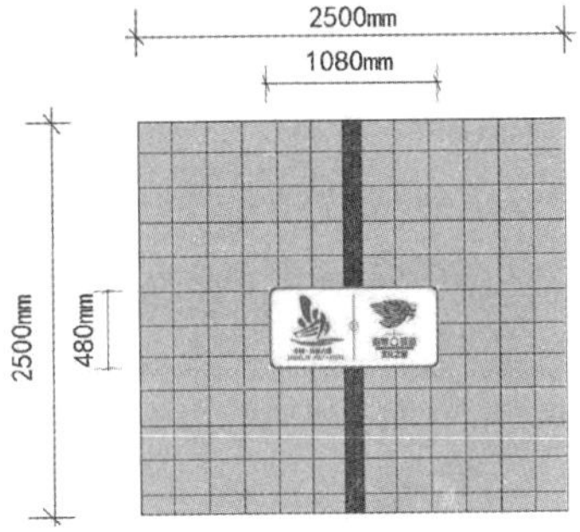

图 79　花岗岩路面地面标识样式示意图

图 80　透水砖地面标线、标识物样式示意图

8. 维护保障

（1）持续追踪完善古驿道文化信息，加强后期策划与运营。

古驿道建设完成后，还应继续深入挖掘古驿道的历史文化资源，不断补充和完善古驿道的历史变迁线索，同时在后续利用上加强古驿道历史文化保护与旅游开发、体育健身活动的结合，构建综合文化体育旅游线路。

（2）加强日常维护和后期管理，持续跟踪记录古驿道使用情况。

为了让古驿道保持良好的使用状态，应当对古驿道进行定期检查，对局部使用集中、频繁的地段，应增加其维护频率。通过使用需求调查，分析不同线路的使用频率，及时跟进古驿道保养的注意事项，实时掌握变化情况和安全问题，对路面、指示牌、服务点等设施进行维护。建议地方政府组织村民成立古驿道维护小组，长期维护驿路环境，并将古驿道维护资金纳入年度财政预算。积极吸纳和挖掘本地工匠，充实和加强古驿道修复的技术队伍。

（3）定期进行安全评估，建立古驿道应急救援系统。

应定期对古驿道进行安全评估，划定安全级别，及早发现潜在的安全隐患，并应制定相应的安全管理规章制度和安全守则，防止或避免安全事故的发生。制定应对突发事件的应急预案，把可能出现的危险减到最低程度。

（4）建立数据管理系统。

搭建古驿道数据管理系统，通过网络与网站建设，为古驿道的建设及管理提供一个集信息发布、政策公开、技术交流、管理支持于一体的服务平台和安全监控系统，向市民及游客发布治安预警、健康预警、客流量预警、自然灾害预警等相关安全信息。

工程做法总说明

1. 地面不规则石材铺装，除特殊标注外，缝宽10—15毫米，并勾凹平缝，不规则石材周边须用手工切割并使边缘自然。

2. 古驿道平地段排水纵坡坡度0.3%—0.5%，古驿道新建的路面横坡坡度设定在1%—2%，最小纵坡度设定在0.3%以上，以确保路面排水畅通。

3. 古驿道山地段纵坡不宜大于18%，纵坡超过15%路段，路面应作防滑处理；纵坡超过18%，宜设置台阶。

4. 新修古驿道净宽不宜小于1.5米，台阶踏步数不应少于2级，踏步宽度不宜小于0.3米，踏步高度不宜大于0.15米，并不宜小于0.1米，踏步应设有防滑。台阶每升高1.2—1.5米，宜设置休息平台，平台进深应大于1.2米。条件为特陡山地时，宜根据具体情况增加台阶数，但不宜超过18级。台阶连续升高超过5.0米时，宜设置转折平台，且转折平台的进深不宜小于古道宽度。

5. 古驿道路基设计应根据使用功能提出填料选择、压实系数、强度要求、边坡要求等，应考虑路基排水、路基防护等内容。遇塌方或滑坡路段，应作特殊处理。

6. 防护：人流密集的场所台阶高度超过0.6米并侧面临空时，应设防护设施。古驿道沿线存在河、湖边、溪流、古桥等场地，水深大于0.5米（含0.5米）应设安全防护设施。古驿道沿线，在地形险要的地段应设安全防护设施。

7. 防洪：处于山区地段，沿山脚设置截洪沟。截洪沟断面应根据地形的汇水面积与当地最大暴雨量计算公式的计算值而定。确保本地块安全度汛。

8. 3∶7灰土：以石灰、黏土按3∶7体积比例配置而成的，是一种具有较高强度的建筑材料。

9. 三合土：由石灰、黏土、细砂所组成的一种建筑材料，其实际配比视泥土的含沙量而定。

古驿道样式	山地型

类型：山地型	平立面

人工开凿板石+自然排水

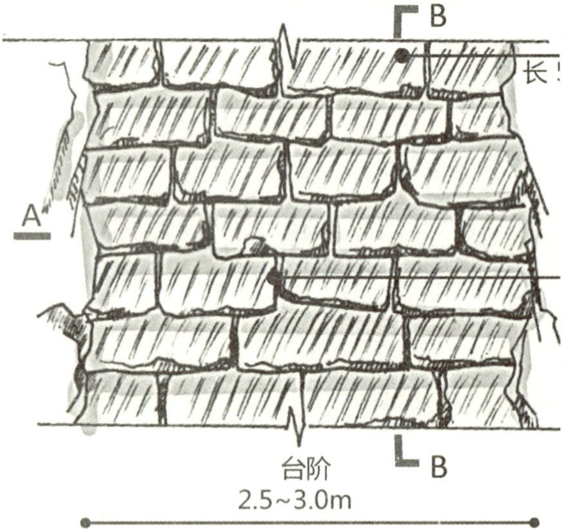

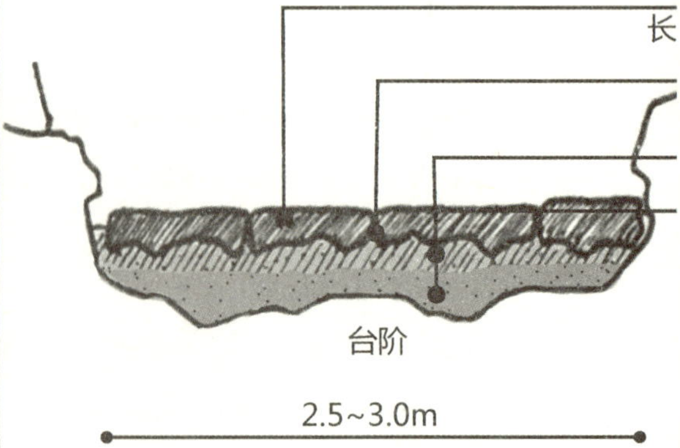

山地型经典样式一
西京古道一梯云岭

高150~200mm人工开凿板石
500~900mm 宽 400~600mm

A

3:7灰土填缝压实，压平

平面图

高150~200mm人工开凿板石
500~900mm 宽 400~600mm
3:7灰土填缝压实，压平

100~150mm3:7灰土结合层

素土夯实(压实度≥93%)

A-A断面图

轴侧做法

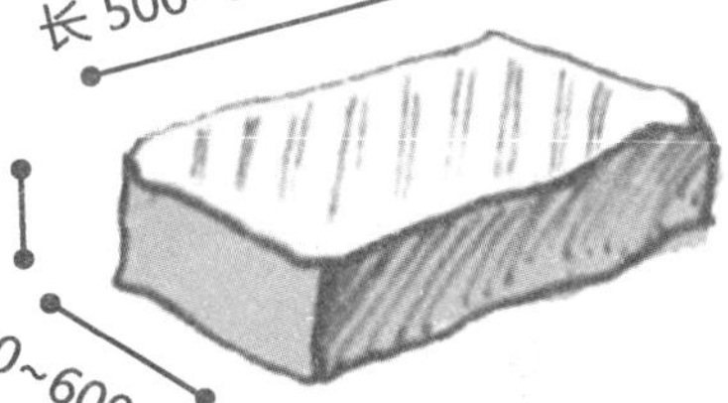

人工开凿板石示意图

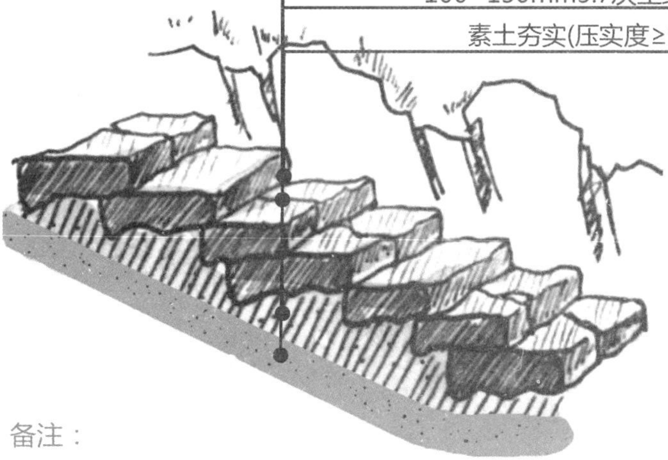

备注：

- 板石搭接时可采用对搭、错搭，缝搭穿插使用。
- 铺砌时根据稳固需求，可适当使用灰土。

B-B剖面示意图

古驿道样式	山地型	平原

类型：山地型

人工开凿（自然）块石+双侧土沟排水

山地型经典样式二
西京古道—腊岭

平立面

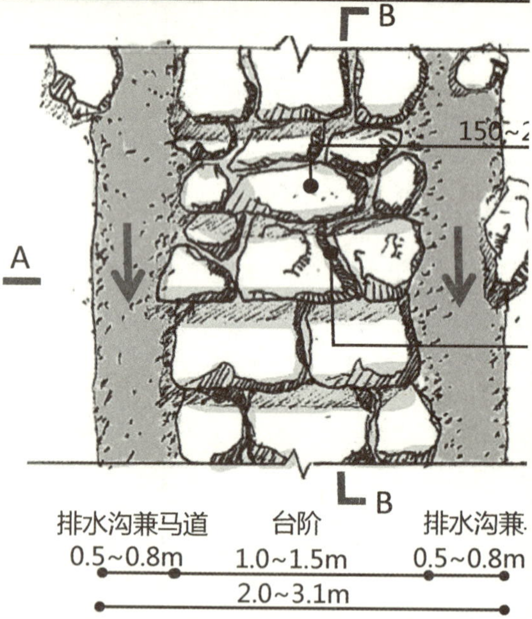

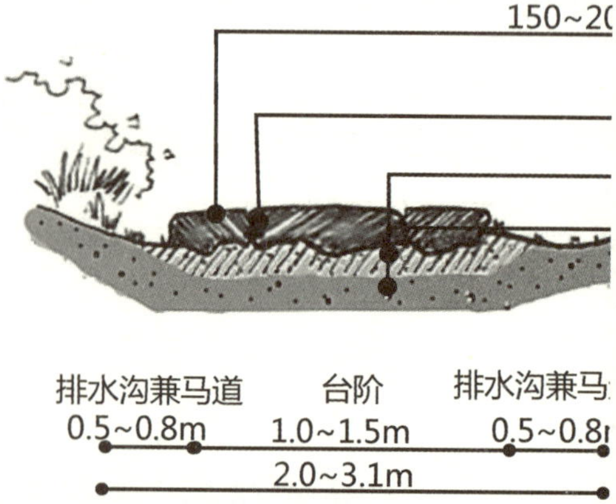

面型 | 滨水型 | 村镇型

200mm厚人工开凿（自然）块石
块径 200~600mm

A

3:7灰土填缝压实，压平

马道

平面图

00mm厚人工开凿（自然）块石
块径 200~600mm
3:7灰土填缝压实，压平
100~150mm3:7灰土结合层
素土夯实(压实度≥93%)

道
n

A-A断面图

轴侧做法

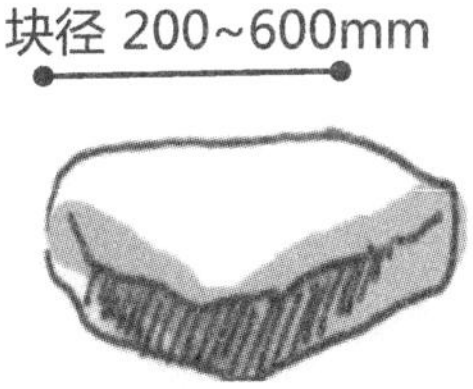

人工开凿（自然）块石示意图

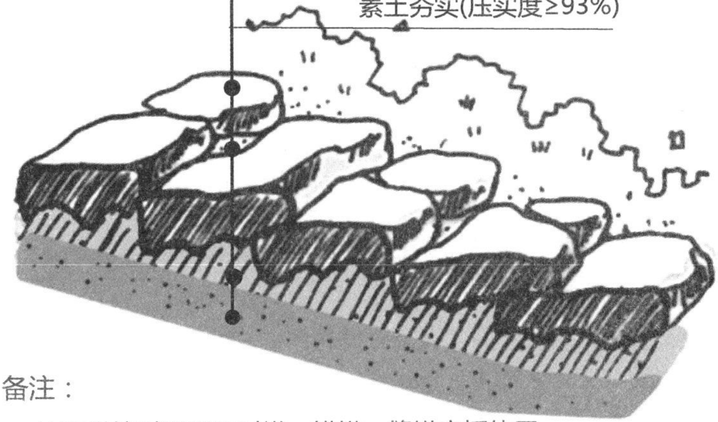

备注：

- 块石搭接时可采用对搭、错搭，缝搭穿插使用。
- 铺砌时根据稳固需求，可适当使用灰土。
- 坡度较缓处可适当放宽踏步进深。
- 排水沟可兼做马道。

B-B剖面示意图

古驿道样式 | 山地型 | 平

类型：山地型

平立面

人工开凿(自然)块石+单侧土沟排水

山地型经典样式三
西京古道—乌铜岭

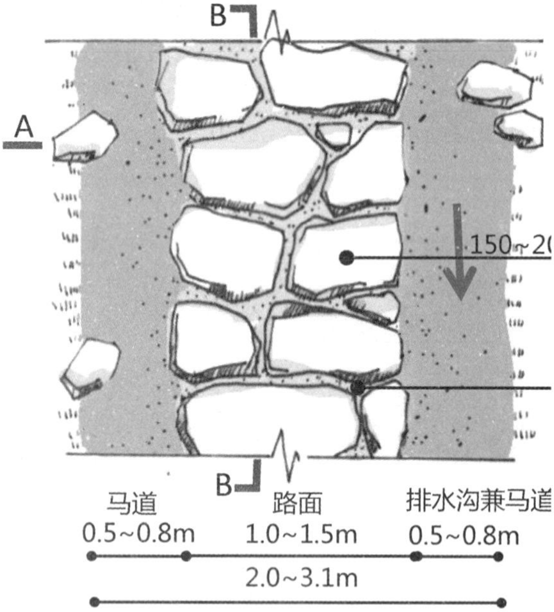

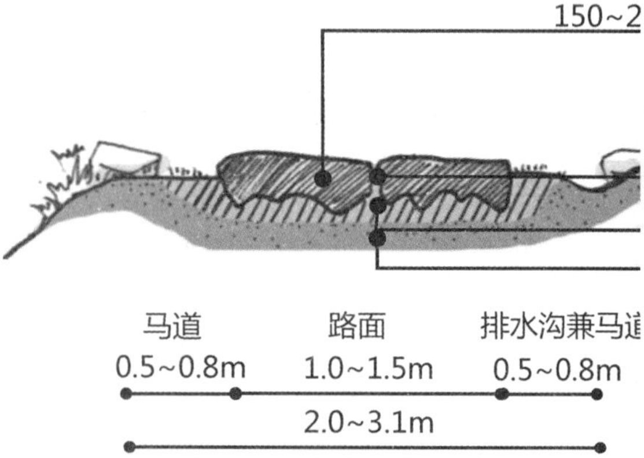

A

)0mm厚人工开凿（自然）块石
块径 200~600mm

3:7灰土填缝压实，压平

平面图

A-A断面图

轴侧做法

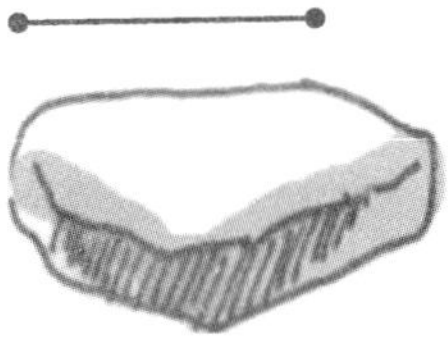

人工开凿（自然）块石示意图

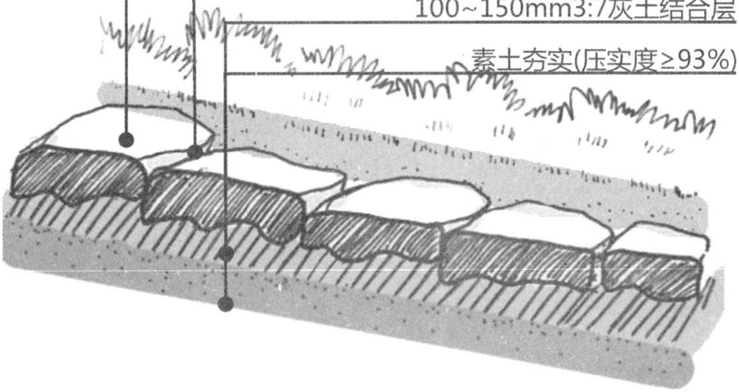

备注：

- 坡度较缓时基本以块石平铺为主,无搭接。
- 铺砌时根据稳固需求可适当使用灰土。
- 排水沟可兼做马道。

B-B剖面示意图

古驿道样式 | **山地型**

类型：山地型

人工开凿块石（片石）+单侧砌筑明沟排水

山地型经典样式四
梅关古道

平立面

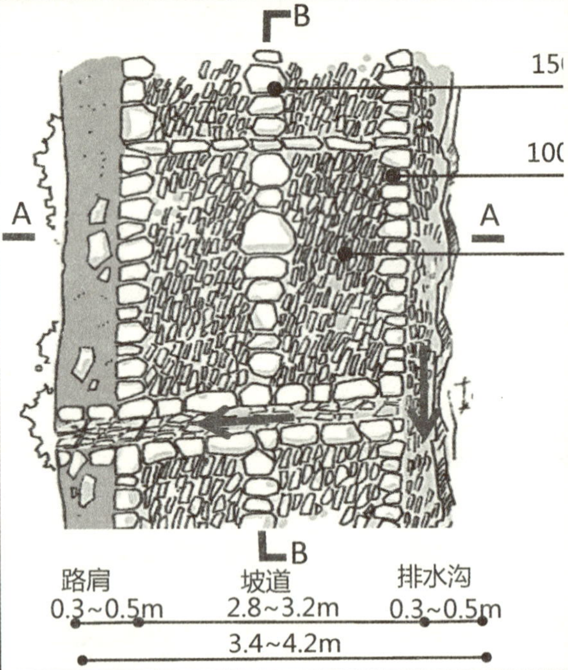

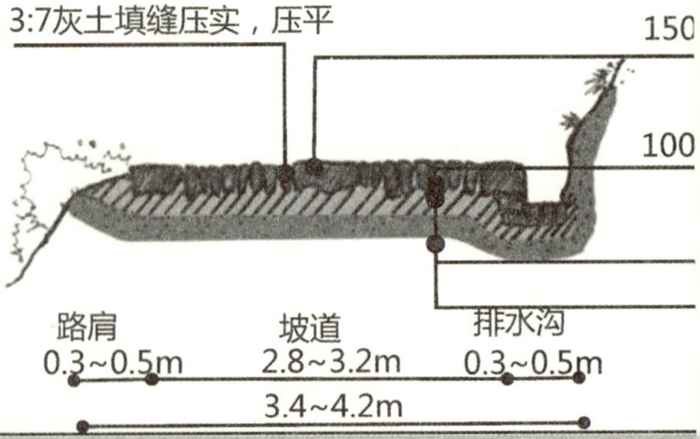

	轴侧做法
0~200mm厚人工开凿块石平铺 块径 100~200mm)~150mm厚人工开凿片石立插 块径 80~150mm 3:7灰土填缝压实，压平 平面图	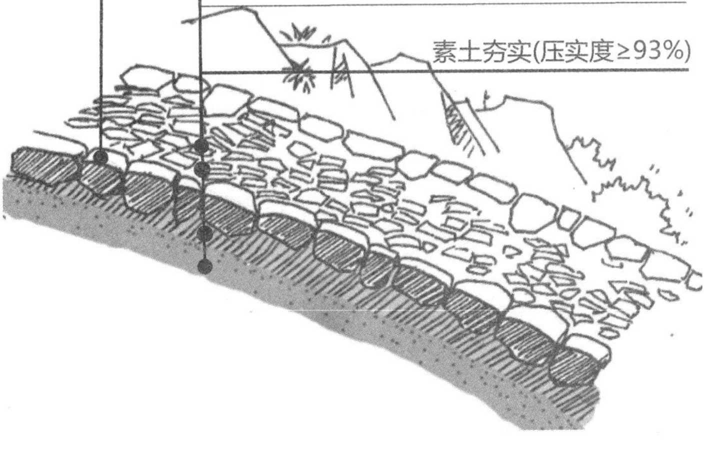 B-B剖面示意图
~200mm厚人工开凿块石平铺 块径 100~200mm ~150mm厚人工开凿片石立插 块径 80~150mm 100~150mm3:7灰土结合层 素土夯实(压实度≥93%) A-A断面图	

古驿道样式	山地型	平

类型：山地型

人工开凿块石（片石）+双侧砌筑明沟排水

山地型经典样式五
梅关古道

平立面

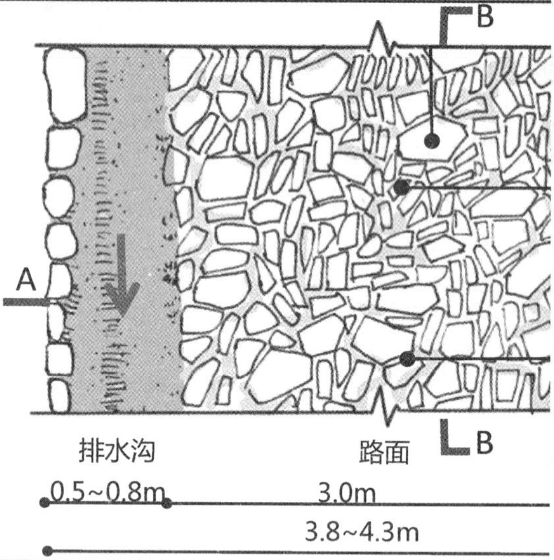

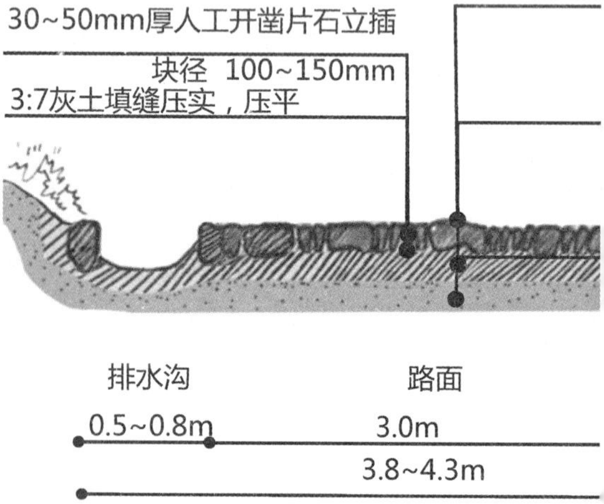

源型 | 滨水型 | 村镇型

轴侧做法

100~150mm厚人工开凿块石平铺
块径 150~200mm

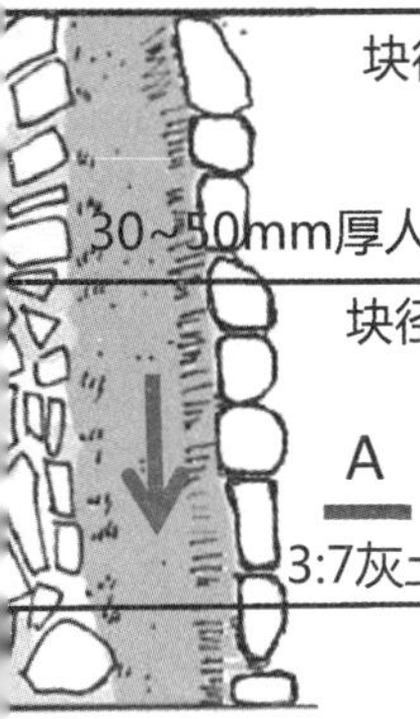

30~50mm厚人工开凿片石立插
块径 100~150mm

3:7灰土填缝压实，压平

排水沟
0.3~0.5m

平面图

100~150mm厚人工开凿块石平铺
块径 150~200mm

100~150mm3:7灰土结合层

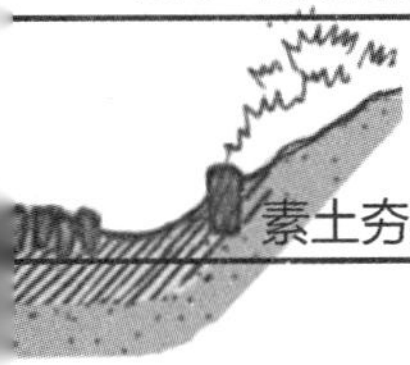

素土夯实(压实度≥93%)

排水沟
0.3~0.5m

A-A断面图

100~150mm厚人工开凿块石平铺
块径 150~200mm

30~50mm厚人工开凿片石立插
块径 100~150mm
3:7灰土填缝压实，压平

100~150mm3:7灰土结合层

素土夯实(压实度≥93%)

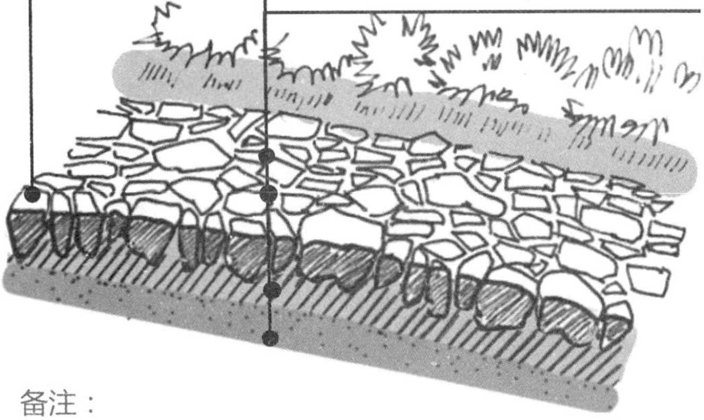

备注：

- 片石立插是指将片石侧立插入土中，片石间相互嵌固。

B-B剖面示意图

古驿道样式　山地型

类型：山地型　平立面

人工开凿自然岩体+人工开凿块石+双侧砌筑明沟排水

山地型经典样式六
梅关古道

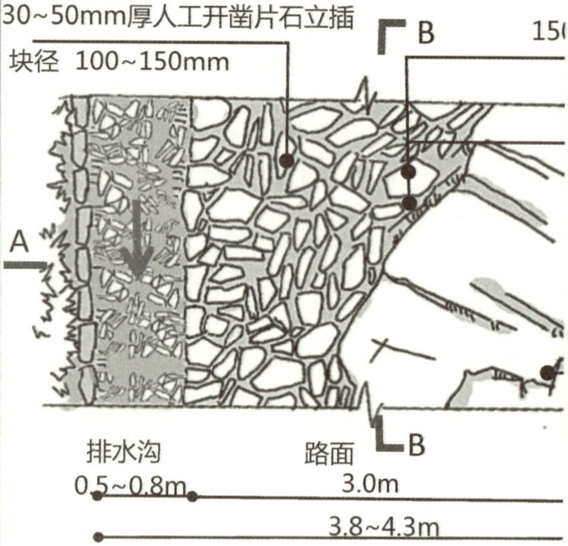

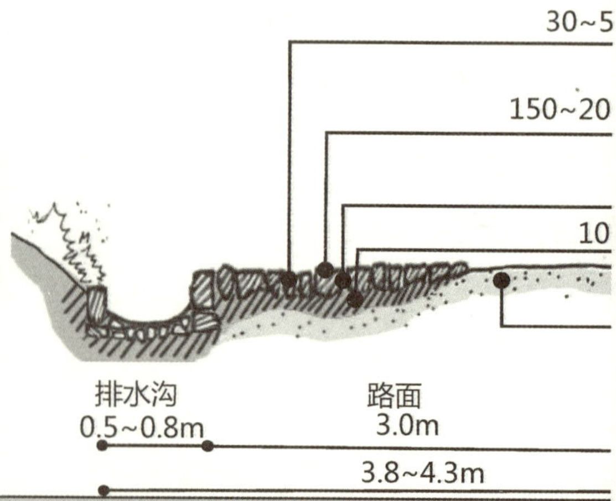

轴侧做法

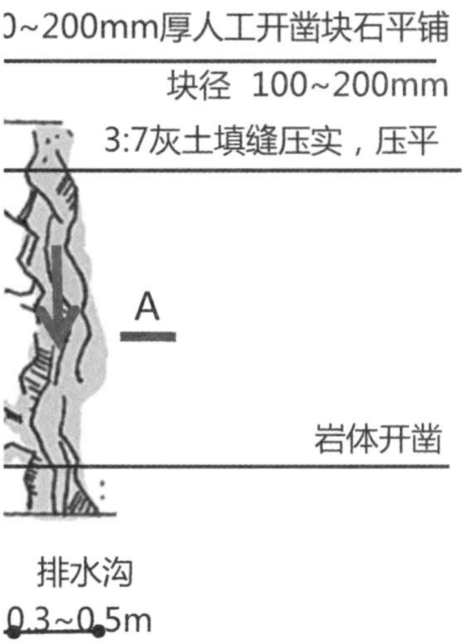

平面图

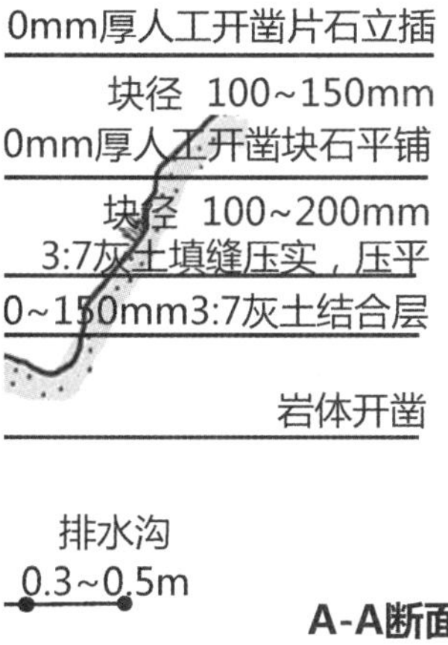

A-A断面图

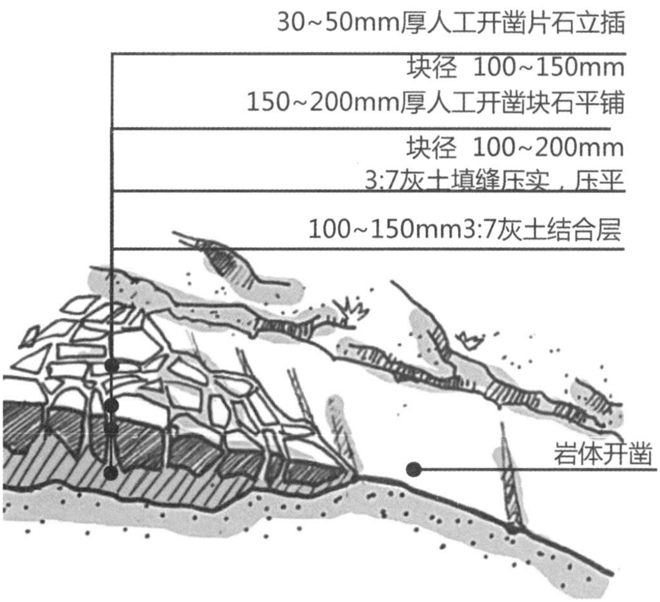

B-B剖面示意图

古驿道样式	山地型
类型：山地型	平立面

人工开凿板石、块石+双侧土沟排水

山地型经典样式七
东湖岭古道

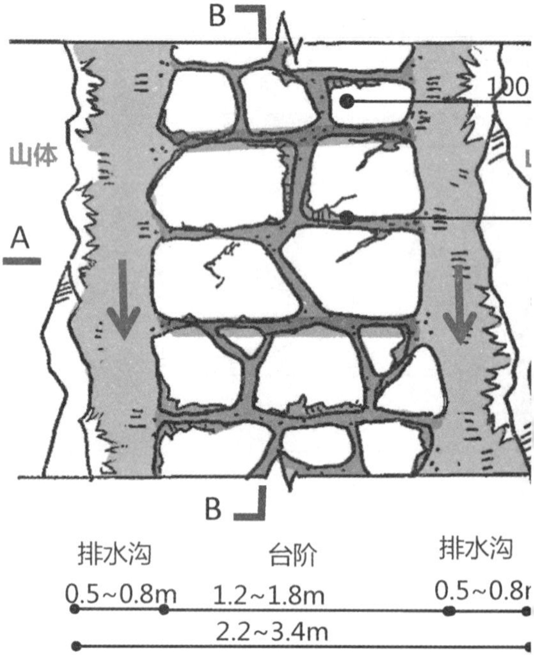

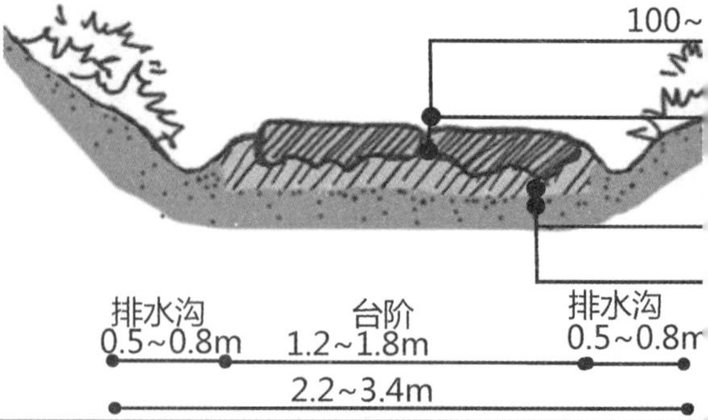

~150mm厚人工开凿板石、块石
块径 200~600mm

山体

3:7灰土填缝压实，压平

A

n

平面图

150mm厚人工开凿板石、块石
块径 200~600mm
3:7灰土填缝压实，压平

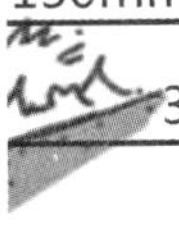

100~150mm3:7灰土结合层

素土夯实(压实度≥93%)

A-A断面图

轴侧做法

块径 200~600mm

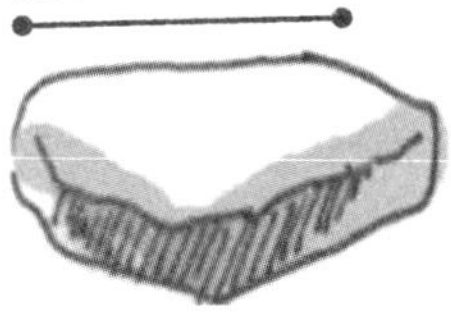

人工开凿板石、块石示意图

100~150mm厚人工开凿板石、块石
块径 200~600mm

3:7灰土填缝压实，压平

100~150mm3:7灰土结合层

素土夯实(压实度≥93%)

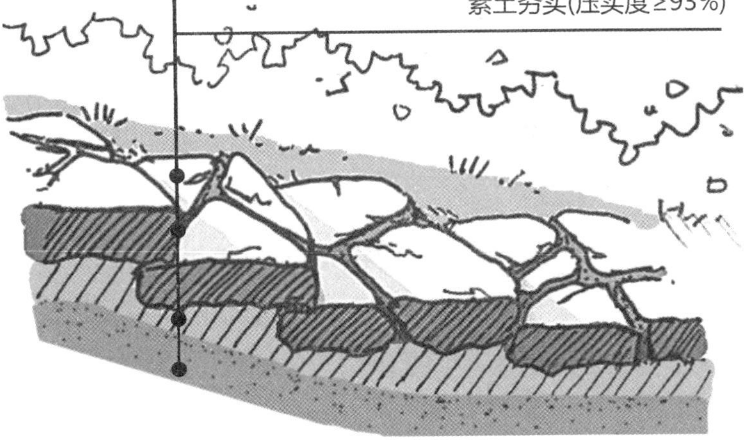

B-B剖面示意图

古驿道样式	山地型
类型：山地型	**平立面**

人工开凿块石+双侧土沟排水

山地型经典样式八
麒麟岭古道

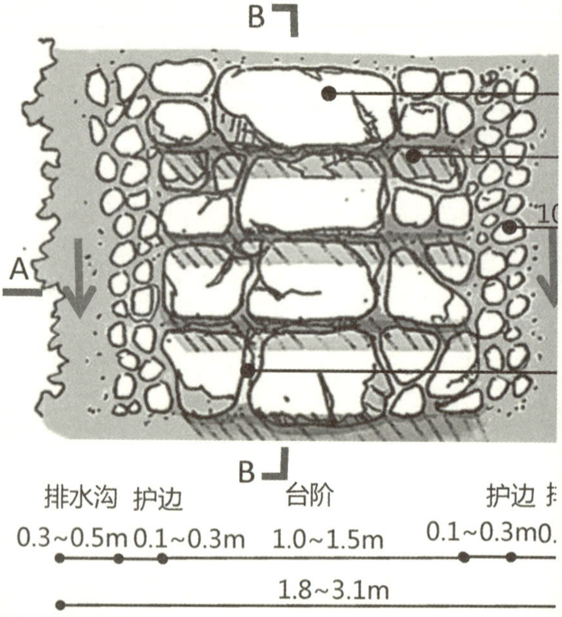

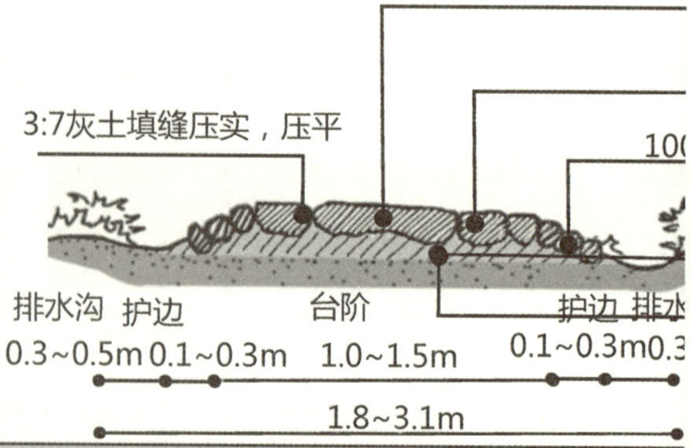

150~200mm厚人工开凿块石
块径 300~600mm
150~200mm厚人工开凿块石
块径 100~300mm
)0~120mm厚人工开凿片石立插
块径 50~80mm
A
3:7灰土填缝压实，压平

排水沟
3~0.5m

平面图

150~200mm厚人工开凿块石
块径 300~600mm
150~200mm厚人工开凿块石
块径 100~300mm
)~120mm厚人工开凿片石立插
块径 50~80mm
100~150mm3:7灰土结合层
沟 素土夯实(压实度≥93%)
~0.5m

A-A断面图

轴侧做法

块径 300~600mm

人工开凿块石 示意图

150~200mm厚人工开凿块石
块径 300~600mm
150~200mm厚人工开凿块石
块径 100~300mm
100~120mm厚人工开凿片石立插
块径 50~80mm
3:7灰土填缝压实，压平
100~150mm3:7灰土结合层
素土夯实(压实度≥93%)

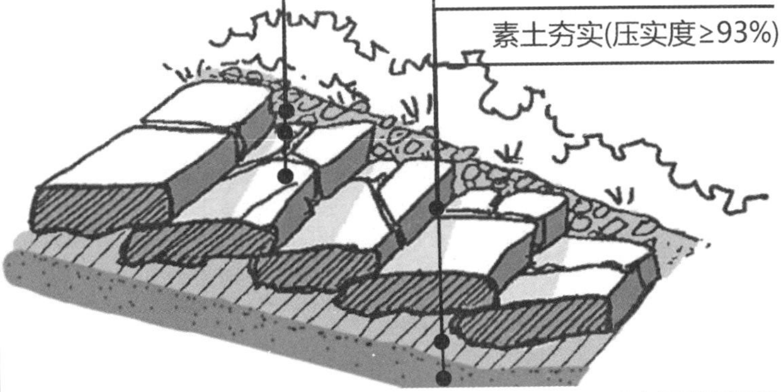

B-B剖面示意图

古驿道样式	山地型
类型：山地型	平立面

自然块石+自然排水

山地型经典样式九
西片古道

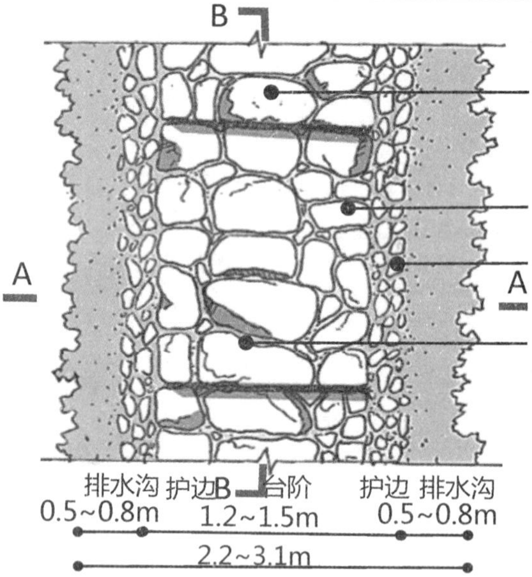

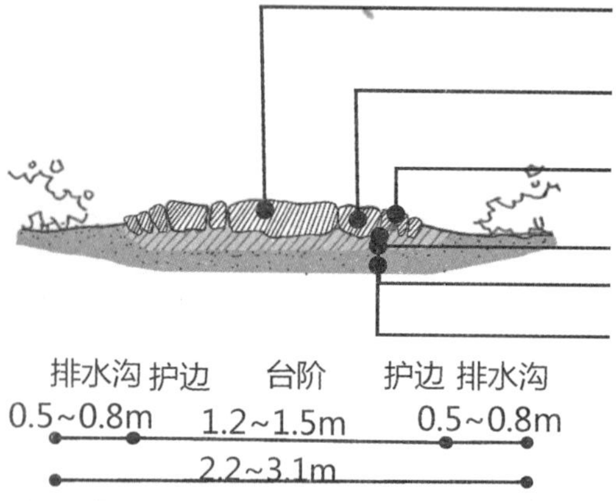

轴侧做法

150~200mm厚自然块石
块径 300~500mm

150~200mm厚自然块石
块径 200~300mm
100~120mm厚自然块石立插
块径 50~80mm
3:7灰土填缝压实，压平

平面图

150~200mm厚自然块石
块径 300~500mm
150~200mm厚自然块石
块径 200~300mm
100~120mm厚自然块石立插
块径 50~80mm
3:7灰土填缝压实，压平
100~150mm3:7灰土结合层
素土夯实(压实度≥93%)

A-A断面图

100~120mm厚自然块石立插
块径 50~80mm
150~200mm厚自然块石
块径 200~300mm

150~200mm厚自然块石
块径 300~500mm

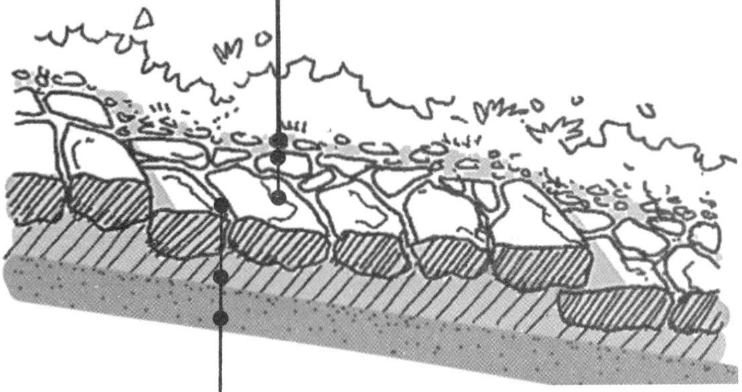

3:7灰土填缝压实，压平
100~150mm3:7灰土结合层
素土夯实(压实度≥93%)

B-B剖面示意图

古驿道样式	山地型	平[illegible]

类型：山地型	平立面

人工开凿块石+单侧土沟排水

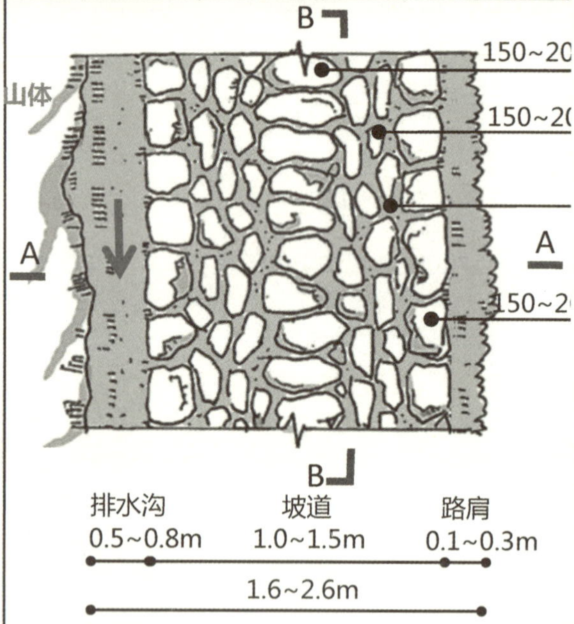

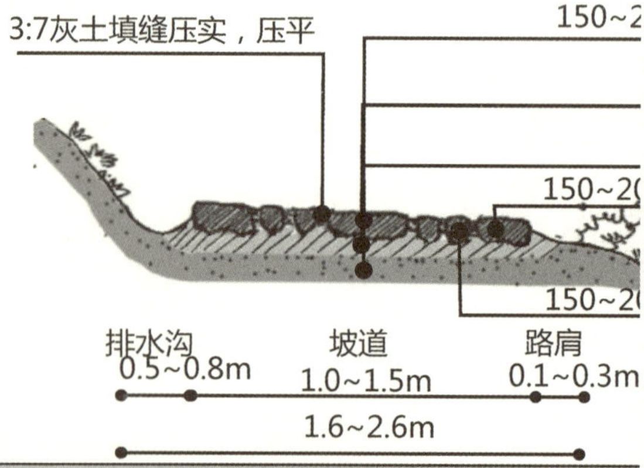

山地型经典样式十
大柘镇盐米古道

轴侧做法

)0mm厚人工开凿块石横向平铺
块径 200~300mm
)0mm厚人工开凿块石纵向平铺
块径 100~200mm
3:7灰土填缝压实，压平

00mm厚人工开凿块石纵向平铺
块径 200~300mm

平面图

200mm厚人工开凿块石横向平铺
块径 200~300mm
100~150mm3:7灰土结合层
素土夯实(压实度≥93%)
)0mm厚人工开凿块石纵向平铺
块径 200~300mm
)0mm厚人工开凿块石纵向平铺
块径 100~200mm

A-A断面图

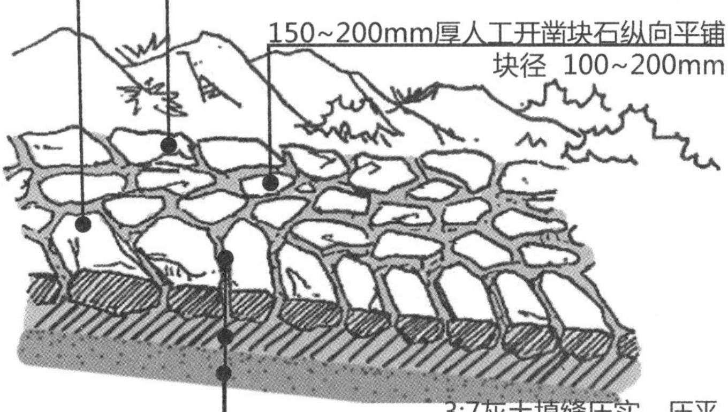

B-B剖面示意图

古驿道样式	山地型
类型：山地型	平立面

人工开凿阶挡块石+人工开凿块石+双侧土沟排水

山地型经典样式十一
八尺镇梅州岃古道

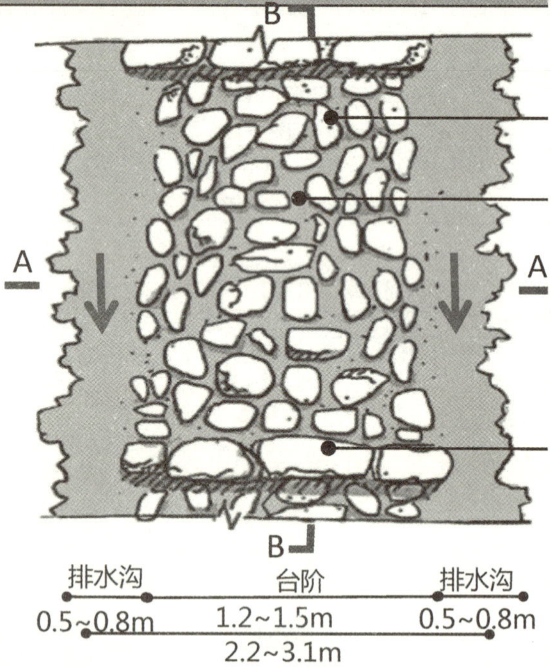

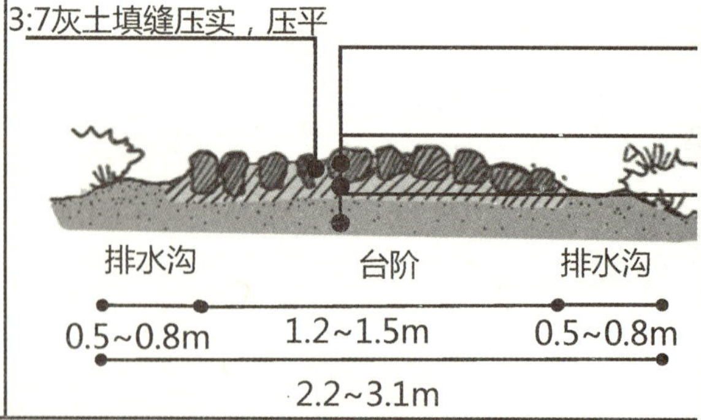

轴侧做法

100~150mm厚人工开凿块石
块径 100~150mm

3:7灰土填缝压实，压平

150mm厚人工开凿块石
块径 200~300mm

平面图

100~150mm厚人工开凿块石
块径 100~150mm

100~150mm3:7灰土结合层

素土夯实(压实度≥93%)

A-A断面图

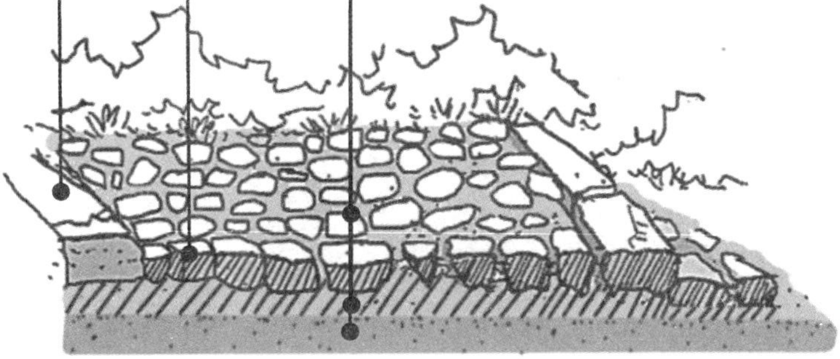

B-B剖面示意图

古驿道样式	山地型
类型：山地型	平立面

人工开凿阶挡条石+人工开凿块石+双侧土沟排水

山地型经典样式十二
八尺镇梅州岃古道

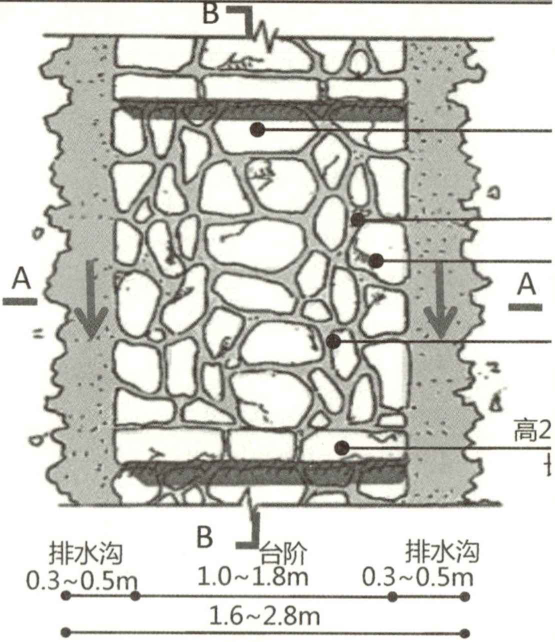

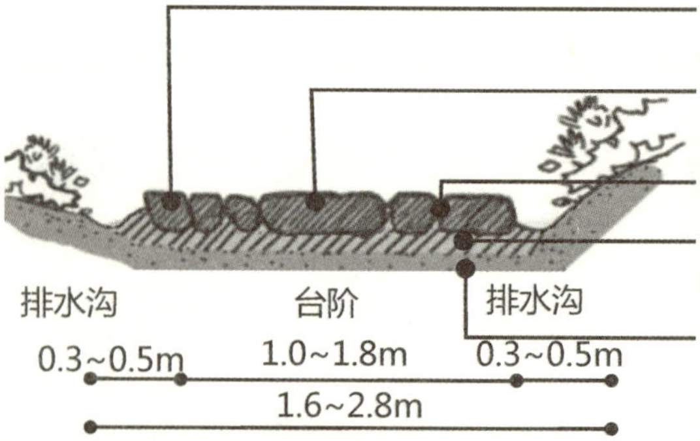

150~200mm厚人工开凿块石
块径 200~300mm

3:7灰土填缝压实，压平

150~200mm厚人工开凿块石
块径 150~200mm

100~150mm厚人工开凿块石
块径 100~150mm

00~250mm人工开凿条石侧立
长600~800mm 宽80~100mm

平面图

100~150mm厚人工开凿块石
块径 100~150mm

150~200mm厚人工开凿块石
块径 200~300mm

3:7灰土填缝压实，压平

100~150mm3:7灰土结合层

素土夯实(压实度≥93%)

A-A断面图

轴侧做法

高200~250mm人工开凿条石侧立
长600~800mm 宽 80~100mm

150~200mm厚人工开凿块石
块径 200~300mm

150~200mm厚人工开凿块石
块径 150~200mm

100~150mm厚人工开凿块石
块径 100~150mm

3:7灰土填缝压实，压平

100~150mm3:7灰土结合层

素土夯实(压实度≥93%)

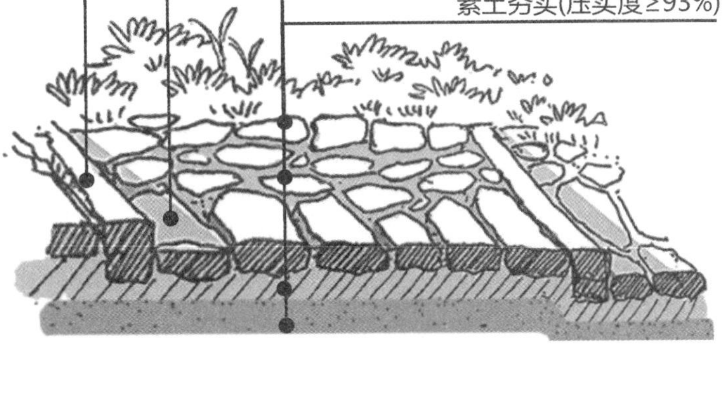

B-B剖面示意图

SDX-12

古驿道样式	山地型
类型：山地型	平立面

人工开凿阶挡条石+自然块石+单侧土沟排水

山地型经典样式十三
香山古驿道

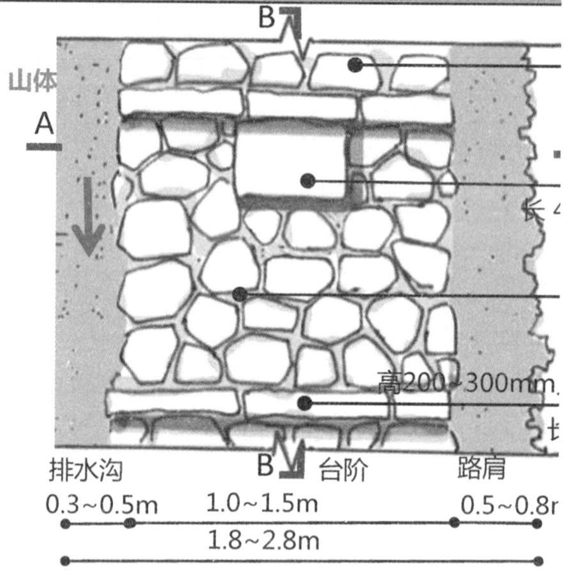

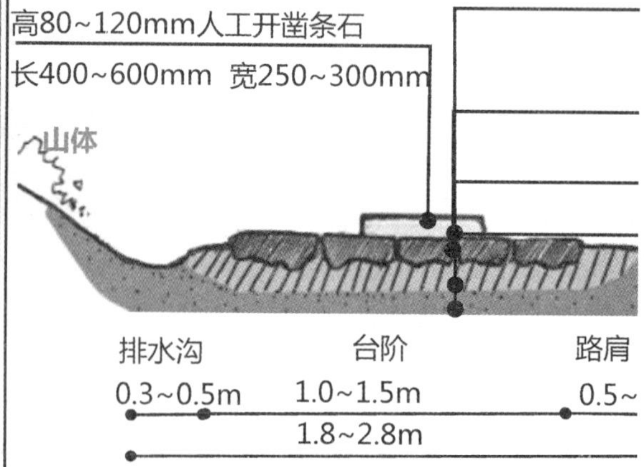

150~200mm厚自然块石
块径 100~200mm

高80~120mm人工开凿条石
00~600mm 宽 250~300mm

3:7灰土填缝压实，压平

人工开凿条石（阶挡条石）侧立
600~800mm 宽80~120mm

平面图

150~200mm厚自然块石
块径 100~200mm
3:7灰土填缝压实，压平
100~150mm3:7灰土结合层
素土夯实(压实度≥93%)

0.8m

A-A断面图

轴侧做法

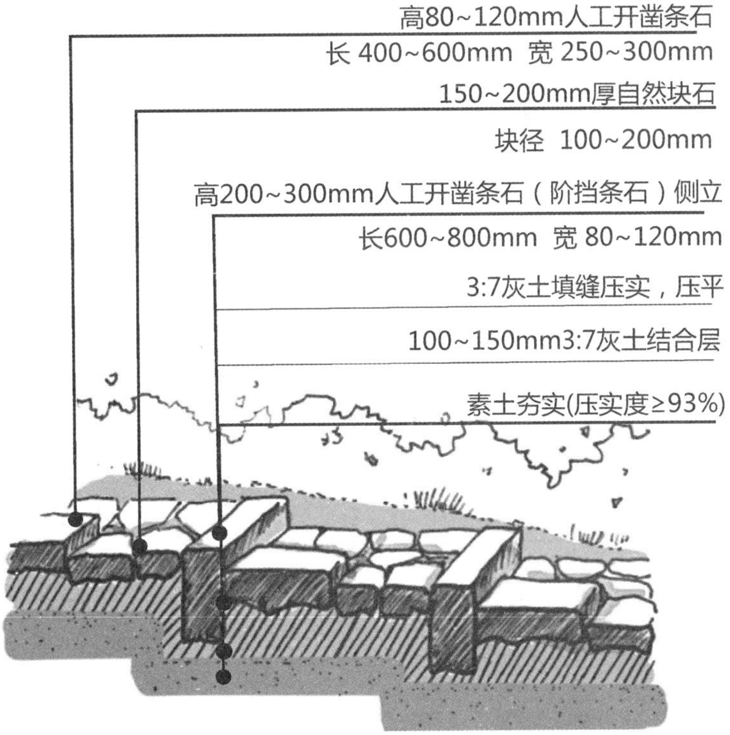

备注：
- 铺砌时根据稳固需求，可适当使用灰土。

B-B剖面示意图

古驿道样式	山地型
类型：山地型	**平立面**

人工开凿阶挡条石+自然石块+单侧砌筑明沟排水

山地型经典样式十四
香山古驿道

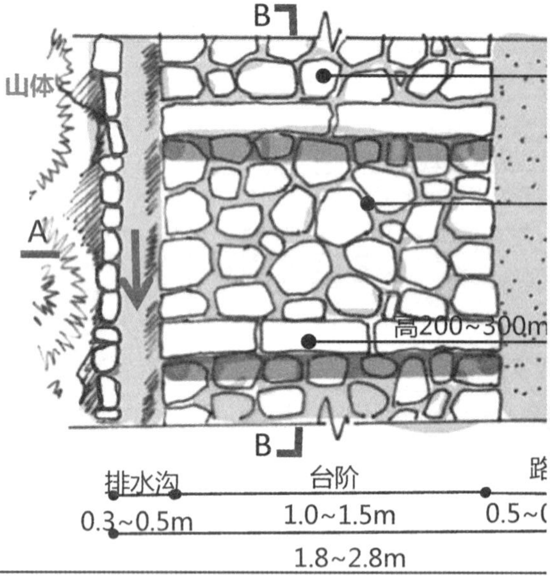

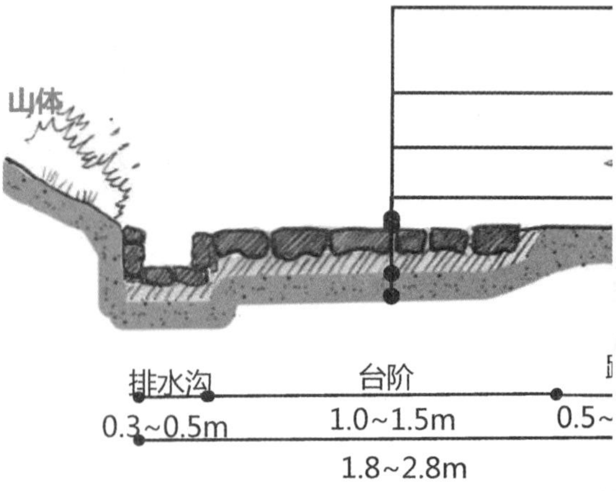

型 | 滨水型 | 村镇型

轴侧做法

平面图

A-A断面图

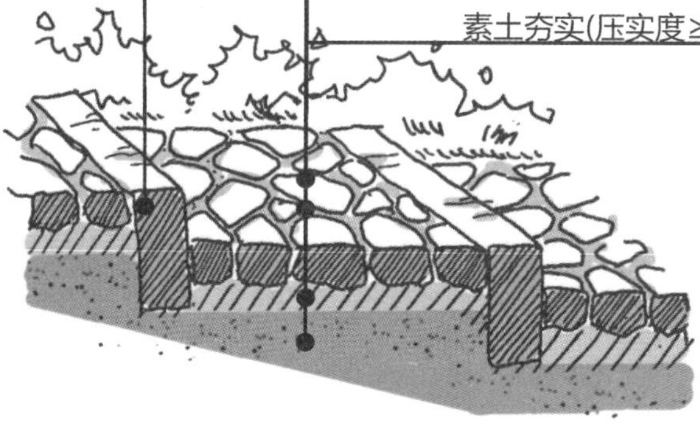

备注：

- 铺砌时根据稳固需求，可适当使用灰土。
- 排水沟可用三合土砌筑并抹沟底。

B-B剖面示意图

古驿道样式	山地型	平
类型：山地型		平立面

人工开凿阶挡条石+三合土+自然排水

山地型经典样式十五
香山古驿道

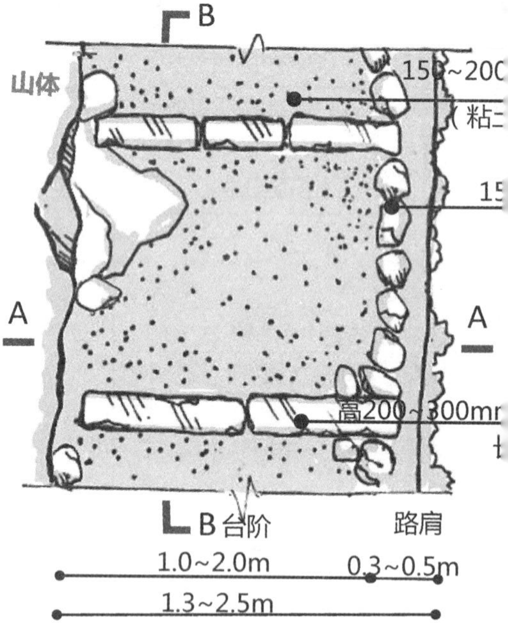

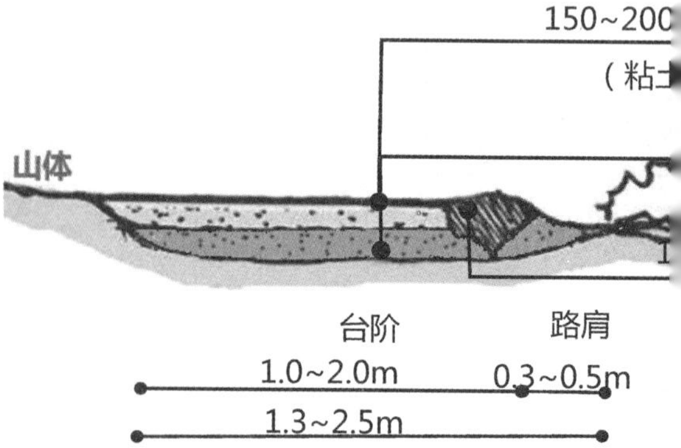

)mm厚三合土路面,强度0.8MPa
上：中砂：石灰（贝灰）=1:3:1)

50~200mm厚自然块石（收边）
块径 100~200mm

n人工开凿条石（阶挡条石）侧立
长 600~800mm 宽 80~120mm

平面图

mm厚三合土路面,强度0.8MPa
土：中砂：石灰（贝灰）=1:3:1)
素土夯实(压实度≥93%)

50~200mm厚自然块石（收边）
块径 100~200mm

A-A断面图

轴侧做法

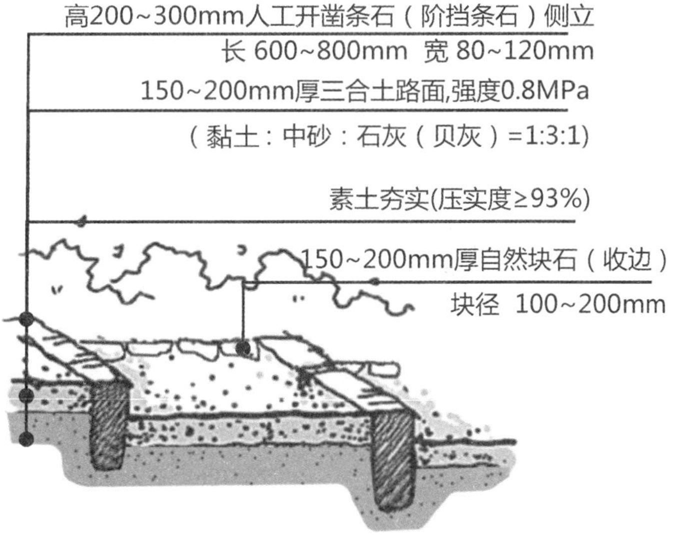

备注：
- 铺砌时根据稳固需求，可适当使用灰土。

B-B剖面示意图

古驿道样式	山地型
类型：山地型	平立面

人工开凿阶挡条石+人工开凿条石平铺+单侧砌筑明沟排水

山地型经典样式十六
香山古驿道

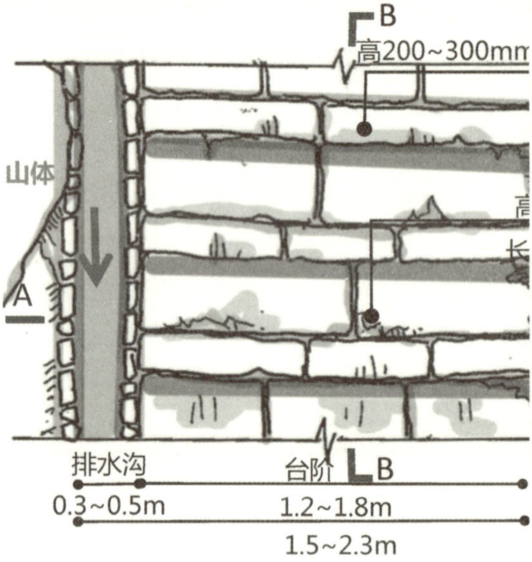

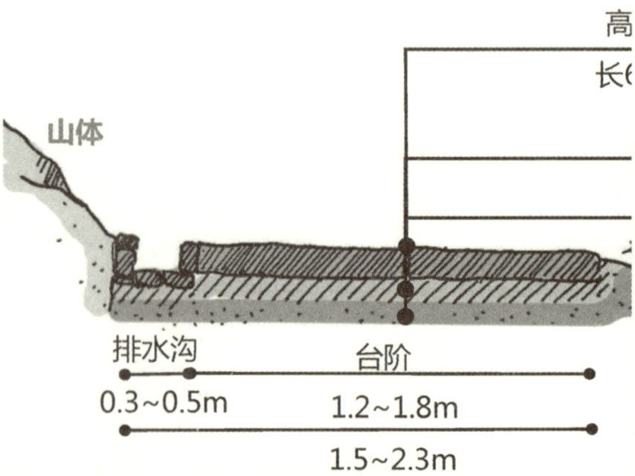

轴侧做法

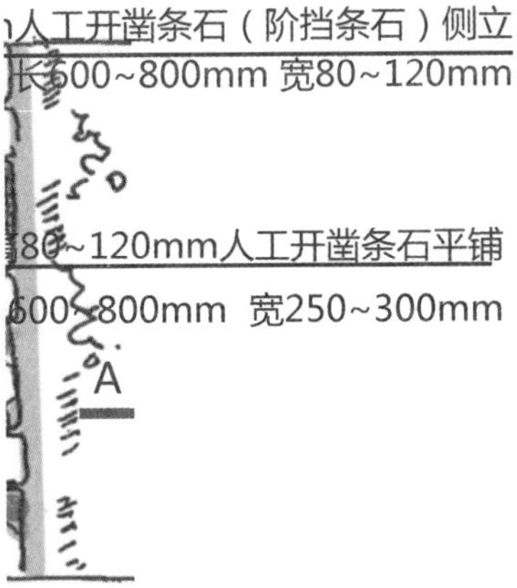

平面图

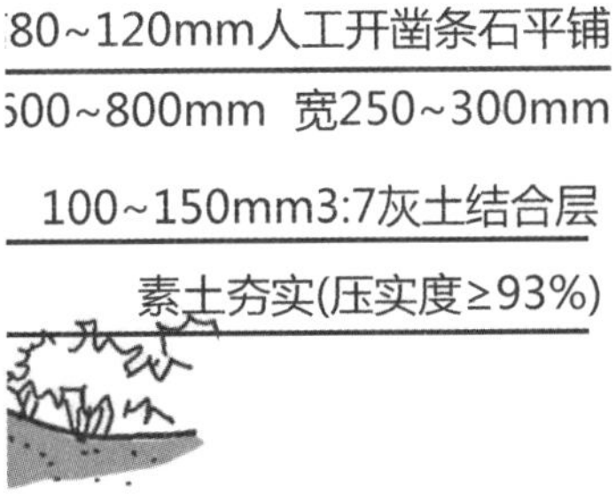

A-A断面图

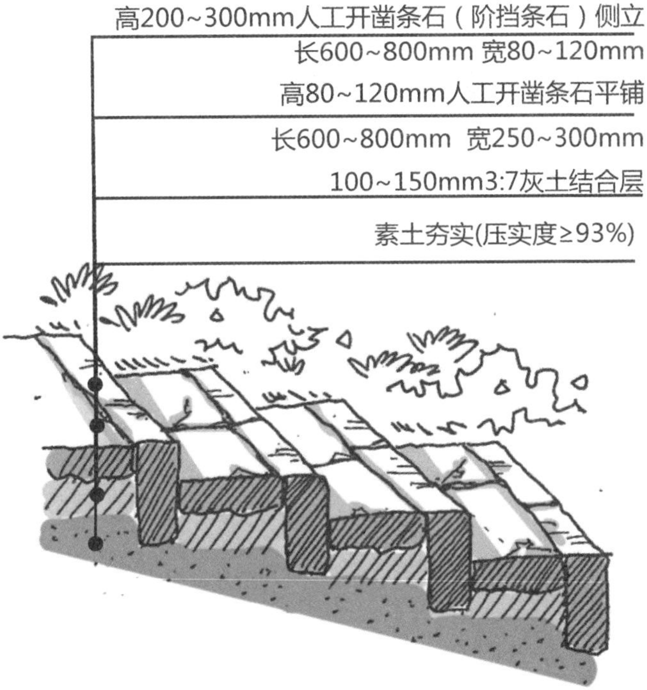

备注：

- 铺砌时根据稳固需求，可适当使用灰土。

B-B剖面示意图

古驿道样式		平原
类型：平原型		**平立面**

人工开凿（自然）块石+双侧马道+双侧土沟排水

平原型经典样式一
西京古道一梅子山

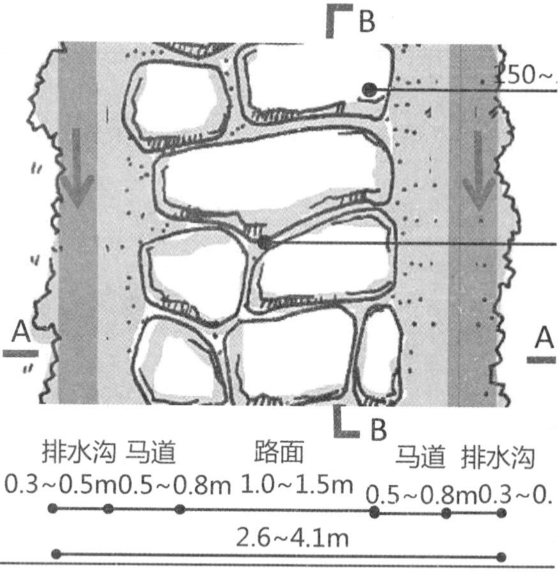

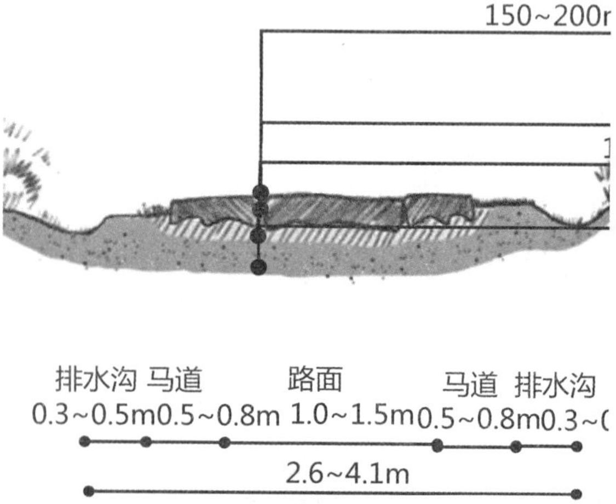

亰型

轴侧做法

200mm厚人工开凿（自然）块石
（较平的一面朝上）

3:7灰土填缝压实，压平

5m

平面图

nm厚人工开凿（自然）块石
（较平的一面朝上）
3:7灰土填缝压实，压平
)0~150mm3:7灰土结合层
素土夯实(压实度≥93%)

).5m

A-A断面图

块径 300~800mm

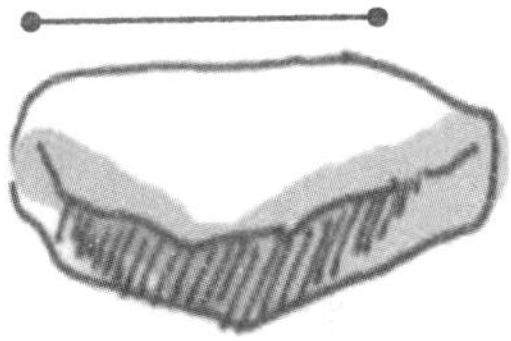

人工开凿（自然）块石示意图

150~200mm厚人工开凿（自然）块石
（较平的一面朝上）

3:7灰土填缝压实，压平

100~150mm3:7灰土结合层

素土夯实(压实度≥93%)

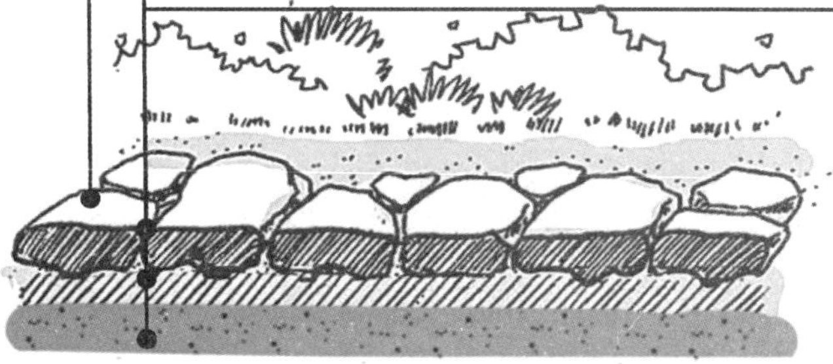

B-B剖面示意图

古驿道样式 | 山地型 | 平原

类型：平原型

自然块石+单侧土沟排水

平原型经典样式二
大柘镇盐米古道

平立面

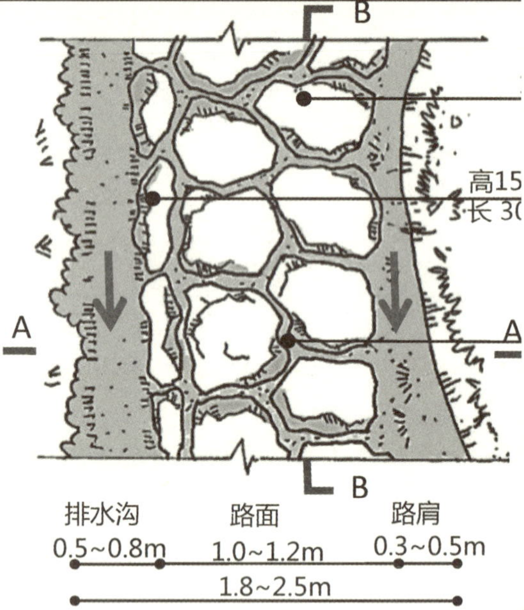

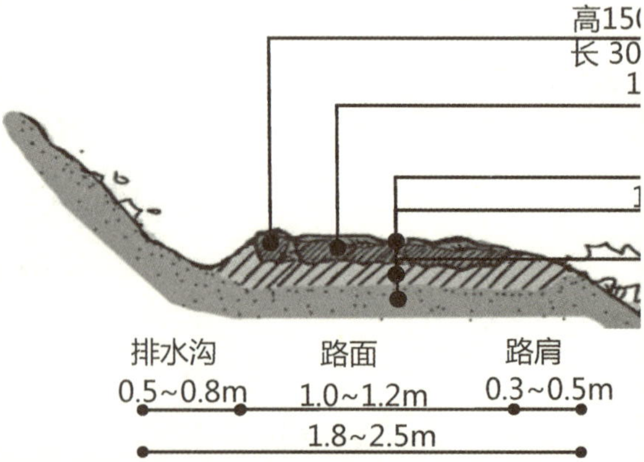

原型

轴侧做法

150~200mm厚自然块石平铺
块径 300~500mm

0~200mm条状自然块石侧插
)0~500mm 宽100~150mm

3:7灰土填缝压实，压平

平面图

)~200mm条状自然块石侧插
0~500mm 宽100~150mm
50~200mm厚自然块石平铺
块径 300~500mm
3:7灰土填缝压实，压平
L00~150mm3:7灰土结合层
素土夯实(压实度≥93%)

A-A断面图

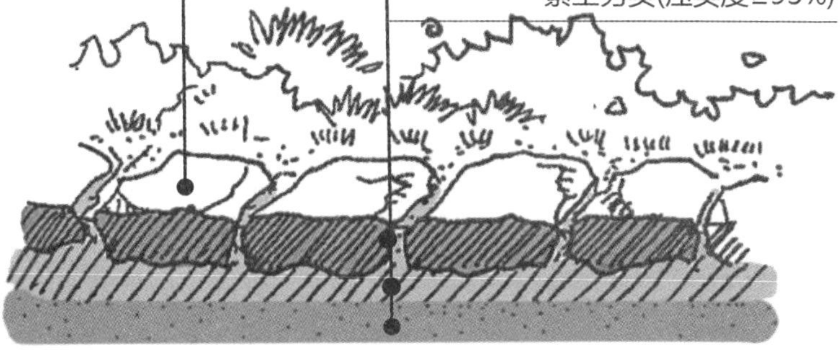

B-B剖面示意图

PYX-2

古驿道样式 山地型 平原

类型：平原型	平立面
砂土夯实+自然排水	

平原型经典样式三
大柘镇盐米古道

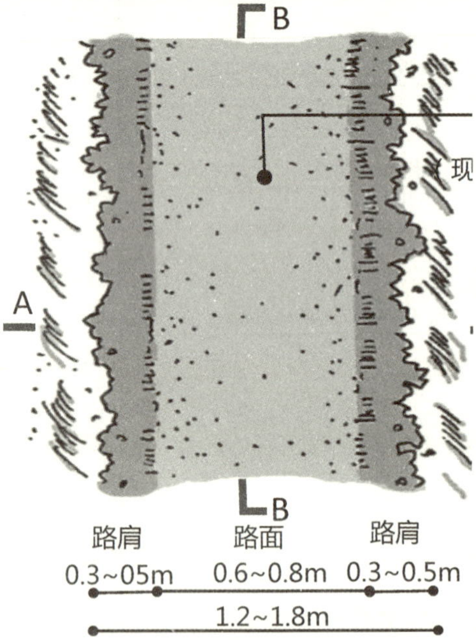

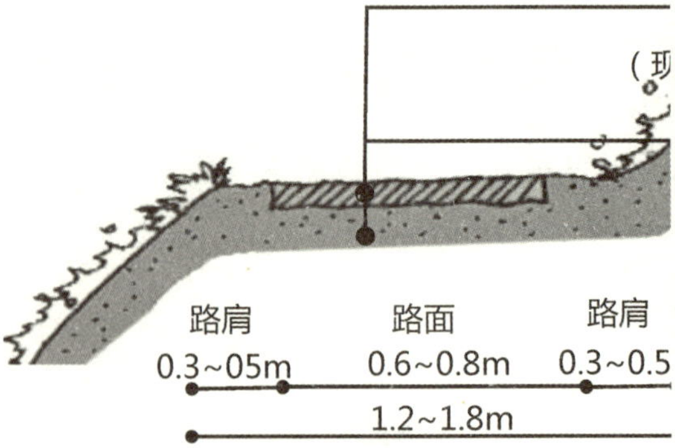

型

15~25mm厚中粗砂盖面
150~180mm厚砂土夯实
状砂土路面坚实时可省去此层）

A

平面图

n

A-A断面图

轴侧做法

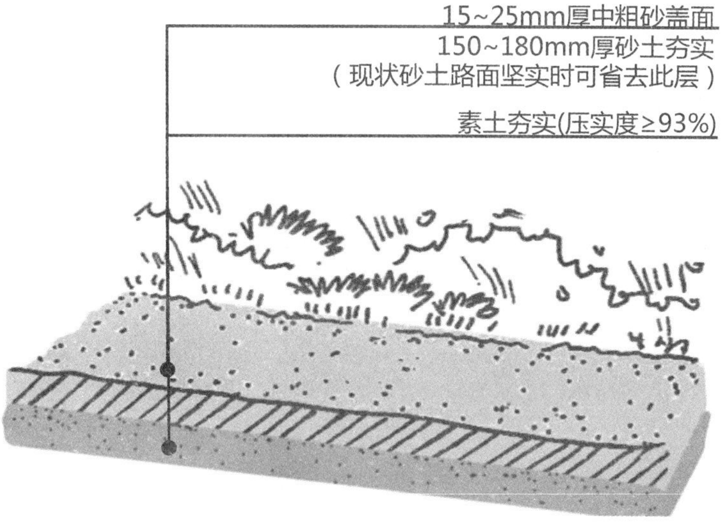

备注：

- 砂土路面一般设于原有道路平坦、路基稳固坚实且排水通畅路段，不宜在新做路基上做砂土路面。

B-B剖面示意图

古驿道样式　山地型　平原……

类型:平原型　平立面

自然块石+自然排水

平原型经典样式四
河源古道

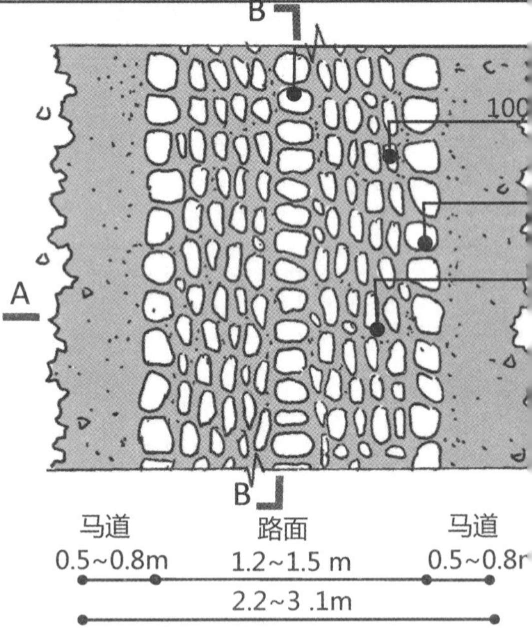

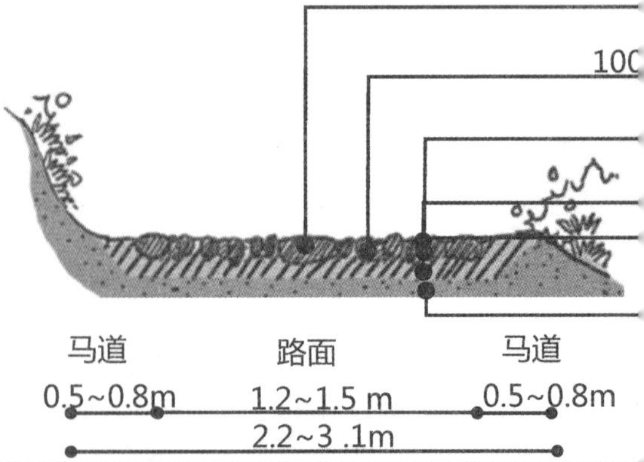

原型

150mm厚自然块石横向平铺
块径 100~250mm
~150mm厚自然块石纵向平铺
块径 50~80mm
150mm厚自然块石横向平铺
块径 100~250mm
3:7灰土填缝压实，压平
A

平面图

150mm厚自然块石横向平铺
块径 100~250mm
~150mm厚自然块石纵向平铺
块径 50~80mm
150mm厚自然块石横向平铺
块径 100~250mm
3:7灰土填缝压实，压平
100~150mm3:7灰土结合层
素土夯实(压实度≥93%)

A-A断面图

轴侧做法

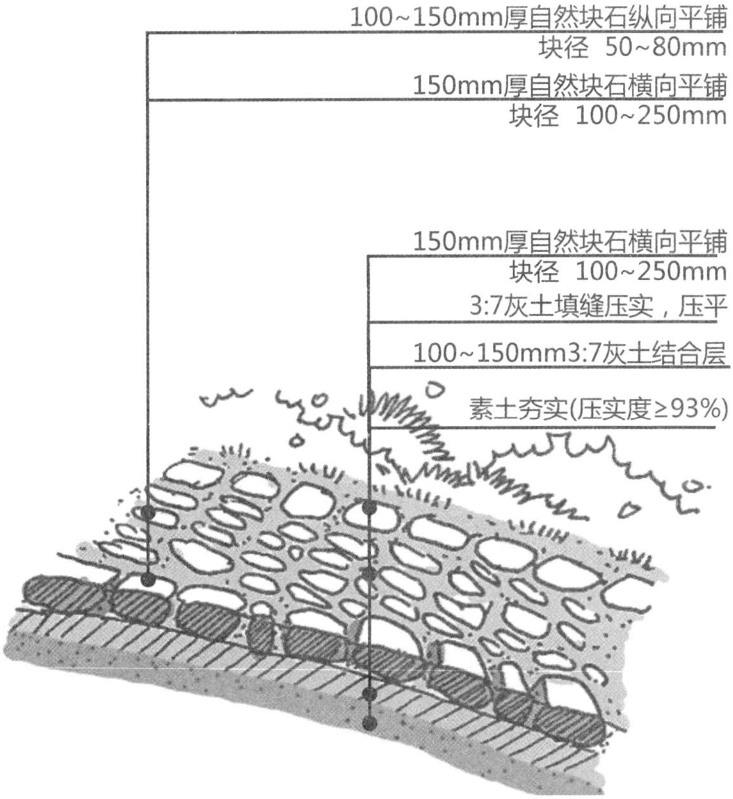

B-B剖面示意图

古驿道样式 | 山地型 | 平原

类型：平原型

人工开凿块石+双侧土沟排水

平原型经典样式五
河源古道

平立面

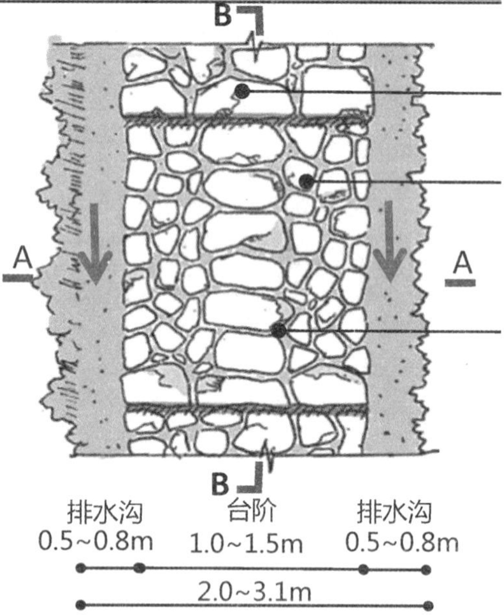

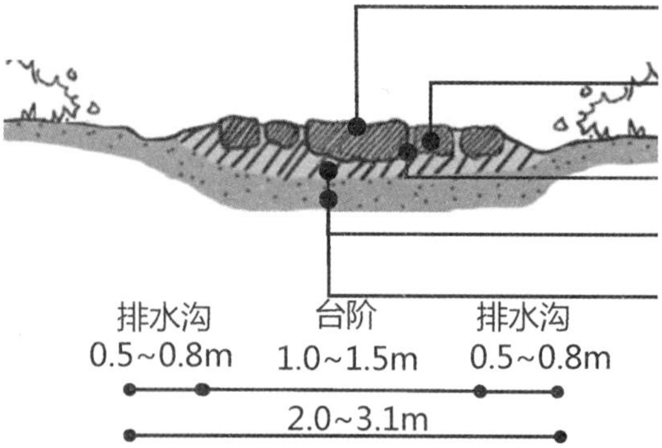

型

轴侧做法

150~200mm厚人工开凿块石
块径 200~300mm

150~200mm厚人工开凿块石
块径 100~200mm

3:7灰土填缝压实，压平

平面图

150~200mm厚人工开凿块石
块径 200~300mm
150~200mm厚人工开凿块石
块径 100~200mm
3:7灰土填缝压实，压平
100~150mm3:7灰土结合层
素土夯实(压实度≥93%)

A-A断面图

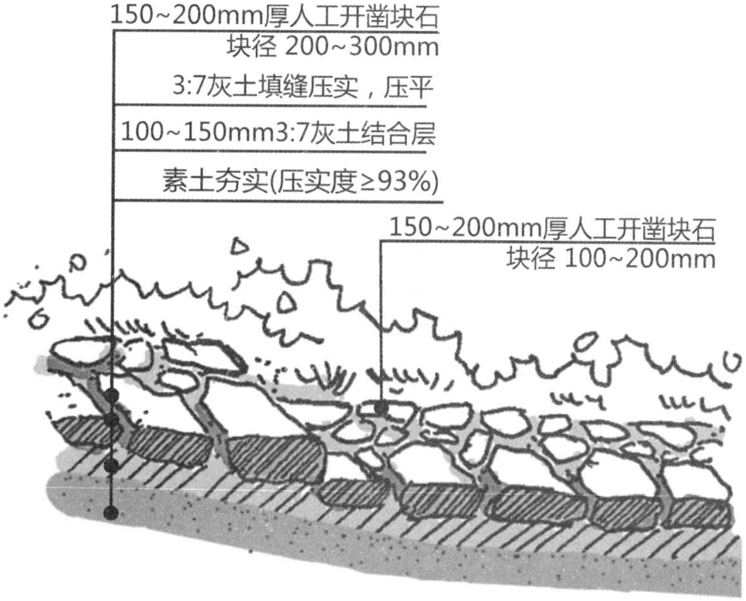

B-B剖面示意图

古驿道样式

类型：滨水型

平立面

自然块石+单侧砌筑明沟排水

滨水型经典样式一
河源古道

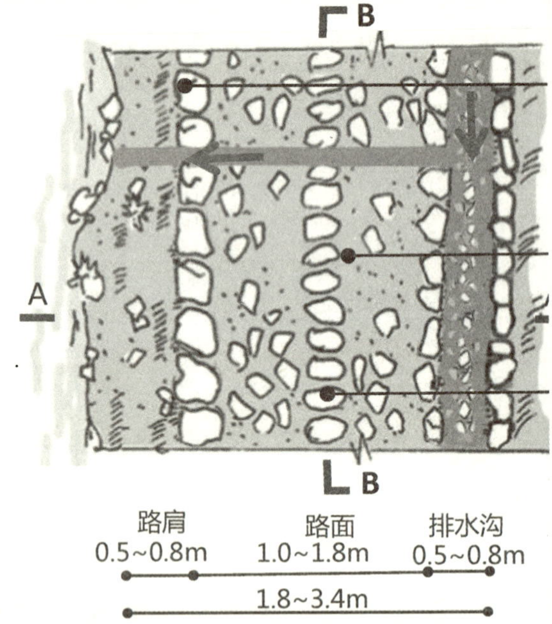

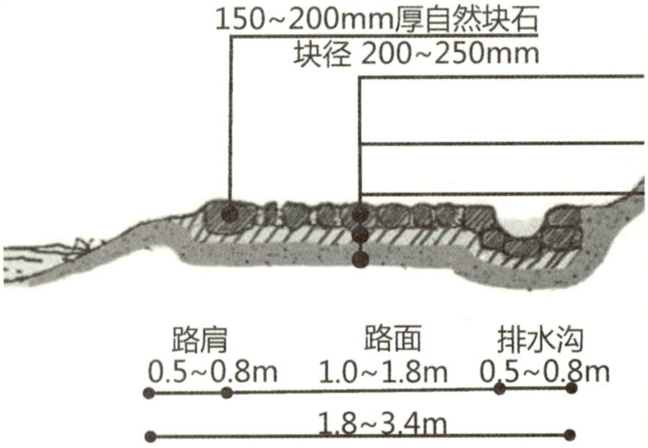

型

滨水型

村镇型

轴侧做法

150~200mm厚自然块石
块径 200~250mm

3:7灰土填缝压实、压平

A

100~150mm厚自然块石
块径 100~200mm

平面图

100~150mm厚自然块石
块径 100~200mm
100~150mm3:7灰土结合层
素土夯实(压实度≥93%)

A-A断面图

150~200mm厚自然块石
块径 200~250mm
3:7灰土填缝压实、压平

100~150mm厚自然块石
块径 100~200mm
100~150mm3:7灰土结合层
素土夯实(压实度≥93%)

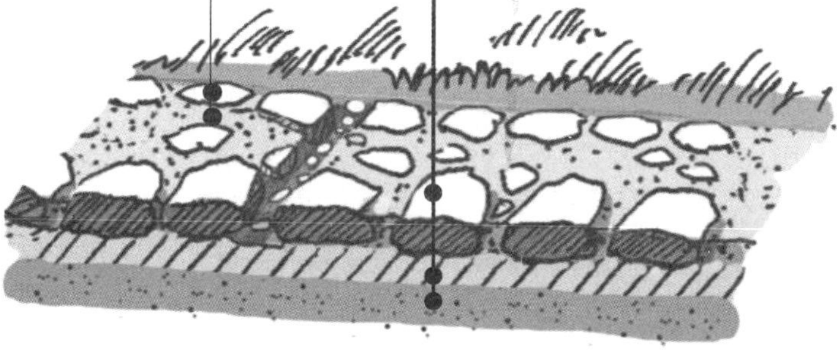

B-B剖面示意图

古驿道样式

山地型

平

类型：村镇型

平立面

自然河卵石+单侧砌筑明沟排水

村镇型经典样式一
梅关古道—白土镇古村道

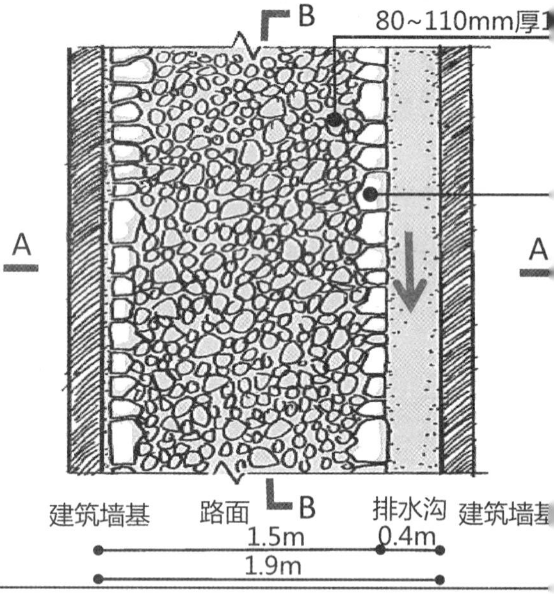

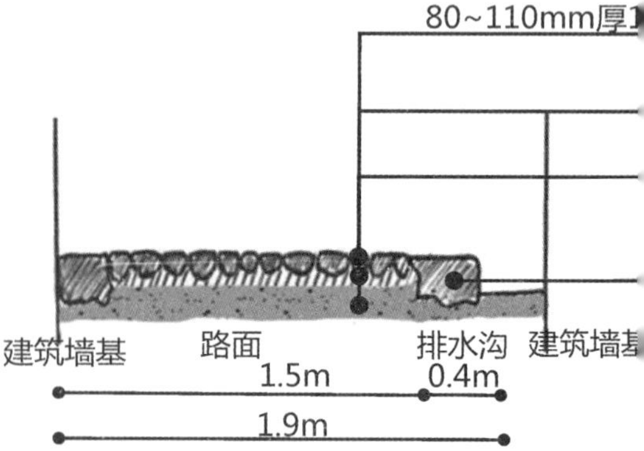

村镇型

	轴侧做法

.:1石灰砂浆(可掺少量黏土)压铺
自然河卵石 粒径50~80mm

自然块石
块径 100~200mm

平面图

.:1石灰砂浆(可掺少量粘土)压铺
自然河卵石 粒径50~80mm
100~200mm厚3:7灰土结合层
素土夯实(压实度≥93%)

自然块石
块径 100~200mm

A-A断面图

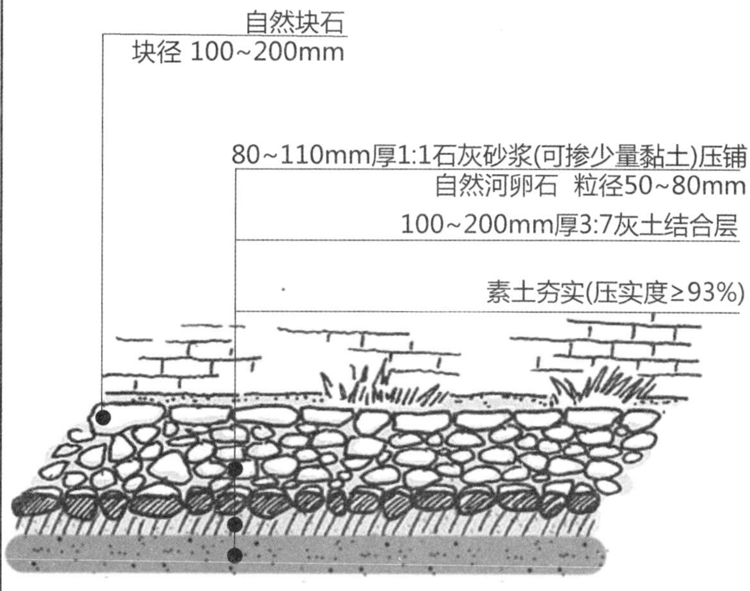

B-B剖面示意图

古驿道样式	山地型	平

类型：村镇型	平立面
自然河卵石+双侧砌筑暗沟排水	

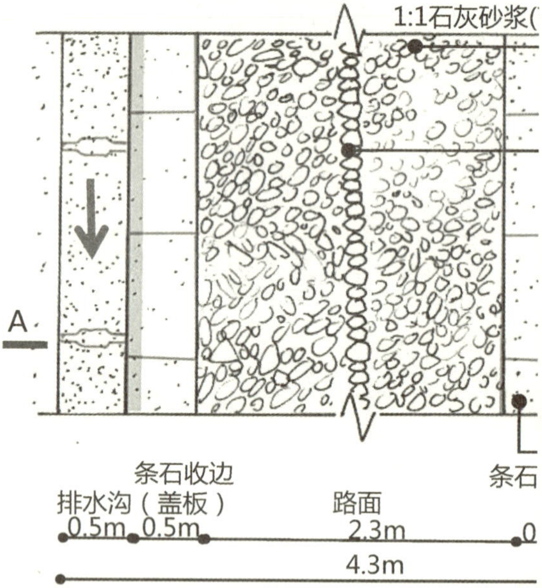

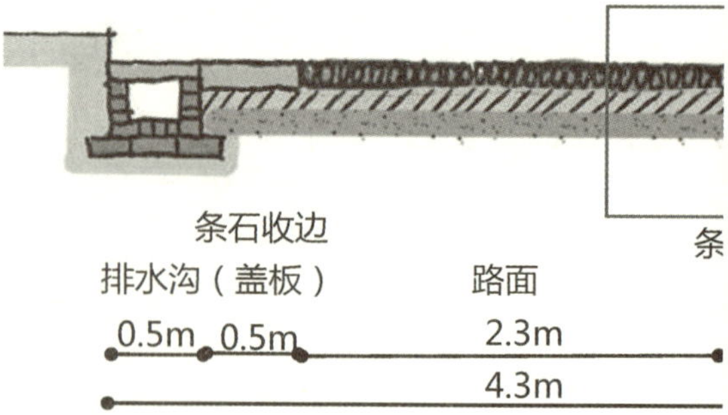

村镇型经典样式二
珠玑巷

村镇型

轴侧做法

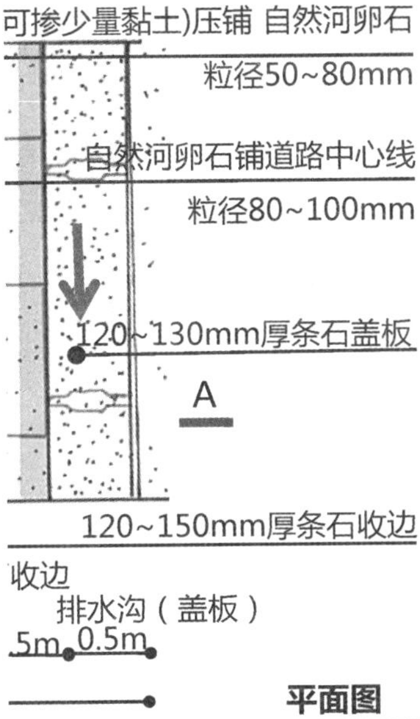

平面图

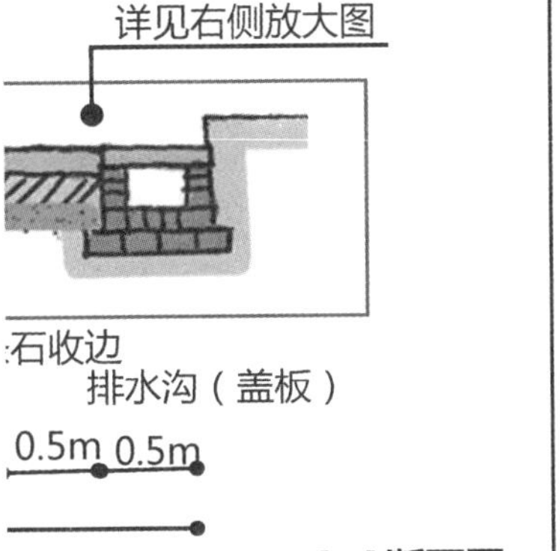

A-A断面图

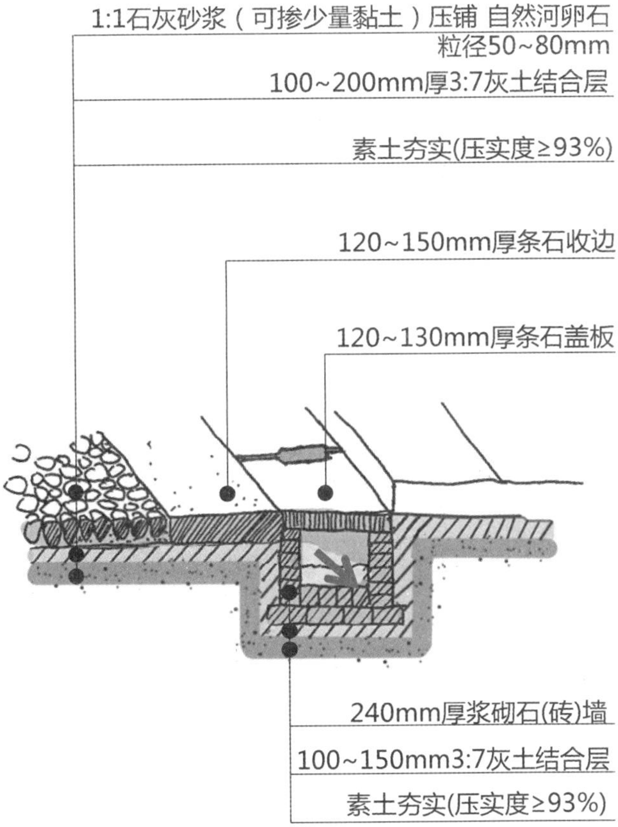

巷道立面示意图

古驿道样式

山地型

类型：村镇型	平立面
人工开凿板石+自然排水	

村镇型经典样式三
东湖岭巷道

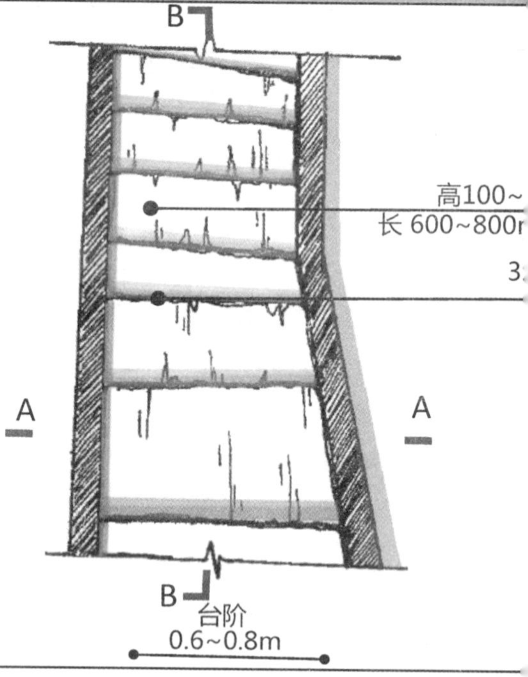

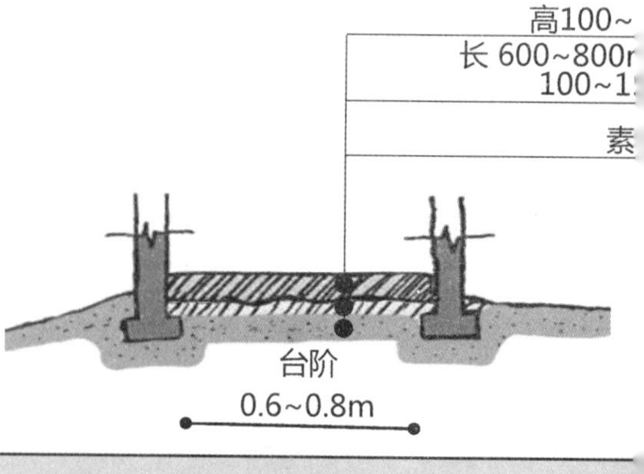

村镇型

	轴侧做法

150mm人工开凿板石
nm 宽 300~500mm
7灰土填缝压实，压平

平面图

150mm人工开凿板石
nm 宽 300~500mm
50mm3:7灰土结合层
土夯实(压实度≥93%)

A-A断面图

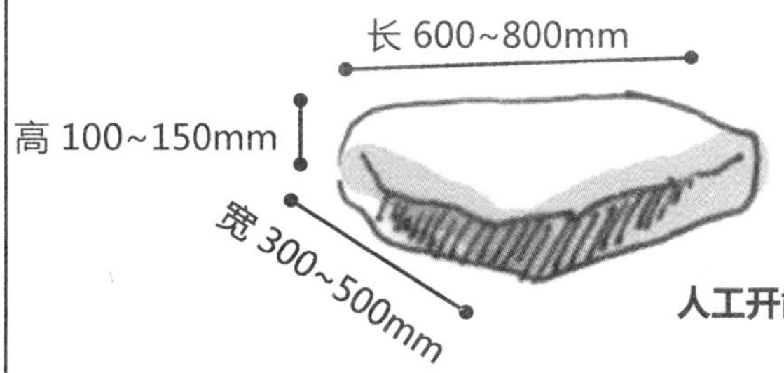

人工开凿板石示意图

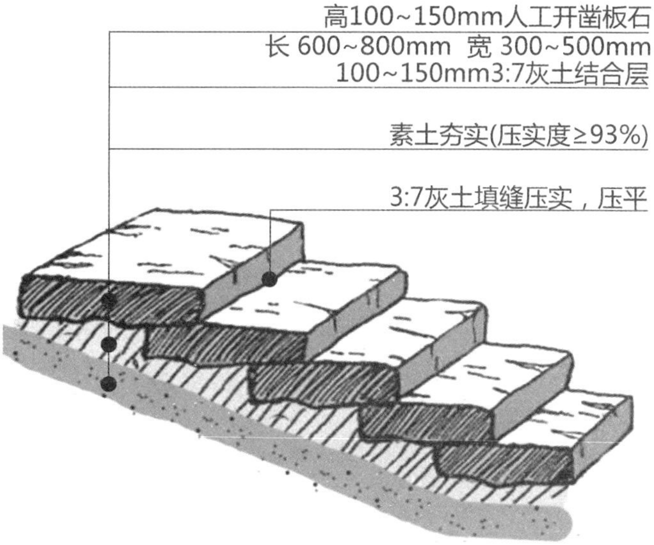

备注：

- 块石搭接时可采用对搭、错搭，缝搭穿插使用。
- 铺砌时根据稳固需求，可适当使用灰土。

B-B剖面示意图

古驿道样式 山地型 平

类型：村镇型	平立面
自然块石+双侧（单侧）砌筑明沟排水	

村镇型经典样式四
钱岗古道

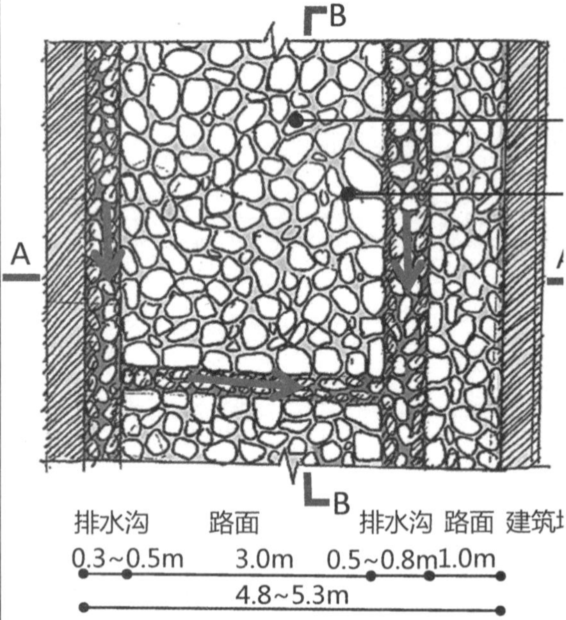

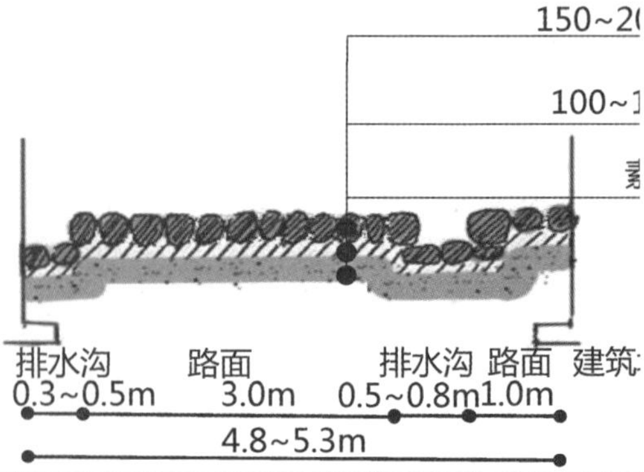

源型	滨水型	村镇型

	轴侧做法
150~200mm厚自然块石平铺 块径 100~200mm 3:7灰土填缝压实，压平 A 墙基 **平面图**	
00mm厚自然块石平铺 块径 100~200mm 150mm3:7灰土结合层 素土夯实(压实度≥93%) 墙基 **A-A断面图**	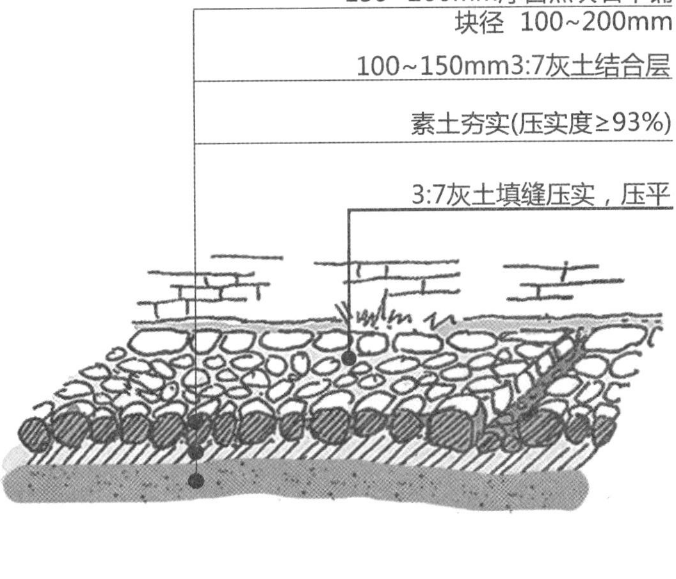 备注： ● 块石找平平铺表面，排水沟侧边以大块石沿沟铺设，既保护路面整齐排列，又使雨水有效排出。 **B-B剖面示意图**

古码头样式

类型：古码头

古码头经典样式一
白土镇古码头—关帝楼码头

平立面

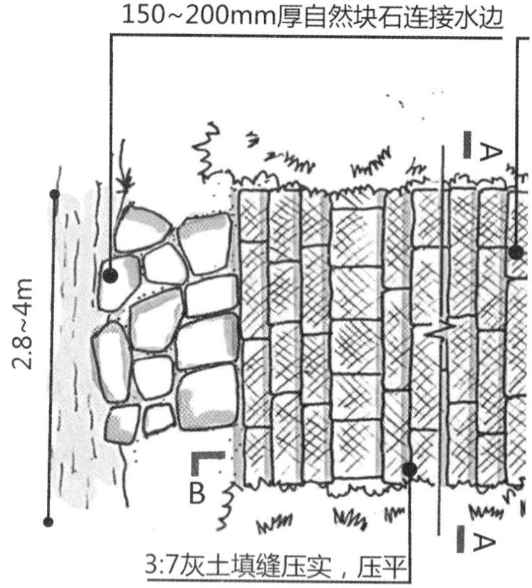

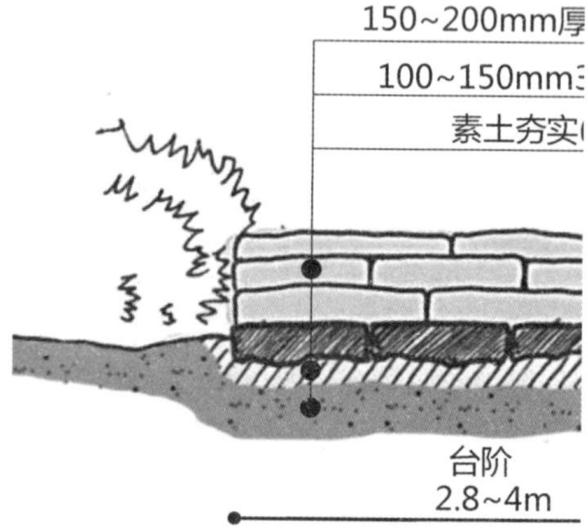

150~200mm厚人工开凿条石

150~200mm厚人工开凿块石
块径 500~800mm

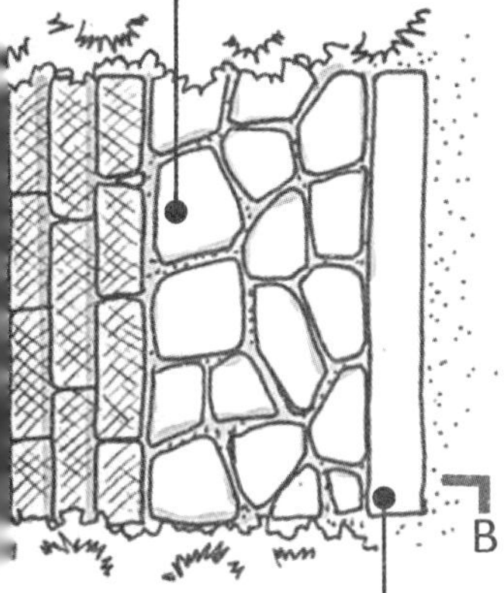

300mm宽条石收边

平面图

人工开凿条石

:7灰土结合层

压实度≥93%)

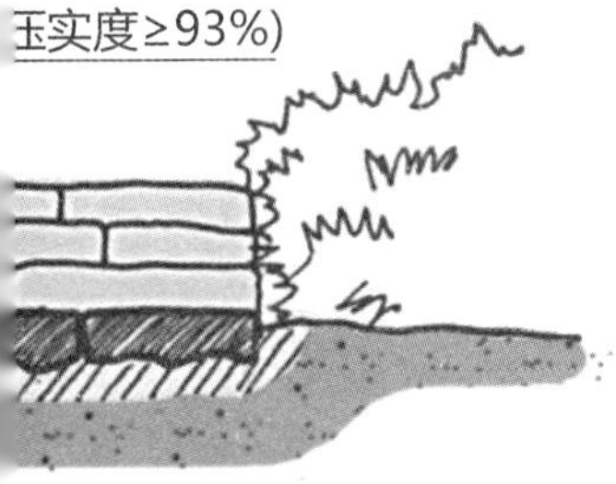

A-A断面图

轴侧做法

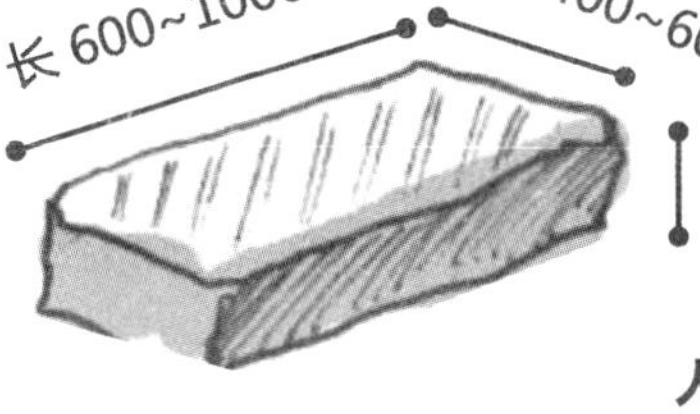

人工开凿条石示意图

150~200mm厚人工开凿块石
块径 500~800mm

150~200mm厚人工开凿条石

100~150mm3:7灰土结合层

素土夯实(压实度≥93%)

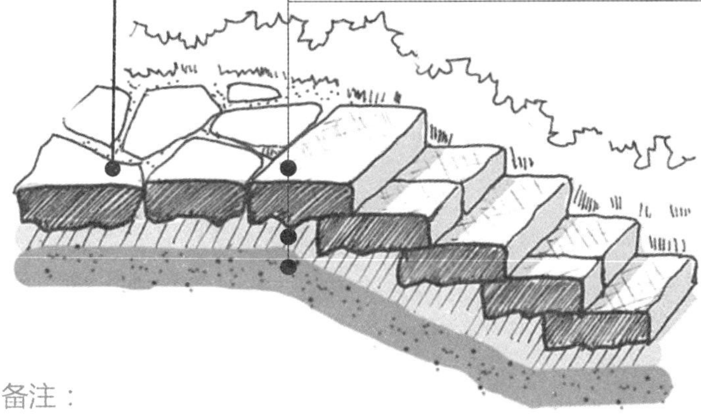

备注：

- 块石表面做格栅防滑纹。
- 搭接时可采用对搭、错搭，缝搭穿插使用。
- 铺砌时根据稳固需求，可适当使用灰土。

B-B剖面示意图

古码头样式

类型:古码头	平立面

古码头经典样式二
钱岗古码头

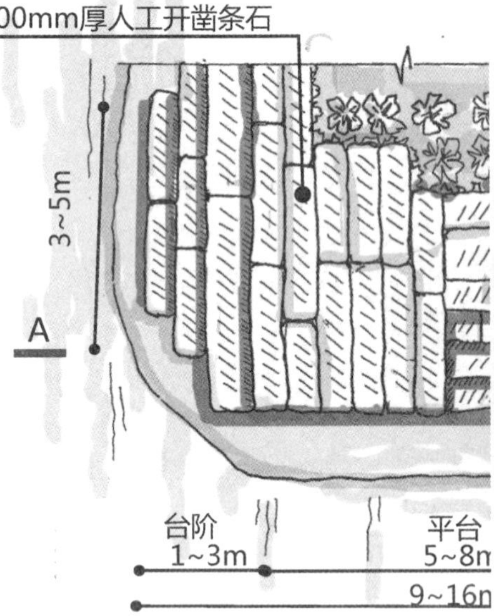

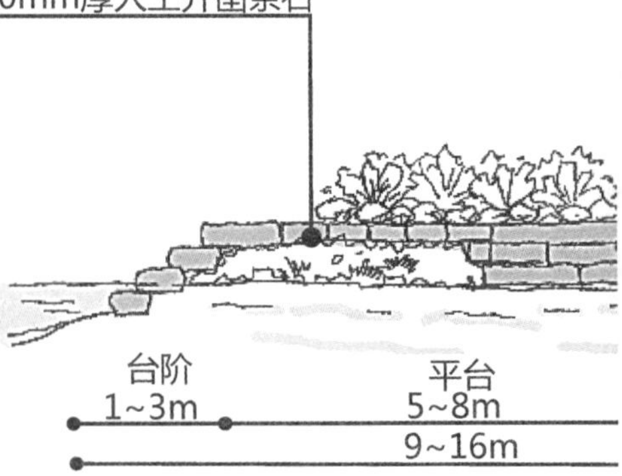

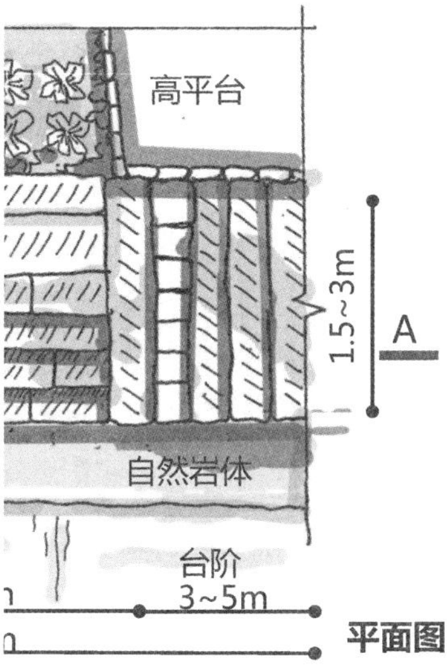

平面图

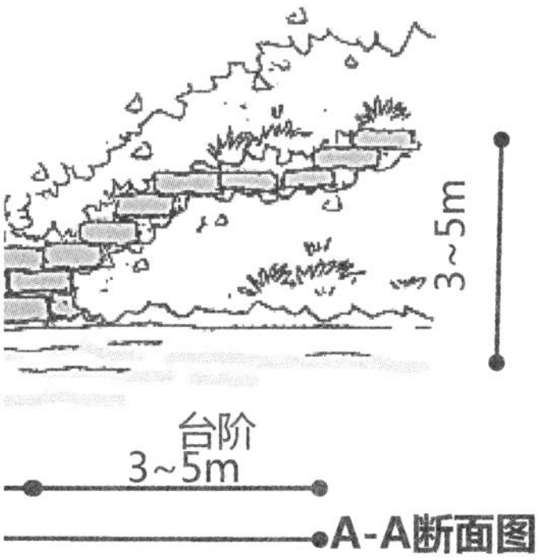

A-A断面图

轴侧做法

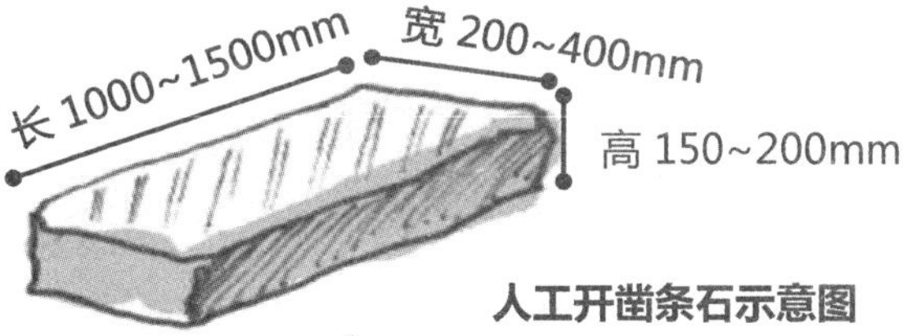

人工开凿条石示意图

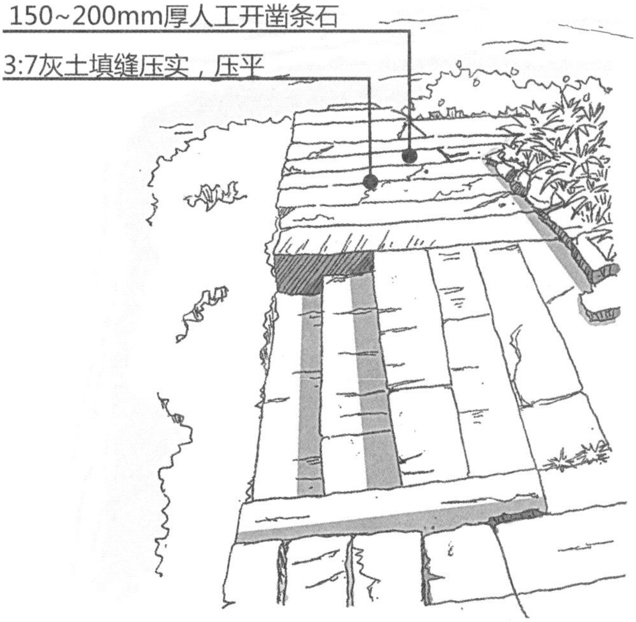

透视图

古码头样式

类型：古码头

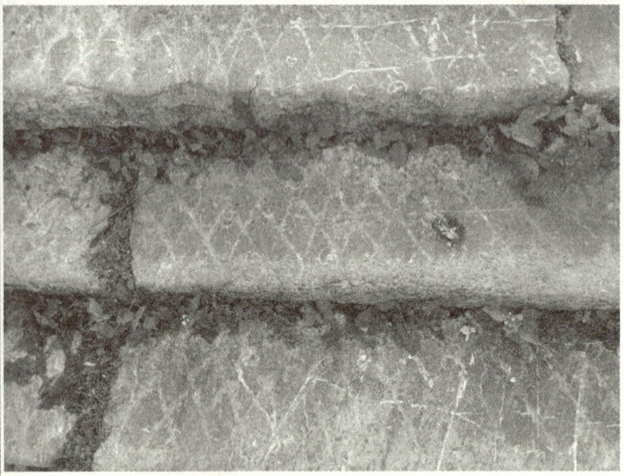

古码头经典样式三
白土镇古码头

平立面

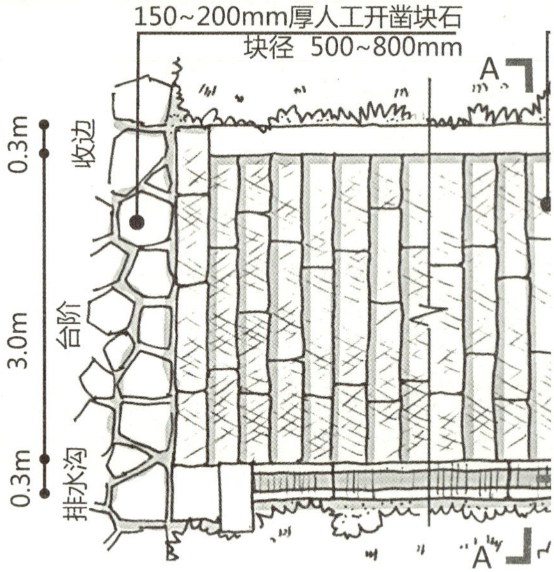

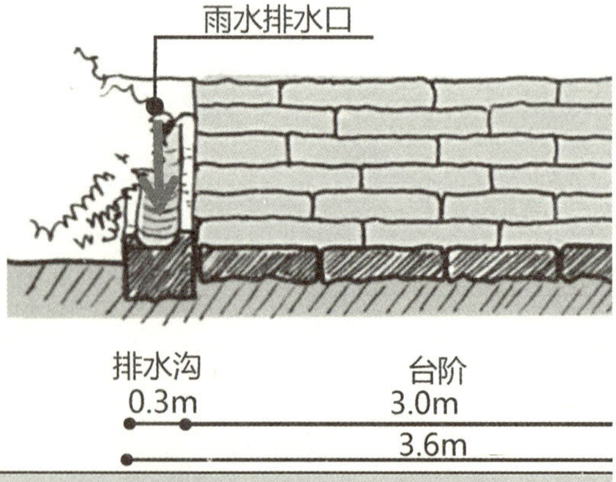

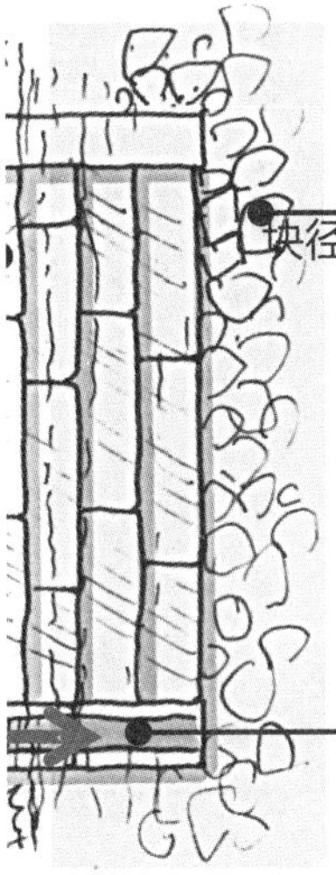

平面图

A-A剖面图

轴侧做法

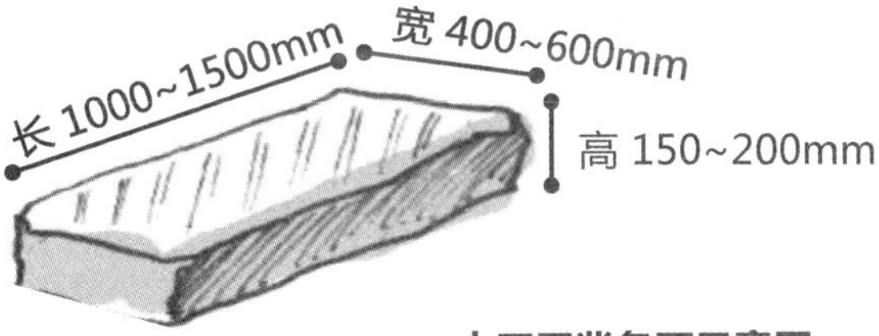

人工开凿条石示意图

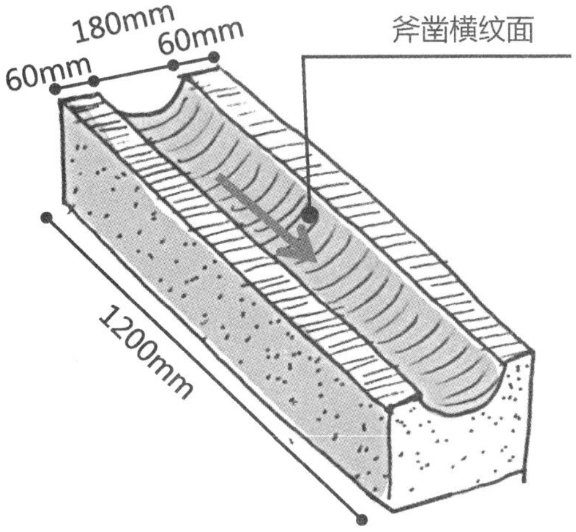

备注：

- 台阶与排水沟结合处将收边护栏替换为排水沟槽石，兼有排水与收边护栏功能。台阶须修建至河底。

排水沟块石大样图

古码头样式

类型:古码头 | **平立面**

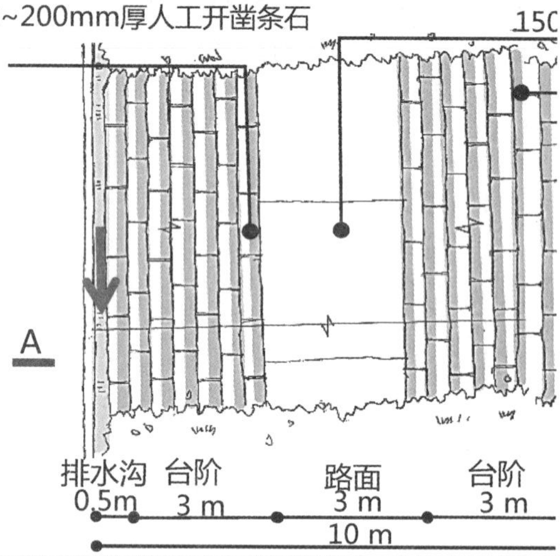

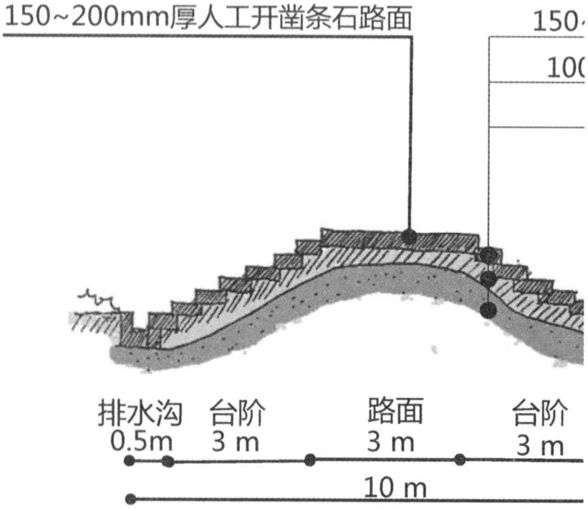

古码头经典样式四
台山海口埠古码头

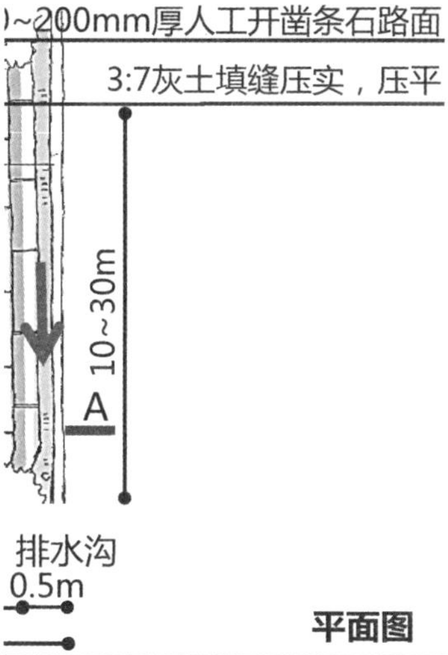

平面图

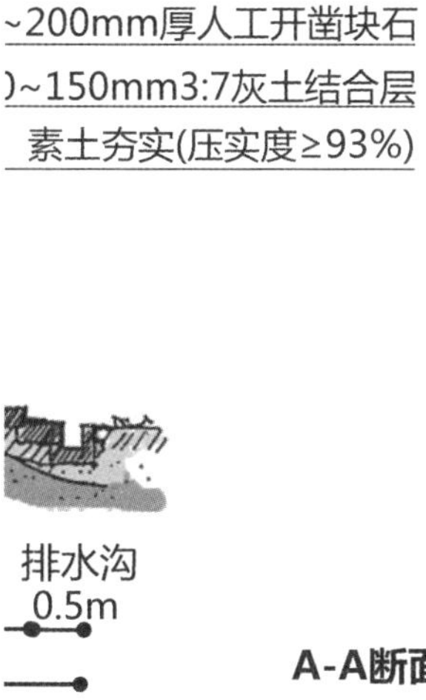

A-A断面图

轴侧做法

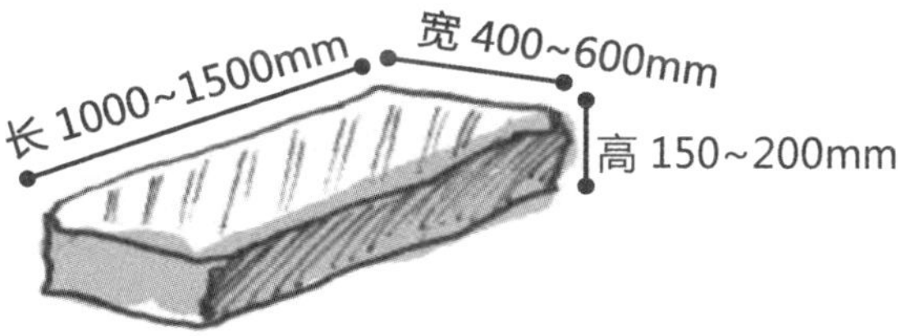

人工开凿条石示意图

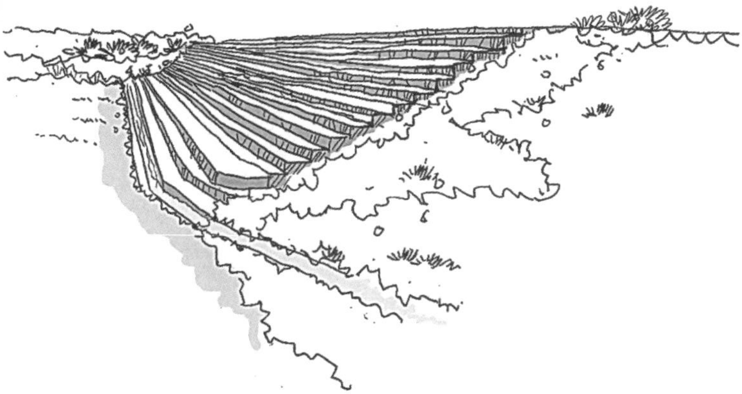

透视图

古桥样式	盖板桥
类型:盖板桥	**平立面**
  古桥经典样式一 西京古道一梅子山一盖板桥	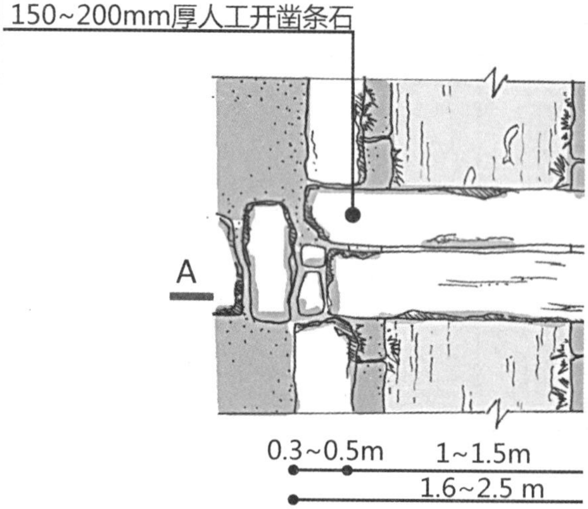 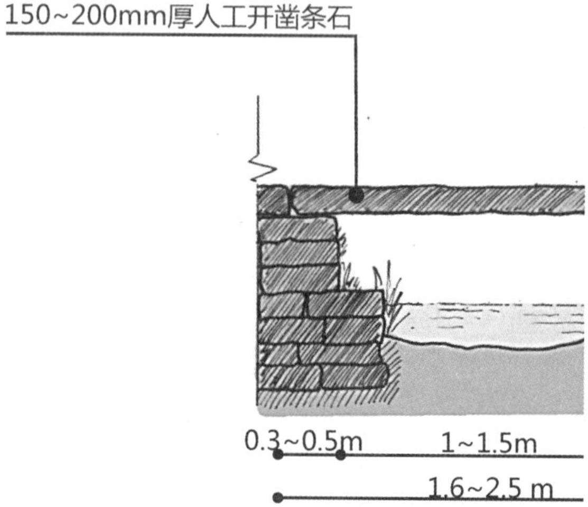

轴侧做法

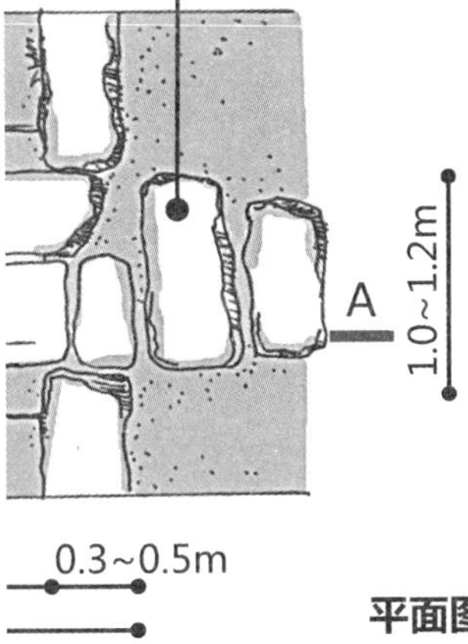

平面图

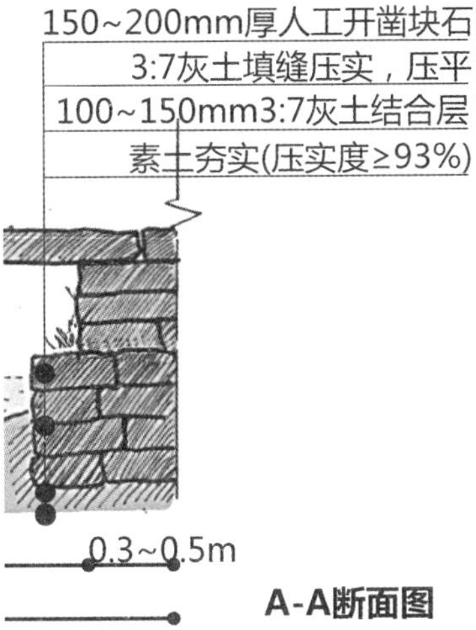

A-A断面图

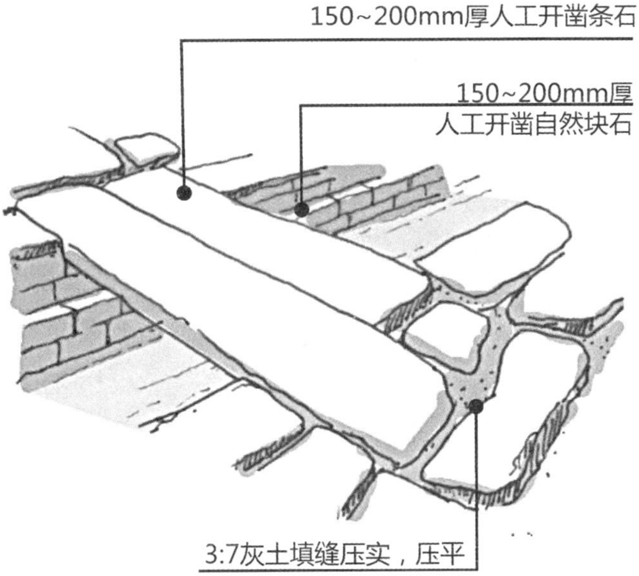

备注：

- 评估安全的古桥方可按照本指引进行路面修复。
- 桥墩为块石砌筑，上搭盖板。
- 适用横跨于小型排水渠、雨水沟。

透视图

古桥样式	盖板桥
类型:平拱桥	**平立面**

古桥经典样式二
梅关古道一平拱桥

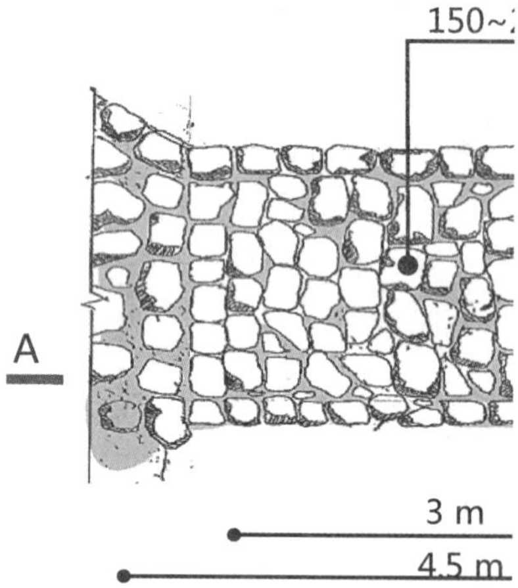

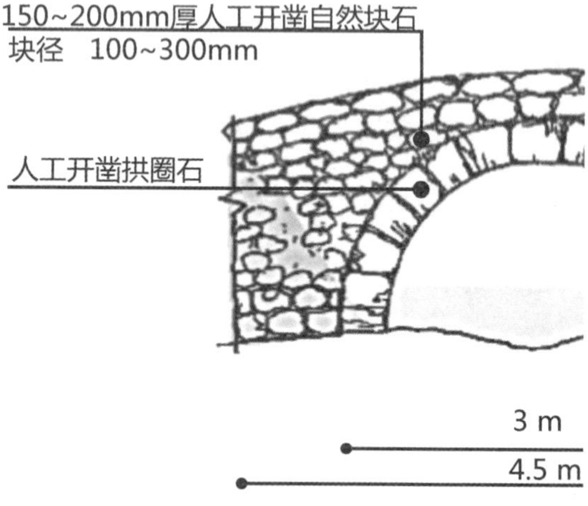

平拱桥

凸拱桥

轴侧做法

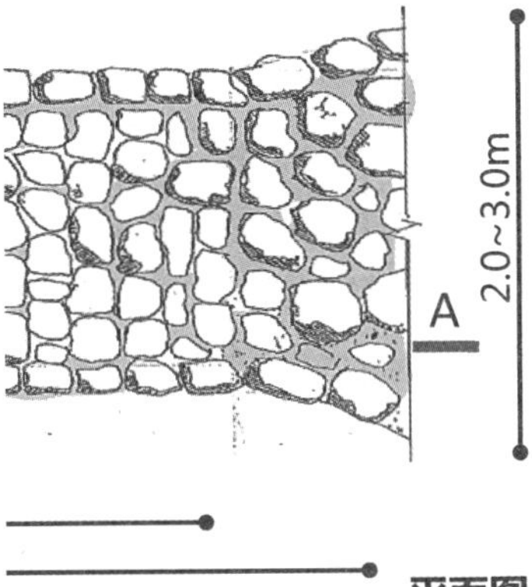

平面图

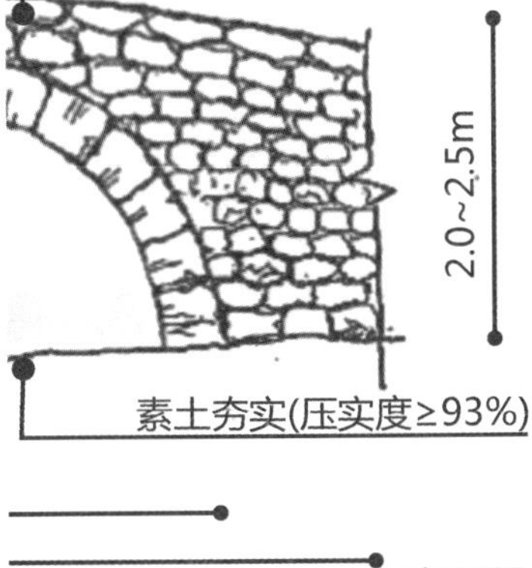

立面图

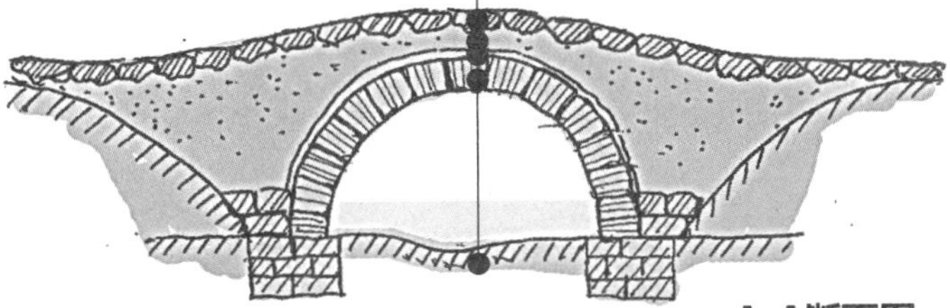

A-A断面图

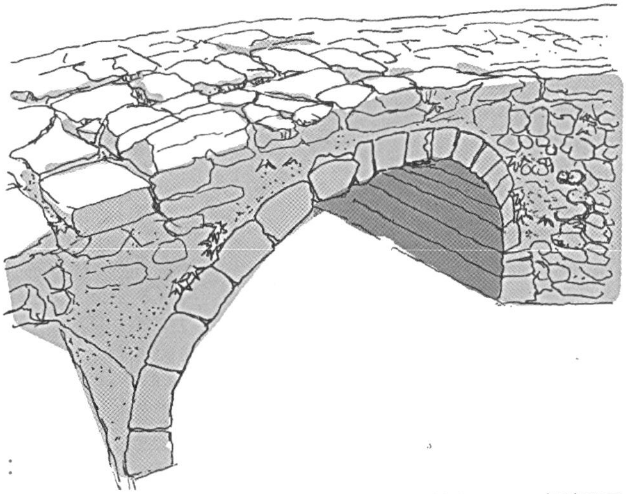

透视图

备注：

- 评估安全的古桥方可按照本指引进行路面修复。

古桥样式

盖板桥

类型:凸拱桥

平立面

古桥经典样式三
西京古道—五里桥—石拱桥

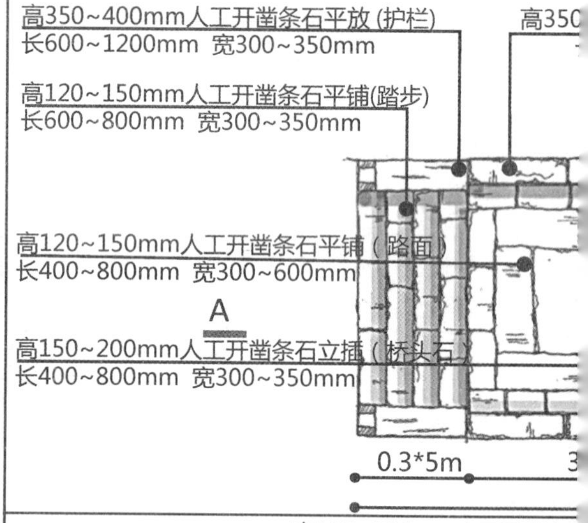

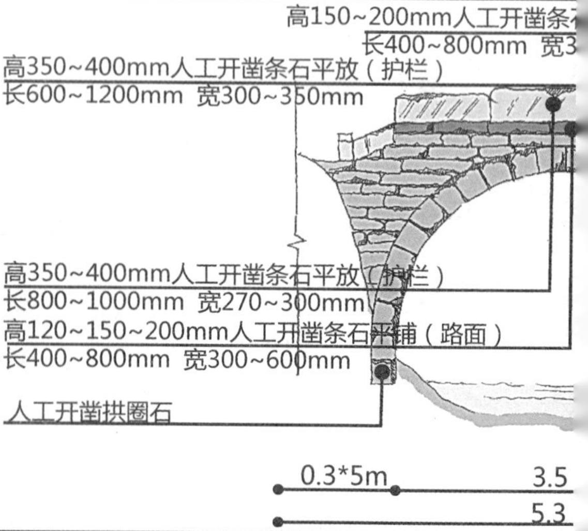

平拱桥

凸拱桥

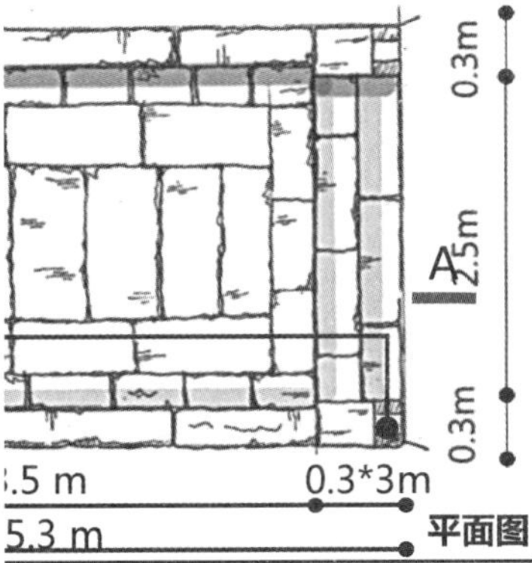

平面图

立面图

轴侧做法

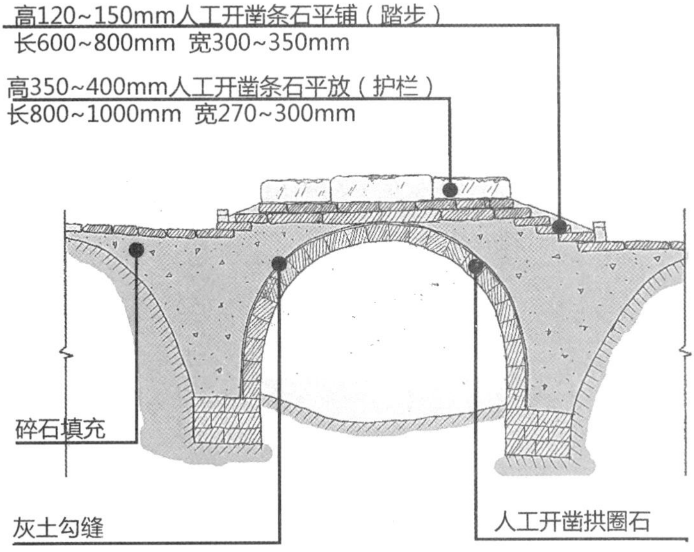

A-A断面图

备注：

- 评估安全的古桥方可按照本指引进行路面修复。

透视图

排水设施样式	土沟
类型:自然土沟	平立面
  排水设施经典样式一 西京古道一乌铜岭	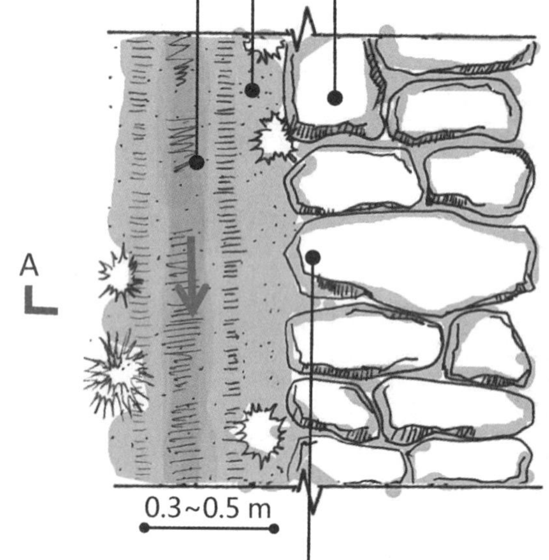

轴侧做法

工开凿自然块石
300~500mm

A

开凿自然块石
500~800mm

平面图

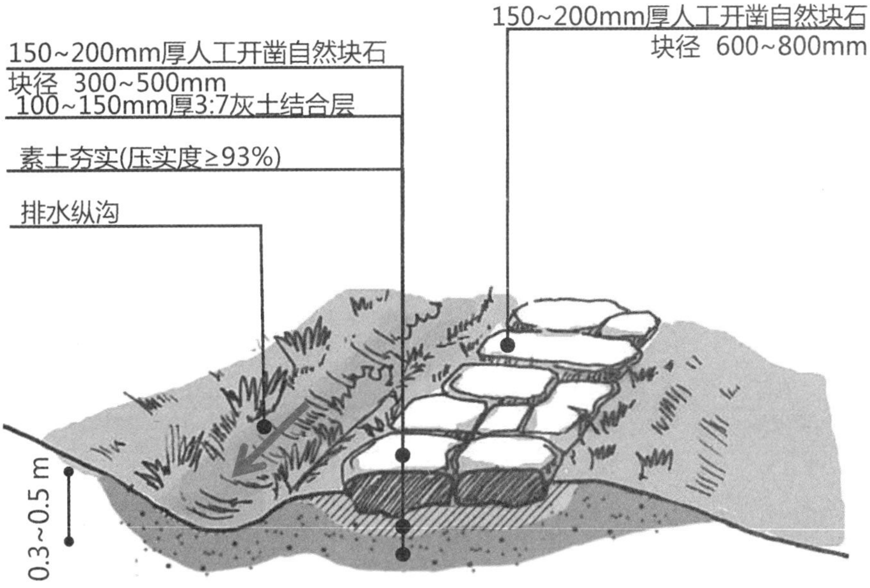

备注：

- 排水沟设置于道路靠山体边侧。

A-A剖面图

排水设施样式

土沟

类型:砌筑明沟

平立面

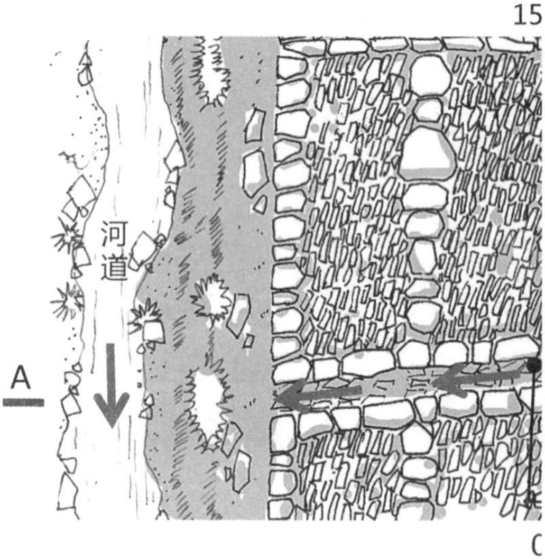

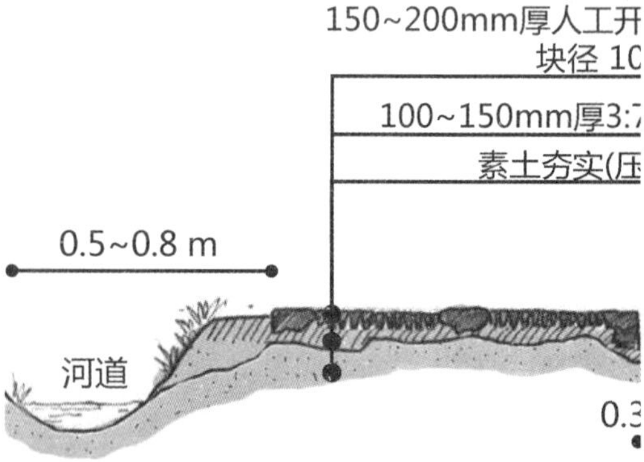

排水设施经典样式二
梅关古道

砌筑型排水沟

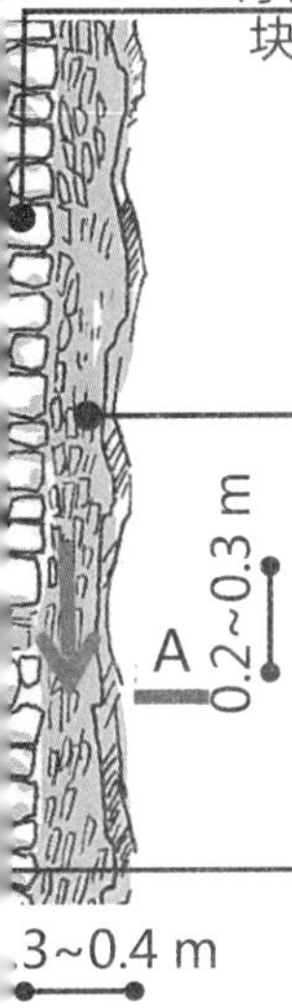

平面图

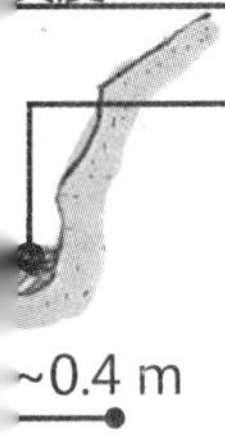

A-A断面图

轴侧做法

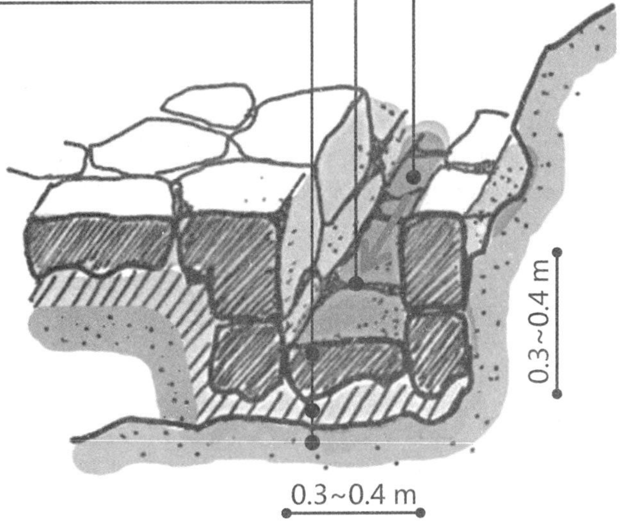

排水沟剖面图

排水设施样式

类型:砌筑明沟	平立面
  排水设施经典样式三 钱岗村	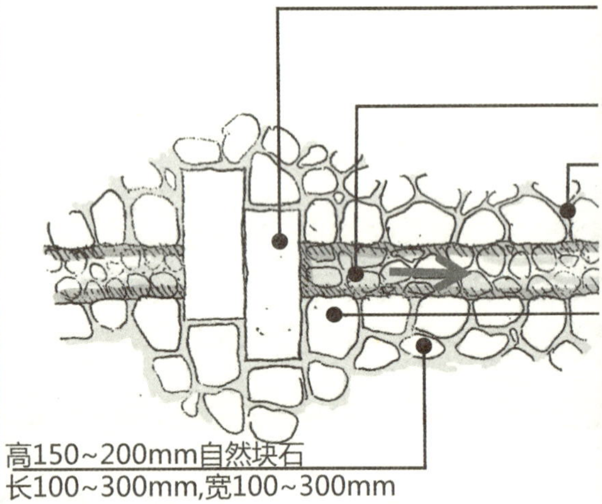 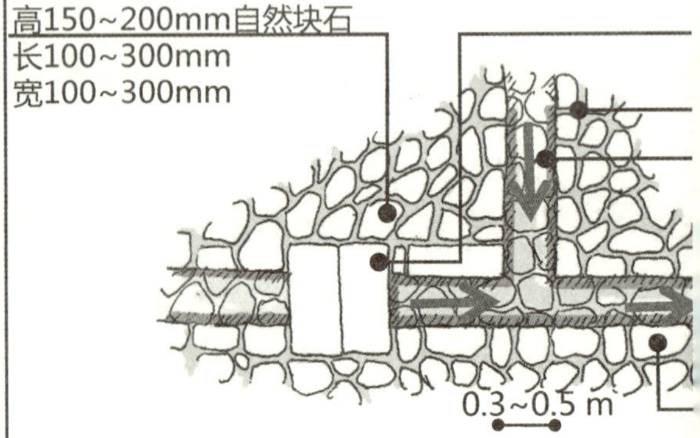

砌筑型排水沟

高150~200mm人工开凿条石
长600~800mm,宽300~500mm

排水横沟

3:7灰土填缝压实，压平

0.3~0.5 m

高150~200mm自然块石
长300~500mm,宽200~300mm

平面样式一（横排）

高150~200mm人工开凿条石
长600~800mm,宽300~500mm
3:7灰土填缝压实，压平

排水纵沟

排水横沟

0.3~0.5 m

高150~200mm自然块石
长300~500mm,宽200~300mm

平面样式二（横排+纵排）

轴侧做法

高150~200mm人工开凿条石
长600~800mm
宽300~500m

高150~200mm自然块石
长100~300mm
宽100~300mm

3:7灰土填缝压实，压平

100~150mm3:7灰土结合层

素土夯实(压实度≥93%)

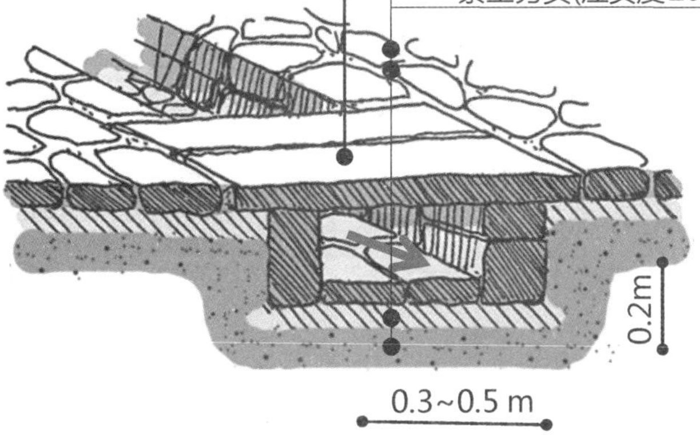

排水沟剖面图

排水设施样式

类型：砌筑暗沟	平立面
 排水设施经典样式四 珠玑巷	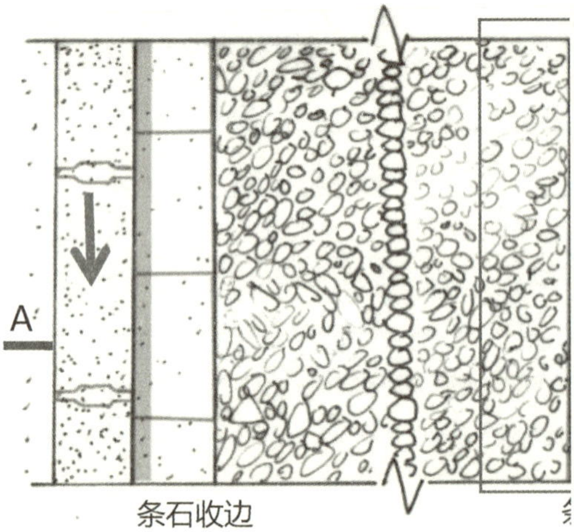 

砌筑型排水沟

轴侧做法

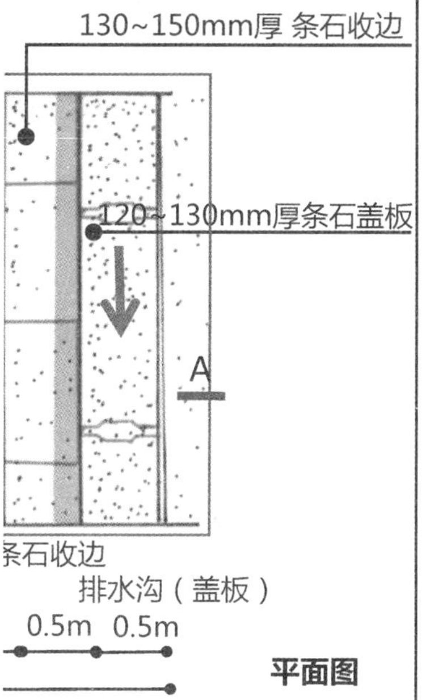

平面图

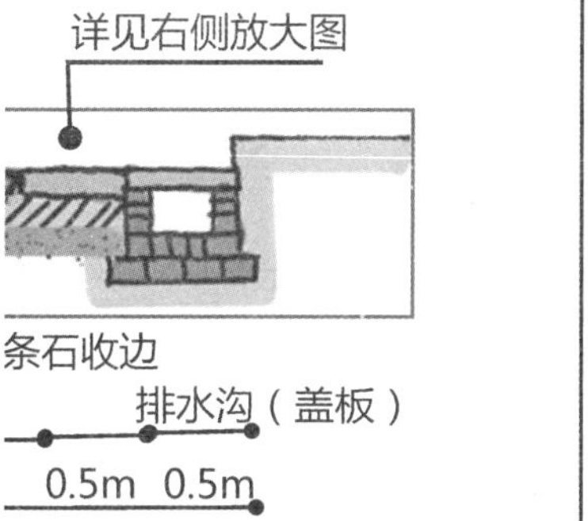

A-A断面图

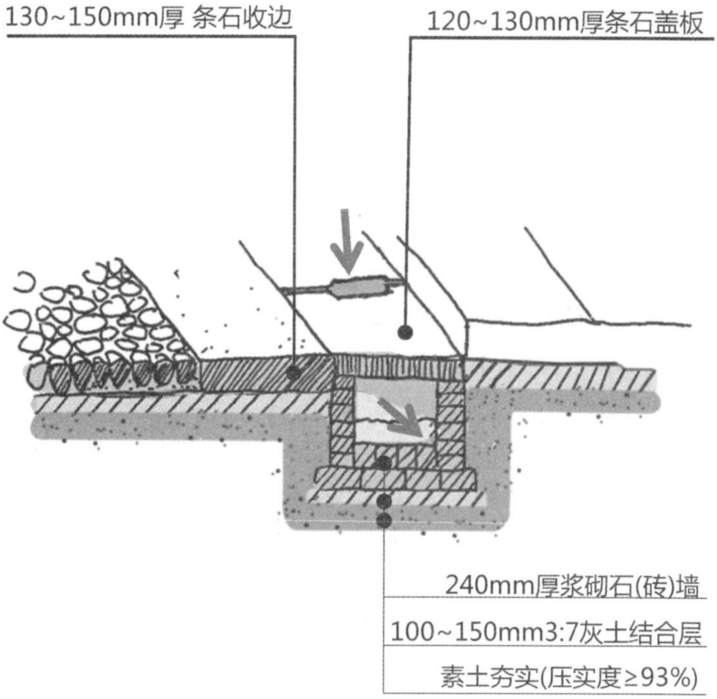

排水沟剖面放大图

其他设施样式 | 休息设施 | 护栏

类型:休息设施

平立面

其他设施经典样式一
西京古道一梯云岭一过亭

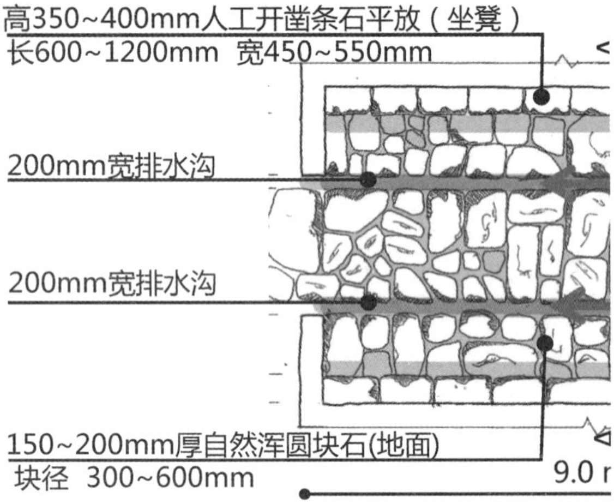

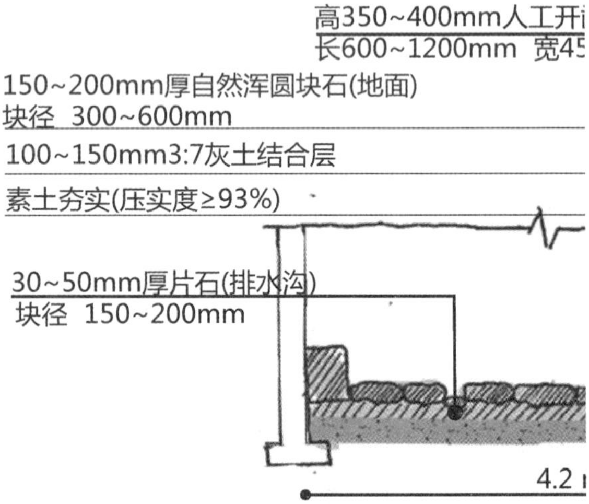

路牙　挡土墙　景墙

轴侧做法

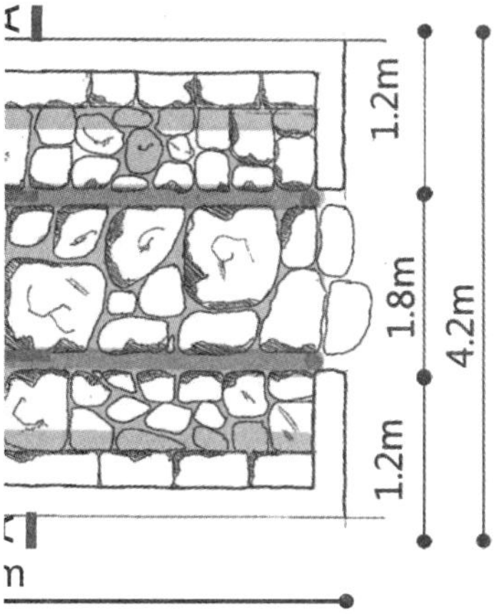

平面图

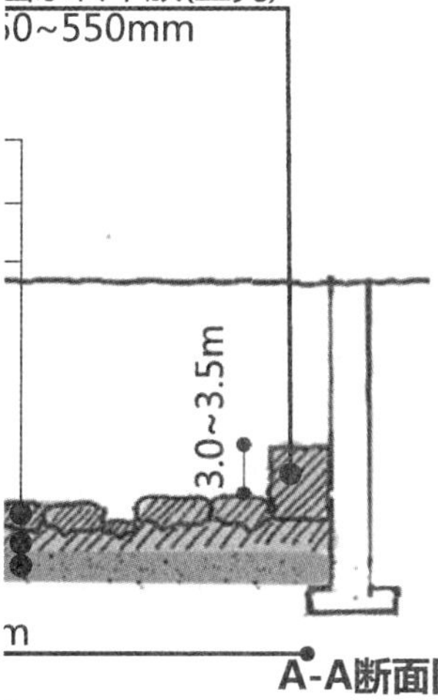

A-A断面图

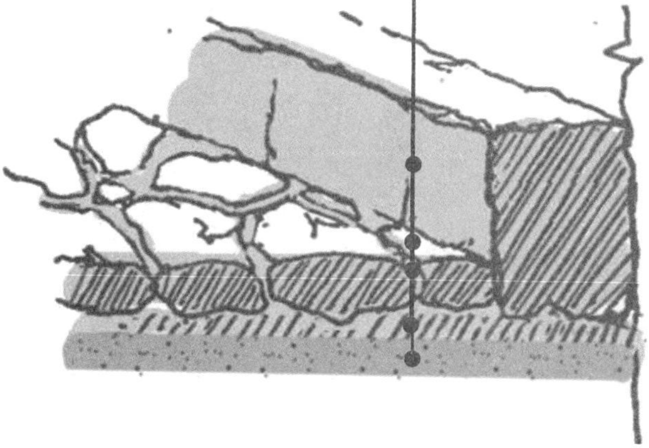

透视图

其他设施样式

护栏

类型:护栏	平立面

其他设施经典样式二
西京古道一梯云岭

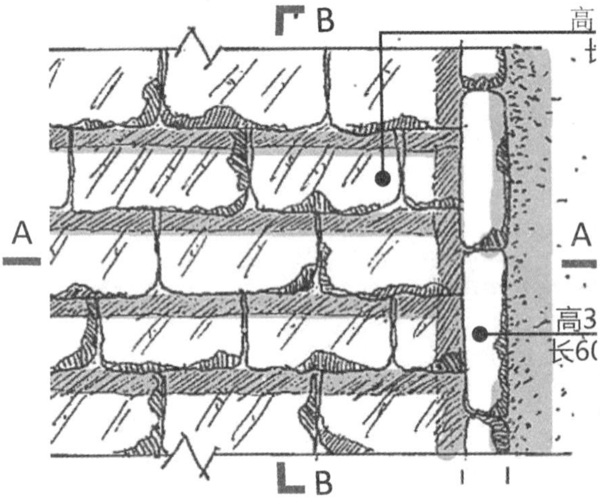

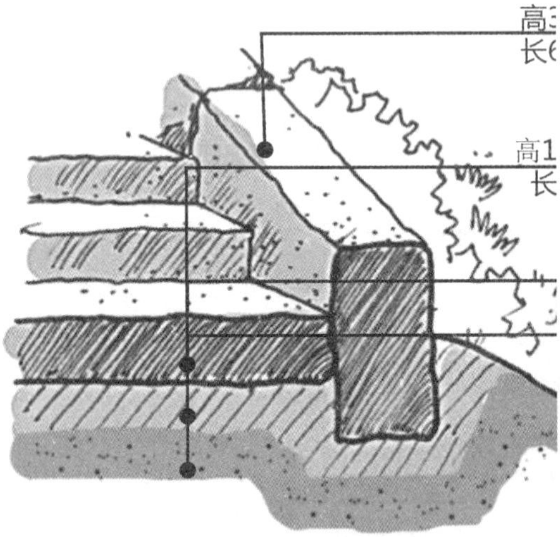

路牙

	轴侧做法

120~150mm人工开凿条石平铺
长600~800mm,宽300~350mm

50~400mm人工开凿条石斜放
00~1200mm ,宽120~150mm

平面图

350~400mm人工开凿条石斜放
600~1200mm,宽120~150mm

20~150mm人工开凿条石平铺
600~800mm,宽300~350mm

100~150mm3:7灰土结合层

素土夯实(压实度≥93%)

A-A断面图

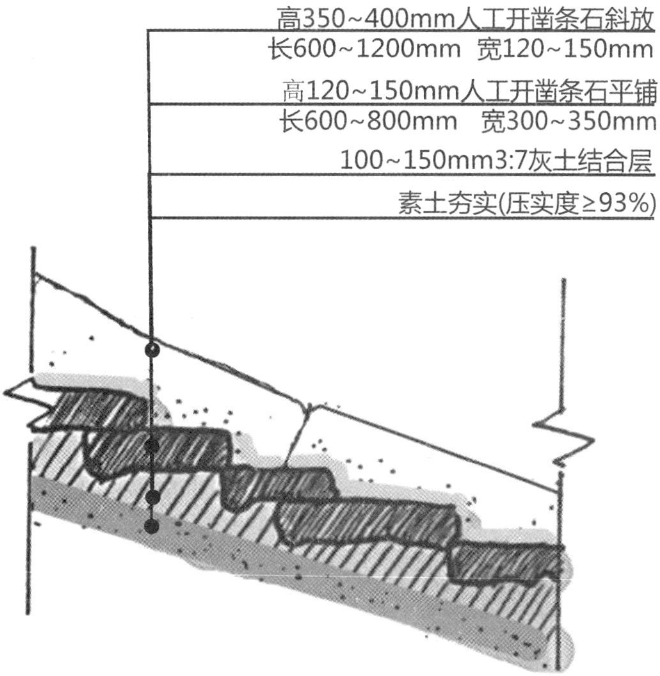

备注：

- 铺砌时根据稳固需求，可适当使用灰土。

B-B剖面示意图

其他设施样式　　护栏

类型:路牙　　平立面

其他设施经典样式三
西京古道一五里桥

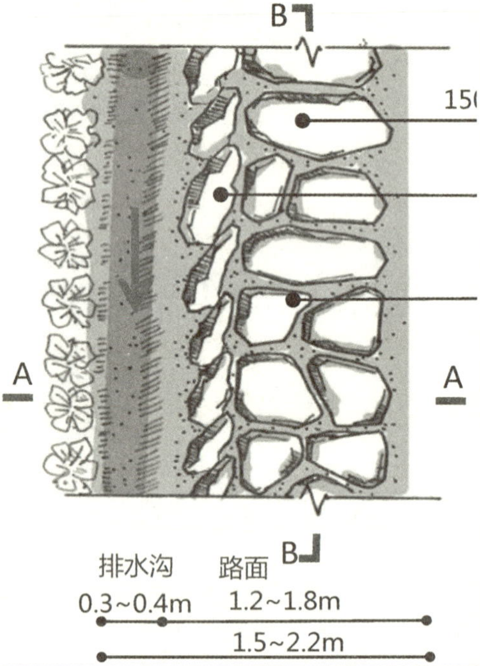

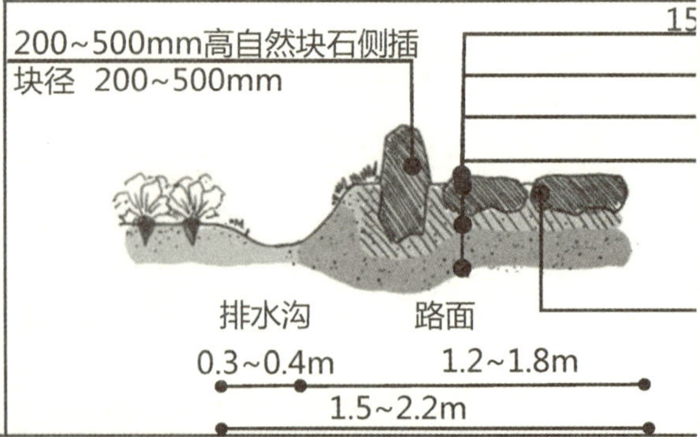

路牙

轴侧做法

)~200mm厚人工开凿自然块石
块径 300~500mm
200~500mm高自然块石侧插
块径 200~500mm
3:7灰土填缝压实，压平

平面图

50~200mm厚人工开凿自然块石
块径300~500mm
100~150mm3:7灰土结合层
素土夯实(压实度≥93%)

3:7灰土填缝压实，压平

A-A断面图

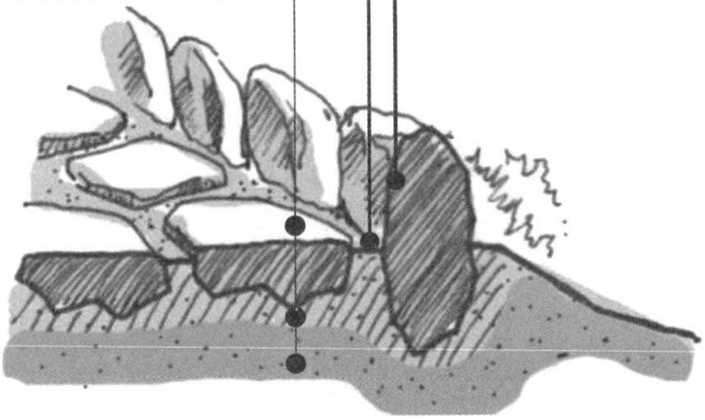

B-B剖面示意图

其他设施样式

休息设施 护栏

类型:挡土墙	平立面
  其他设施经典样式四 梅关古道	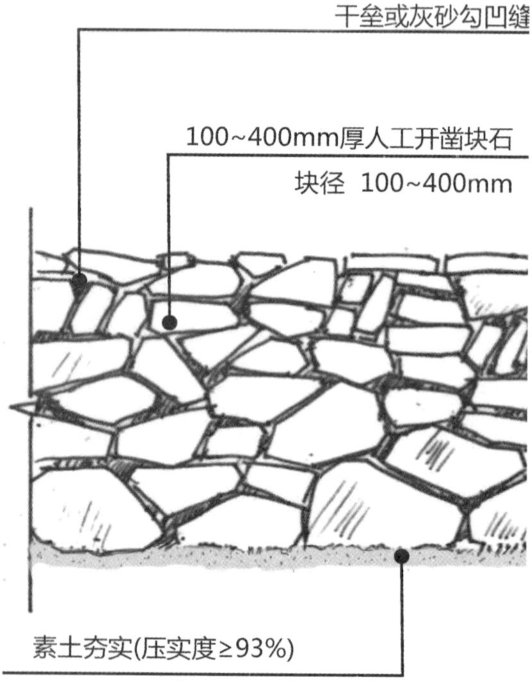

挡土墙

轴侧做法

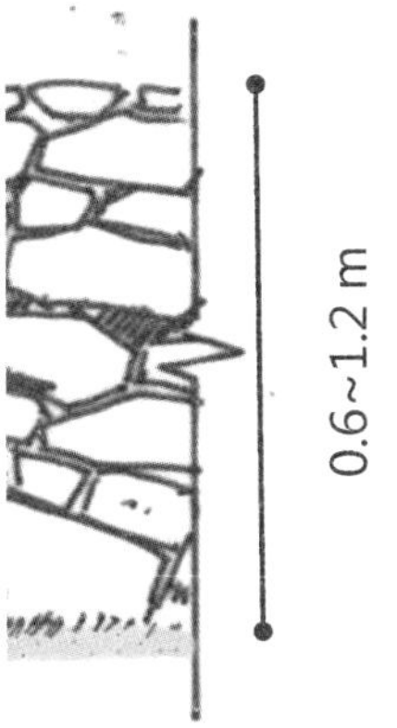

挡土墙立面图

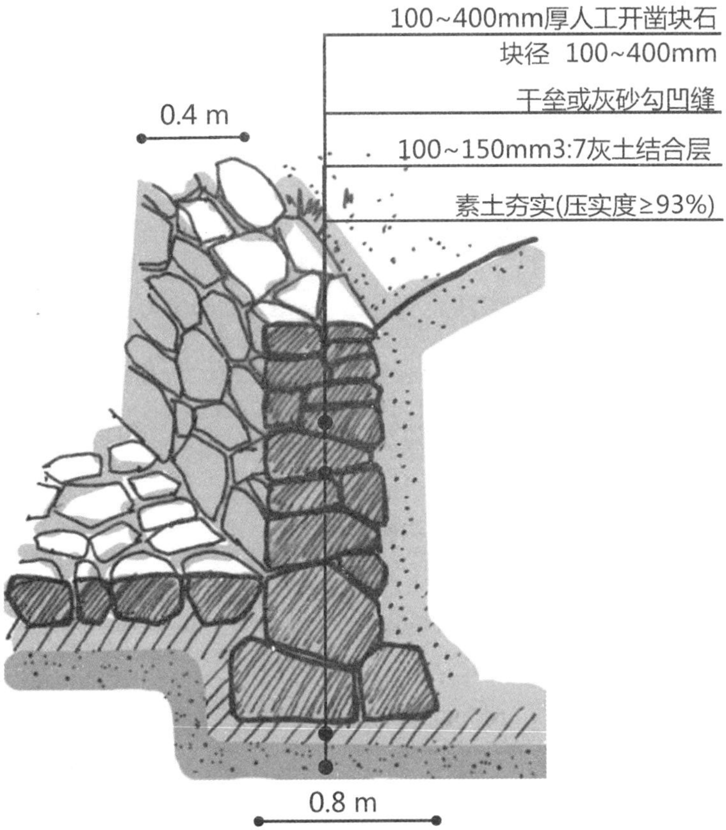

备注：

- 砌筑时注意基底部分较宽，顶部较窄，整体为梯形。
- 大块石头垒于基层，小块石头垒于上层。

挡土墙剖面大样图

其他设施样式

类型：景墙	平立面
  其他设施经典样式五 钱岗村	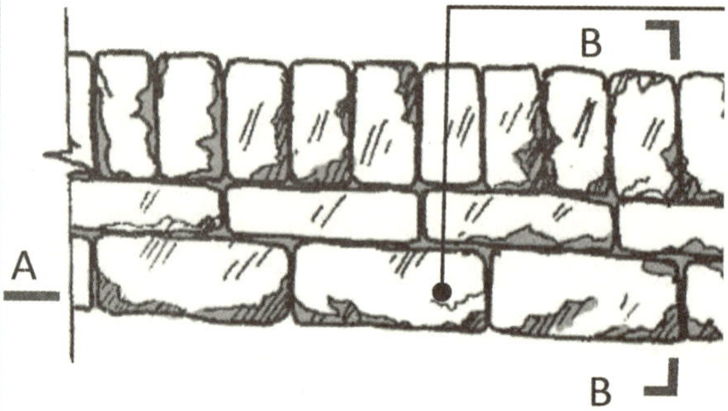 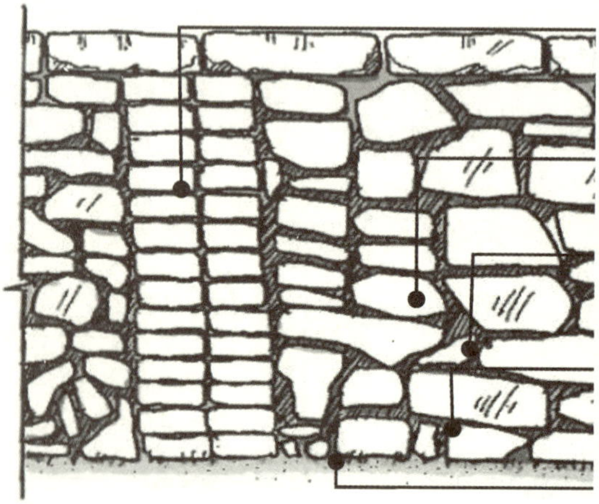

景墙

轴侧做法

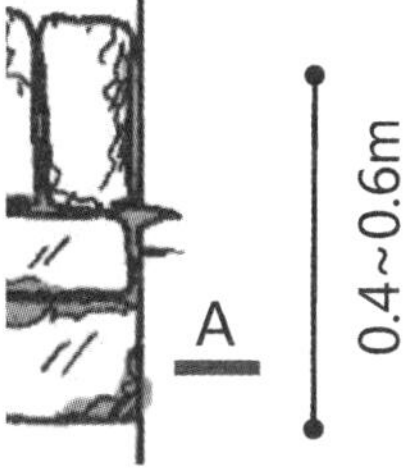

平面图

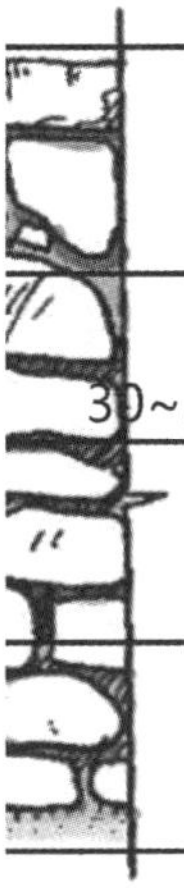

A-A断图图

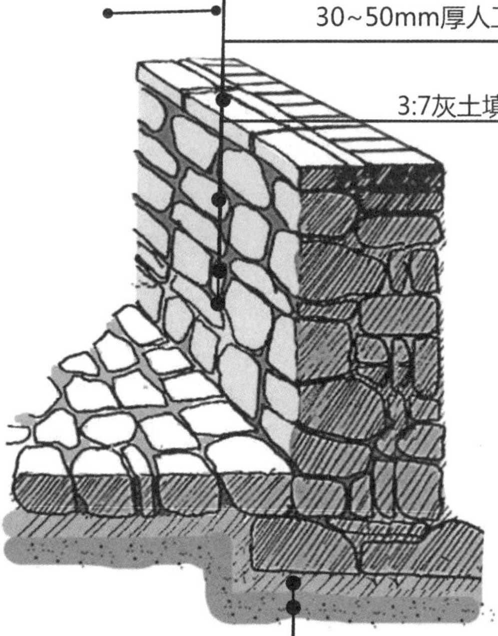

B-B剖面示意图

古驿道连接线建设指引

➢ 地面标记线样式

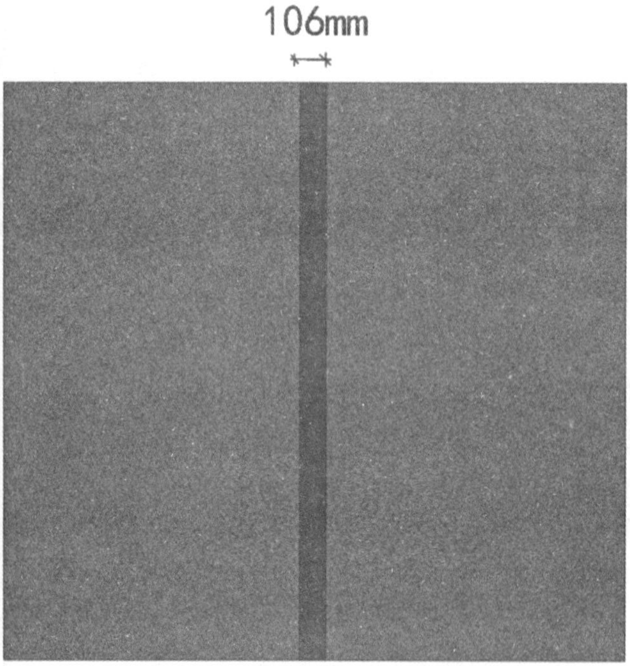

彩色透水混凝土地面标识线示意图

透水砖地面标识

识线示意图

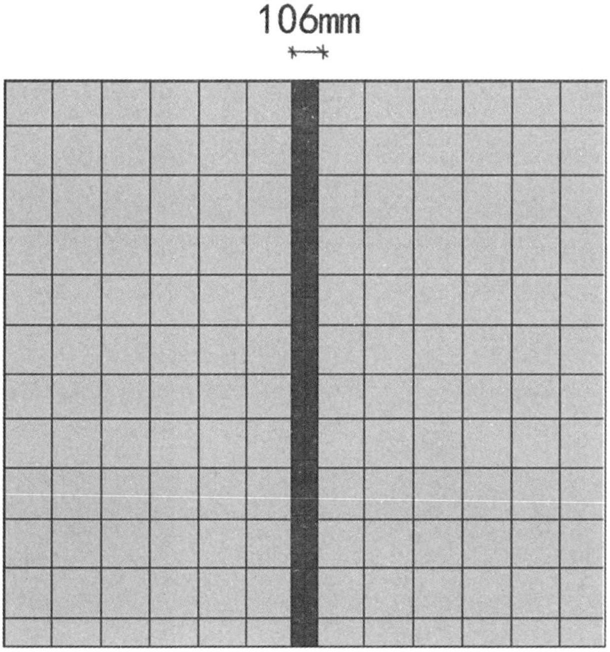

花岗岩地面标识线示意图

C:87 M:54 Y:95 K:24
PANTONE
357 C

标识线颜色示意图

标识线材质示意图

DMBJX-1

古驿道连接线建设指引

➢ 地面标识（标志物）样式

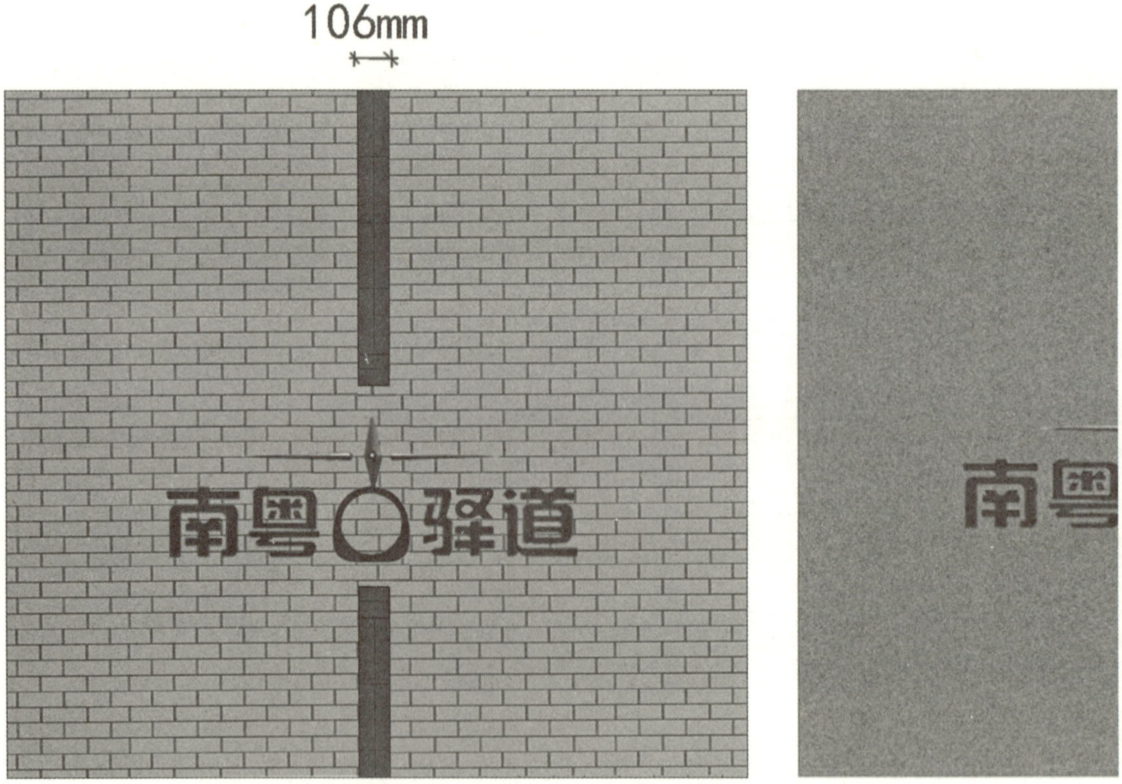

透水砖地面标识物样式示意图

沥青地面标识样式示意图

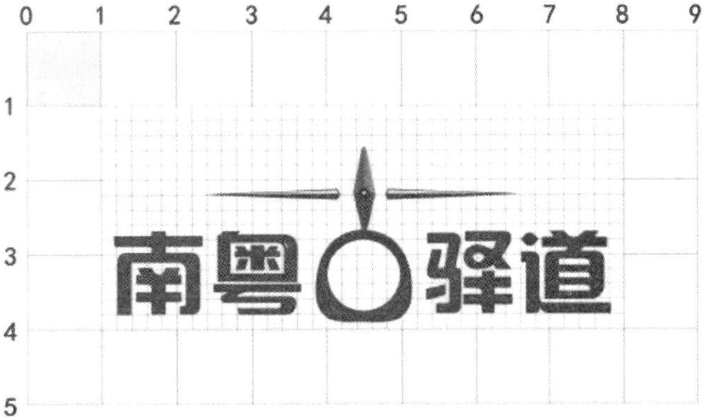

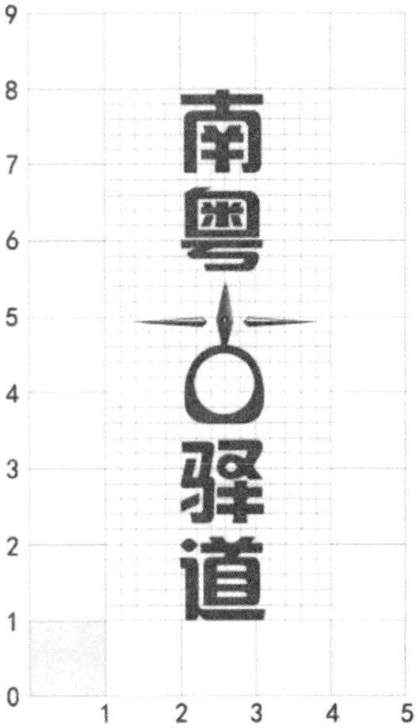

字体标识示意图

DMBSYS-1

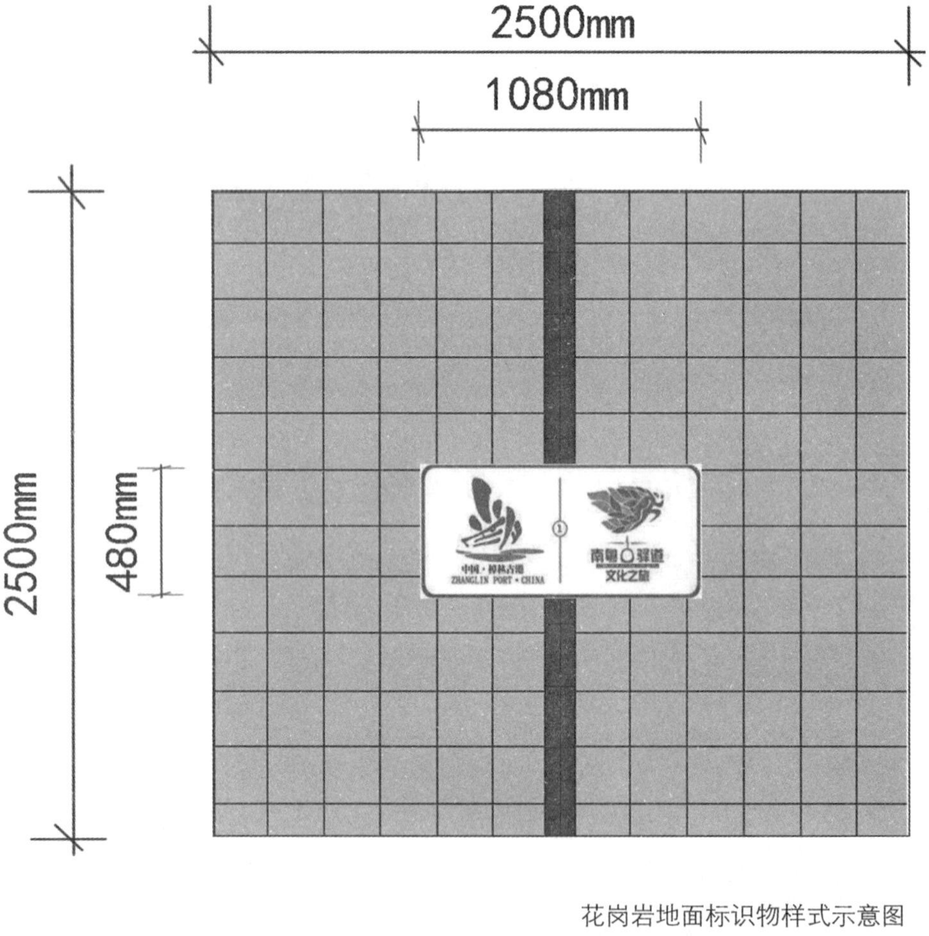

花岗岩地面标识物样式示意图

混凝土地面标识样式示意图